普通高等教育规划教材

财务管理学

主　编　杨志慧
副主编　侯立新　王宛秋　闫邹先
参　编　蔡云蛟　杜　攀　齐　莹　王　恋

机械工业出版社

本书综合了多版本财务管理学教材的优点和特点，结合编者多年的教学经验，将财务管理知识进行了梳理、提炼，将核心理念凝结，避免了理论知识过深或过散、案例不足、习题针对性不强等问题，体现出财务管理的学习规律，易学易懂。本书具有理论难度适中、知识系统化与条理化、案例导向清晰、练习题针对性强等特点，可以帮助读者轻松、系统地掌握财务管理相关知识。

本书适用范围广泛，既可作为教材，也可作为企业管理人员及会计师、注册会计师考生的参考用书。

图书在版编目（CIP）数据

财务管理学/杨志慧主编. —北京：机械工业出版社，2015.5（2023.7重印）

普通高等教育规划教材

ISBN 978-7-111-49804-9

Ⅰ.①财…　Ⅱ.①杨…　Ⅲ.①财务管理－高等学校－教材　Ⅳ.①F275

中国版本图书馆CIP数据核字（2015）第061510号

机械工业出版社（北京市百万庄大街22号　邮政编码100037）
策划编辑：易　敏　责任编辑：易　敏　及美玲　常爱艳
封面设计：陈　沛　责任校对：赵　蕊
责任印制：李　洋
北京中科印刷有限公司印刷
2023年7月第1版第2次印刷
169mm×239mm・18印张・371千字
标准书号：ISBN 978-7-111-49804-9
定价：45.00元

电话服务
客服电话：010-88361066
010-88379833
010-68326294

网络服务
机　工　官　网：www.cmpbook.com
机　工　官　博：weibo.com/cmp1952
金　书　网：www.golden-book.com
机工教育服务网：www.cmpedu.com

前　言

自20世纪80年代以来，西方财务理论被逐步引入我国。近些年来，我国的财务管理理论与实践都获得长足发展，财务管理已成为现代企业管理的核心内容之一。随着资本市场的日益发达和企业管理的不断完善，财务管理的地位日趋重要，财务管理的好坏在一定程度上决定着企业的存亡。因此，财务管理基本理论与观念、基本决策方法等知识的学习越来越被需要和重视。

财务管理学作为高等院校财经类与管理类专业的核心课程之一，起着连接财务与管理知识的重要作用。财务管理学涉及财务、管理、金融等多学科知识，内容广泛，理念独到。能否将这些知识系统、全面、生动、深入浅出地介绍给学生或相关从业人员，一本合适的教材将起到重要的作用。

本书综合了多版本财务管理学教材的优点及特点，结合编者多年教学中的经验与体会，将财务管理知识进行了梳理、提炼，最终将核心理念凝结于本书之中，避免了理论知识过深或过散、案例不足、习题针对性不强等问题，为学生和其他使用者提供了一本理论难度适中，知识系统、条理清楚，案例导向清晰，练习题针对性强的教材，能帮助读者轻松、系统地掌握财务管理相关知识。

本书按照最新的《公司法》《证券法》等法律法规及2006年颁布的《企业会计准则》编写，结合最新的财务管理理论和相关案例，立足于我国财务管理的实践。本书以满足会计学本科专业为主的多层次财经类、管理类学生的需求为主要目标，帮助读者掌握财务管理的学习规律，易学易懂。由于我们充分考虑了不同专业对财务管理课程的不同需求以及本课程与其他课程之间的联系与区别，因此本书适用范围相对较为广泛，既可作为专业教材，也可作为企业管理人员、会计师和注册会计师考生的参考用书。

本书第一、二章由杨志慧编写，第三、十章由侯立新编写，第四章由王宛秋编写，第五章由闫邹先编写，第六章由蔡云蛟编写，第七、八、九章由杜攀、齐莹、王恋共同编写。全书由杨志慧最后审定完成。

在本书的编写过程中，我们参考了众多优秀的财务管理学书籍与资料，借鉴和吸收了许多专家学者的研究成果，在此表示忠心感谢。由于作者水平有限，加之时间仓促，书中难免有疏漏之处，敬请读者指正。

编 者

目　　录

第一章

财务管理总论

学习目标

通过本章学习能够理解本书主体架构：以企业核心财务管理活动（包括筹资活动、投资活动、营运资金管理活动和分配活动）为主体，以价值管理为主线，并以财务活动延伸及重要活动（如并购等）为补充的学习体系。

案例导入

"巨人"之路

巨人集团，作为我国著名的民营企业，在中国民营企业发展史上曾几经沉浮。从1989年借款4 000元做起，截至1996年实现资产5亿元，巨人集团经营领域从计算机软件系列产品，到房地产、生物工程。伴随着资本的迅速扩张，带来企业扩张的激情。1997年，集团计划在珠海建一座38层（后至70层）的地标性建筑"巨人大厦"。然而随着楼层逐步加高，资金需求日益增加，计划资金从2亿元增长到12亿元。在内部资金难以满足需要，国家加大宏观调控、紧缩银根、银行贷款已无可能的大背景下，巨人大厦建设资金迅速枯竭。在迅速崛起并取得相当成功之后，巨人又迅速倒下。

作为传奇人物，2000年，创始人史玉柱再度创业，开售"脑白金"。随着银行股的成功投资，巨人资金迅速得以补充。继而向网络游戏领域开进。2007年，旗下巨人网络集团有限公司成功登陆美国纽约证券交易所，总市值达到42亿美元，融资额为10.45亿美元，成为当时在美国发行规模最大的中国民营企业，史玉柱的身价突破500亿元。

从4 000元起家，短短5年位居福布斯"大陆富豪排行榜"第八位，再到顷刻间财富灰飞烟灭，沦落为"中国首穷"；几年后卷土重来，还清巨债，再一次身家几亿，胜过当年鼎盛时期，史玉柱的经历堪称传奇。

今天，经过几次大起大落，史玉柱给自己确定了3条投资原则：不熟悉行业不投资、资金不充足不投资、人才不够不投资。目前，史玉柱成为华夏银行和民生银行的股东。对于10年前的风雨，史玉柱感言："10年前的民营企业，到现在还活着的不到20%。问题主要来自财务危机，特别是投资失误导致的资金紧张，以致最后的资金链断裂。"

案例启示

巨人的发展史，充分表明财务管理对于一个企业有着重要的意义和影响。企业除了要准确把握经济环境，抓住商机，准确投资，还需要合理安排资金，做好财务预算，从整体长期战略角度做出规划。财务管理的好坏，特别是资金的充足与顺畅，可能成为导致企业危机的直接导火索。

财务管理（financial management）最初是西方国家从经济学中分离出的一门独立的学科，到现在已有近百年的历史了。随着经济金融化趋势的不断扩大，财务管理的研究方法不断改进和丰富，财务管理的理论与方法得以极大的发展。在大约一个世纪的时间里，财务管理已迅速发展成为一门独立的、融众多学科知识于一身的系统学科，并在企业管理中发挥着极其重要的作用。随着我国经济改革的不断深入和与世界经济的迅速融合，财务管理在我国也日益发展成熟起来。财务管理在不断发展扩大的企业中，扮演着越来越重要的角色。对现代企业来说，重视财务管理的理论、方法，不断提高财务管理者的素质，积极推广和运用现代化的财务管理方法，充分发挥企业财务管理的作用，对全面提高企业的经济效益起着越来越重要的作用。

第一节 财务管理的含义与管理对象

一、财务管理的含义

（一）财务管理的发展

财务管理是一种古老的活动，自人类生产劳动出现开始，便有了理财的活动。但是，最早的财务管理只是简单的会计意义上的管理。

1897 年，美国著名财务学者 Thomas L. Green 出版了《公司理财》（*Corporation Finance*）一书，它标志着西方财务理论的诞生。自此，西方财务理论以其独特的研究核心和研究方法成为经济学的一门分支，并在 20 世纪取得了巨大发展。

20 世纪 50 年代之后，形成了相对完整的财务管理理论框架和方法体系。20 世纪 80 年代以来，随着资本市场的不断发展，财务管理对象不断充实，财务管理目标不断优化，财务管理环境不断完善，财务管理方法不断创新，财务管理理论不断升华，以资本运动为研究对象的财务学科大厦逐渐形成。

目前的西方财务学大致有 3 个分支：金融学、投资学和财务管理学。英文 finance，在我国通常翻译为财务或财务学，有时也翻译为金融或金融学，有时甚至翻译为财政或财政学，缘由是西方财务学将金融学、投资学和财务管理学作为一个大一统的学科体系。但是，在我国，财务往往与会计相联系，金融往往与银行、证券、保险相联系，财政往往与政府、非营利组织相联系。在目前我国学科的划分上，财务管理隶属于管理学中工商管理下的会计学，金融学和财政学隶属于经济学中的应用经济学。

（二）财务管理的含义

企业的生产经营过程就是再生产过程。在企业再生产过程中，企业拥有的各种财产物资随着生产经营活动的不断进行，形成企业的物资运动；企业各种财产物资的价值形态也不断地随之发生变化，有规律地进行循环和周转，实现着价值的增值，形成企业的资金运动。企业的资金从货币形态开始，依次通过购买、生产、销售3个阶段，又回到货币资金形态的运动过程，被称为资金的循环；企业资金周而复始的循环，被称为资金周转。企业的资金运动就是在资金的循环与周转中进行的。企业的再生产过程，从现象上看表现为形形色色的物资运动，其背后则是资金运动。

资金运动的过程是企业获得增值的过程。在企业的资本运动即价值运动，也称资金运动。马克思在《资本论》中揭示了产业资本循环周转的基本过程，这一循环可以简化为"G-W-G"。所谓企业的资金运动，是指企业中资金从货币形态转到其他资金形态，又回到货币形态的运动过程，可以进一步分解为：资本获得、资本使用、资本增值后的分配3个过程。

企业的资金运动构成企业经济活动的一个独立方面，它不仅表现了物资的价值运动，而且体现了企业同社会各方面的经济利益关系。这种由企业资金运动所体现的经济利益关系，通常被称为财务关系。

财务管理可以定义为：财务管理是基于企业再生产过程中客观存在的财务活动和财务关系而产生的，它是利用价值形式对企业再生产过程进行的管理，是组织财务活动、处理财务关系的一项综合性管理工作。

二、财务管理的管理对象

财务管理笼统地说是管理资金的运动，具体而言包括了对财务活动和财务关系的管理。也就是企业再生产过程中的资金运动，包括筹集、运用和分配资金的活动，以及在财务活动过程中与利益相关方发生的经济关系。

（一）对财务活动的管理

1. 筹资活动

资金是企业进行生产经营活动的前提条件，因此，筹集资金是资金运动的起点。所谓筹集资金，是指企业为了满足生产经营投资和用资的需要，筹措所需资金的过程。无论企业采取何种渠道和方式筹集资金，其途径不外乎以下3种：第一种是接受投资者投入的资金，即企业的资本金和资本公积金。第二种是通过企业的生产经营而形成的积累，即盈余公积金和未分配利润，它和第一种合在一起，称为企业的所有者权益。形成所有者权益的资金称为权益资金。第三种是向债权人借入的资金，即企业的负债。形成企业负债的资金称为负债资金。

在筹资过程中，既要合理确定筹资总量和时间，选择好筹资渠道和方式，又要降低资金成本，合理确定资金结构，充分发挥财务杠杆的作用，降低财务风险。

2. 投资活动与营运活动

资金运用是把筹集到的资金合理地投放到生产经营的各项资产上。资金的运用也是对各种资产的投资和营运过程。按资金占用时间的长短通常将资金运用分为长期资金的使用和短期资金的使用。长期资金的使用包括房屋、建筑物等固定资产、长期股权投资、无形资产和其他资产项目的投资；短期资金的使用包括原材料、商品等采购活动，当然也包括资金占用时间长短不一的证券投资等。通常将长期资金的管理纳入“投资管理”，短期资金的管理纳入“营运资金管理”。

投资是筹资的目的和归宿，也是筹资的实现和保证。在投资过程中，既要确定投资的规模，分析各种投资的经济效益，又要合理安排投资结构，以求降低投资风险。

3. 分配活动

资金的分配就是将企业取得的经营收入进行分配。企业通过投资过程取得收入，包括营业收入、投资收益等。取得的收入用以补偿生产经营耗费、缴纳流转税（如增值税、营业税、消费税等）之后就形成了企业的息税前收益。息税前收益首先用于支付债权人的利息，依法缴纳所得税后向投资者分配。利息是在缴纳所得税前进行分配的，而支付给投资者的利润是在税后进行的。这也影响了两种资金的使用成本，决定了在筹资中要对此予以充分考虑。同时需要明确的是：支付利息是企业的法定义务，不论企业是否有利润，都必须向债权人支付利息；而向投资者分配利润的多少则取决于企业的盈利情况。

在整个资金运动过程中，每个环节管理的好坏都会影响到其他环节。有了较好的筹资管理，就会有较多的投资机会和较低的投资成本，以及有较多的收益提供分配；有较好的长短期投资的管理，就会实现较多的利润，提供较多的资金；有较好的利润分配管理，就能调动投资各方的积极性，创造更多的筹资途径和投资机会。所以，在进行财务管理时，必须把这几项内容联系起来，加以统筹安排。

企业财务管理活动可以划分成以下 4 个环节：筹资管理、投资管理、营运资金管理和分配管理。在本书后面的章节中就将按此顺序逐次展开。

（二）对财务关系的管理

财务关系是与企业资金运动具有经济利益的各种关系人之间的关系，包括股东与经营者、股东与债权人、股东与职工以及税务机关等的关系。在这些利益关系中，所处地位不同，带来的利益也不一致，甚至是利益的冲突。其中最主要的是：

1. 股东与经营者

在现代大型股份制企业中，由于所有权与经营权的分离，作为经营者的企业家拥有企业主要的日常经营决策控制权，但很少或几乎不持有企业的股份，经营者对剩余的索取权和经营控制权拥有比例的不对称，加上股东与经营者之间信息的不对称，均会使企业经营者有动机从事满足自己效用而背离股东利益的各种行为。背离的根本原因源于二者目标的不同。股东的目标是自身财富的最大化，而经营者的目标通常是：①报酬，包括物质的和非物质的，如工资、奖金、荣誉和社会地位等；②增加闲暇时间和豪华享受，如较少的工作时间、舒适的工作条件、较小的劳动强度等；③避免风险。

背离主要表现在以下两个方面：①道德风险。表现为企业经营者的努力水平，非生产性消费，为避免风险而产生的投资不足，或为了满足获取企业规模扩大所带来的各种金钱、非金钱收益的欲望而产生的过度投资，以及牺牲股东长远利益、增加经营者在职期间收益的短期的行为等。②逆向选择。逆向选择指的是在信息不对称的条件下，股东最终选择的管理者可能并非最合适的代理人。

为确保经营者的行为不偏离股东的目的或不损害股东的利益，股东通常采取一定的措施来对经营者进行控制。这些措施包括以下两个方面：

（1）监督。经营者背离股东的目标，其条件是双方的信息不一致，经营者了解的信息比股东多。如果股东对经营者进行必要的监督，就可减少双方信息的不一致。当发现经营者背离股东目标时，可减少他们的报酬，甚至解雇他们。

（2）激励。激励是从正面来协调股东和经营者之间的冲突。现在，越来越多的企业将经营者的报酬与企业的业绩联系起来，这对激励经营者为股东的利益而努力工作非常有效。通常有以下两种方式：

① 经理股票期权。经理股票期权是指公司授予经营者在未来一定期限内，以预先确定的价格和条件购买本公司一定数量股份的权利。如果到时候股票价格高于期权的行权价格，那么经营者就会获利。公司采用这种办法是相信它会促使经营者采取措施提高股价。这种方法在国外非常盛行。

② 绩效股份。它是基于公司绩效（净资产收益率、总资产报酬率、利润增长率等指标来衡量）而给予经营者的股份。通常是预先规定一定的业绩标准，按完成预定计划的情况，给予不同的股份。这样，经营者为了得到这些股份，就会努力工作来提高公司业绩。

2. 股东与债权人

债权人将资金贷给企业，其目标是到期收回本金并取得规定的利息收入。而企业借款的目的是用来扩大经营，获得更大收益。二者的目标并不一致。债权人事先知道贷出资金是有风险的，并根据企业现金流量的风险和债务的安全性确定了相应的贷款利率。但是，借款合同一旦成为事实，资金到了企业手中，债权人就失去了控制。股东可能通过经营者，为了自己的利益而伤害债权人的利益，因负债融资引起的股东道德风险行为主要表现在以下两个方面：

（1）资产替代。资产替代是指股东在做融资后的投资决策时，放弃低风险、低收益投资项目，而将负债资金转向高风险、高收益投资项目的行为。一般来讲，投资项目的收益与其风险是成正比的。股东放弃低风险投资项目，选择高风险投资项目，如果成功，债权人只获得负债契约中约定的固定收益，超过低风险投资项目收益的超额部分全部归股东所有；如果失败，本来股东应承担投资决策失误的全部损失，但是，在股东有限责任制下，超过股东出资额部分的损失则全部由债权人负担。这种股东有限责任制下股东与债权人之间收益与风险分摊的非对称性使得股东存在从事资产替代行为的动机。另外，股东选择风险相对较高的投资项目时，企业股票价值有上升的倾向。

(2) 现有债权价值的稀释。在企业市场价值和现有营业收益不变的情况下，企业经营者可通过发行与现有债权具有同等或同等以上优先权益的证券，使现有债权人的债权价值稀释，而现有股东和现有债权人的权益之和是一定的，现有债权人的权益减少，即意味着现有股东权益收入的增加，从而达到转移现有债权人权益的目的。

债权人为了防止其利益受到损害，除了寻求立法保护，如破产时优先接管、优先于股东分配剩余财产等外，通常还可以采取以下措施：

(1) 在借款合同中加入限制性条款，如规定资金的用途，规定不得发行新债或者限制发行新债的规模、条件等。

(2) 如发现企业有剥夺其财产的意图时，拒绝进一步合作。例如，拒绝提供新的借款或提前收回借款或者要求高出正常利率很多的高额利率，作为这种风险的补偿。

除此之外，股东与职工及税务机关的关系也不容忽视。职工作为企业的劳动者，企业负有用生产经营取得的收入，根据职工提供的劳动数量和质量向职工支付工资、津贴和奖金的义务。税务机关利用税收手段参与企业的经营与收益的分配等管理活动，要求企业在追逐股东利益的同时不得违背国家及大众利益。同时企业也承担着不同的社会责任。

企业作为一个整体，其中涉及的财务关系纷繁复杂，要想做好财务管理工作，财务关系的处理成为一个不可避免的重要内容。只有将这些关系实现协调之后，才可能保障各项具体财务活动的顺利展开。

三、财务管理环节

财务管理的环节是指企业财务管理的工作步骤与一般工作程序。一般而言，企业财务管理包括财务预测、财务决策、财务计划、财务控制和财务分析等环节，它们相互间紧密相连，首尾相接地循环周转，形成了完整的企业财务管理工作体系。

第二节 财务管理的目标

企业财务管理目标（financial objectives）是指企业财务管理要达到的根本目的。目标不同，直接带来决策选择的不同。只有明确了财务管理的目标，决策过程才有了依据，同时决策结果也才有了评价的标准，因此，确立适当的财务管理目标，将为企业决策明确方向，同时也会对企业经营带来重要影响，恰当的目标有助于企业的长期发展。

一、企业财务管理目标概述

生存、发展、获利是企业总目标，同样这也成为了企业财务管理的目标。生存要求企业具备基本的生存条件，如足够的资金设备。发展要求企业要不断改进生产工艺，开发研制出更好、更新、更受客户欢迎的产品，占据市场有利位置，获得持续发展。这就要求企业不断更新设备、技术及工艺，就需要投入更多的物质资源、人力资源，这些都离不开资金。因此，筹集企业发展所需资金，是企业管理目标对财务管理的又一个要求。企业只有获利，才有存在的价值。从理财的角度看，获利就是使资产获得超过企业投资的回报。在市场经济中，没有“免费使用”的资金，每项资金都要付出成本，每项资产都是投资，都应获得相应的报酬。

需要注意的是，以上企业生产经营的三个总体目标是相互联系、密不可分的。它们要求财务管理做到筹集资金并有效地投放和使用。为了切实完成企业管理对财务管理的要求，在财务管理过程中，不仅要对资金的取得和运用进行管理，而且还要对生产、销售和利润分配的环节进行管理，从总体上实现企业目标对财务管理提出的要求。

二、财务管理主要目标及特点

伴随着经济发展的不同阶段，在理论与实践过程中，企业的财务管理目标经历了以下 3 个主要阶段，即利润最大化、股东财富最大化和企业价值最大化等。不同阶段有其不同特点和适应性。

（一）利润最大化

利润最大化（profit maximization）是比较早期的一种企业理财目标。该目标的核心是以利润的绝对额是否增长作为企业财务管理决策的依据。其理由是：

(1) 企业是以盈利为目的的，利润最大化目标符合企业的经济本质。

(2) 企业利润代表了企业新创造的物质财富，企业都实现了利润最大化，社会财富也会实现最大化，会带来社会的进步与发展。

(3) 利润最大化有利于企业提高竞争能力，利润越多，企业可用资本越多，越有发展能力。

另一方面，利润最大化目标存在明显不足，具体表现为：

(1) 可能会造成企业的短期行为，进而损害企业的长远价值。在此目标下，一些涉及企业长远发展但可能会引起当期利润下降的措施会被忽视，如新产品的试制与开发、产品结构的调整、人才的培训、市场品牌的塑造等（这些投资大多在会计上作为期间费用处理)。另外，为了提高业绩，一些管理者可能会采取一些非正常手段，如弄虚作假，通过低估成本、高估收入、虚增资产、虚拟资产等手段，粉饰企业的会计报表，制造出虚假利润，从而导致企业多上缴所得税、多给职工发奖金、管理者多拿报酬等，最终使大量现金流出企业，形成股东资本的流失。

(2) 可比性差。利润是绝对数，在不同投资规模的企业之间、同一企业不同投资规模的历史期间之间缺乏可比性，也不能反映投资的效率。同时会计政策等的不同选择，也会使结果缺乏可比性。

(3) 忽略了货币的时间价值及风险因素。在不考虑货币的时间价值和风险的情况下，同一数量的利润值可能具有差距巨大的实际价值或意义。例如，已全部转化为现金的利润和包含大量应收账款并可能发生坏账损失的利润，5 年前和 5 年后的产生的利润，其实际价值会相去甚远。

总的来看，利润最大化目标在一段时期内，由于含义与计算较简单，在一些较小企业中可能有一定的使用价值，但从长远来看，对大多数中大型规模的企业来说，会影响企业的长远持续发展，不适合作为企业的财务管理目标。

(二) 股东财富最大化

股东财富最大化（shareholder wealth maximization）是指企业以达到股票的市价最高为目标。该种观点认为，在公司股东持股一定的情况下，股价越高，股东财富越大。股价是股票价值的表现形式，股票的价值等于股票未来为股东带来的现金净流量的总现值（后面章节会有相关介绍），因此该目标反映了货币的时间价值；股票的市价与风险成反比，投资者所冒风险越高，投资收益越不稳定，要求的报酬率就越高，股票的价值就越低，反映了投资的风险价值。因此，该指标克服了前面指标的不足，更加符合股东投资企业的目的。

按照现代经济理论，股东财富最大化不能成为理想的企业的财务目标。原因是其也具有一定的局限性，具体表现为：

(1) 股东财富最大化目标忽略了企业相关方面的利益。我们研究企业的财务目标，应该以企业的性质为前提。传统的企业理论认为企业是由股东以其所拥有的资产投资而创立，因为企业为股东所有并为股东所控制，企业的目标应从属于股东创办企业的动机，即追求股东财富的最大化，进而决定了企业的财务目标是实现股东财富最大化。但它忽略了经营者、职工及债权人的经济利益。事实上，随着分工的日益深化，企业经营有了更多的参与者和利益相关人，他们以不同的形式共同承担着企业的经营风险。企业应该成为由包括股东在内的所有的利益相关者共同构成的企业。如果以股东财富最大化作为企业的唯一目标，利益过度向股东倾斜，会导致对其他经济利益主体的利益的伤害，引发利益冲突，牺牲企业经营效率，造成企业价值的降低。

(2) 不能保证实现社会财富的最大化。如果企业以股东财富最大化作为唯一的追求目标，将会导致企业种种损伤社会财富的行为。例如，削减员工的工资以增加股东的财富；恶意兼并其他企业以降低员工成本或逃避国家所得税；将借入的资金投放于风险更高的项目转嫁投资风险；大量举债转嫁通货膨胀的风险；为达到股东财富的最大而减少社会责任的履行；为实现股票价值的最大增值而粉饰企业向社会披露的信息等。这说明，股东财富最大化是与社会财富的最大化相矛盾的。

(3) 以股东财富最大化为财务目标，也有可能引起企业经营行为的短期化。因为企业的一些战略性投资，如人力资本投资、无形资产投资、高科技研究投资在几年甚至十几年内可能都难以见效，短期内不会让股价上涨，可能使股东对这些投资失去兴趣，结果造成企业丧失长期发展机会。

(三) 企业价值最大化

企业价值的最大化（business value maximization）是指企业通过生产经营不断增加企业财富，使企业价值趋于最大化。企业价值不是账面资产的总价值，而是企业全部财产的市场价值，它反映了企业潜在或预期获利能力和未来收入预期。对企业进行评价时，不仅要看企业已经获得的利润水平，还要评价企业潜在的获利能力。因此，这一目标考虑了资金的时间价值和风险问题。

在此目标下，考虑企业价值时要结合企业整体的市场价值、现在的与未来的财务与经营状况、全方位的利益关系人的利益，因此资金的时间价值和投资的风险价值被予以充分考虑有利于克服管理上的片面性和短期行为，最终有利于实现社会资源的合理配置，实现社会效益最大化。同时企业价值最大化目标的也存在不足，具体表现为：

(1) 对于股票上市企业，虽可通过股票价格的变动揭示企业价值，但股票价格受多种因素的影响，不一定能够揭示企业的获利能力。

(2) 对于非股票上市企业，只有对企业进行专门的评估，才能真正确定其价值，但这种估价不易做到客观和准确，导致确定企业价值的难度加大。

应当注意，企业不但要为其所有者提供收益，而且还要合理承担相应的社会责任，如保护生态平衡，防治环境污染和支持社区文化教育、福利事业等。企业价值最大化有利于体现企业管理的目标，更能揭示市场认可的企业价值，同时也考虑了资金的时间价值和风险价值，因此，通常认为企业价值最大化是一个较为合理的财务管理目标。但应当明确，在具体确定企业价值时存在较大困难。

综上所述，在确定企业财务管理目标时，企业要根据自身具体情况进行选择。一般来说，小型企业受管理能力所限，更多选择以利润提升为财务管理的目标；一些具有一定规模的股份公司会更多地选择股东利润最大化；对一些具有较大规模和较好管理条件的上市公司而言，公司价值最大化应该成为其追求的目标。

第三节 财务管理环境

企业财务管理环境又称理财环境，是指企业理财过程中所涉及的影响企业财务活动的各种条件。改革开放以后，随着企业自主权的扩大，企业成为市场经济中的独立实体，财务管理活动越来越显示出其重要性，理财环境成为独立于企业以外的、对财务管理工作具有重要影响的外部条件。理财环境是企业财务决策难以改变的外部约束条件，企业更多的不是改变它们，而是适应它们的要求和变化。财务管理的环境涉及范围很广，其中最重要的是法律环境、金融市场环境和经济环境。

一、法律环境

法律环境是指约束企业经济活动的各种法律、法规和规章制度。企业的理财活动，无论是筹资、投资还是利润分配，都必须遵守有关的法律规范，否则就要受到法律的制裁。对企业理财活动有影响的法律规范很多，主要有以下3个方面：

（一）企业组织法规

企业组织必须依法成立，组建不同的企业，要依照不同的法律规范。在我国，这些法规包括《公司法》《合伙企业法》《个人独资企业法》《破产企业法》等。

（二）税务法规

国家作为社会管理者，为了维持整个社会的正常运转，必须向企业征税。纳税是企业的一种现金流出，对股东收益有很大影响。因此，企业要认真进行税务筹划，在法律许可的范围内，通过对经营、投资、筹资等事项的事先安排和策划，充分利用税法所提供的包括减免税在内的一切优惠，从而获得最大的税收利益。

我国现行税法体系中共有23个税种，其中与企业关系密切的主要有：增值税、消费税、营业税、资源税、企业所得税、关税、城市维护建设税、土地增值税、房产税、车船税、印花税等。

（三）财务会计法规

我国的财务会计法规主要包括《会计法》《企业会计准则》《企业财务通则》以及《企业会计制度》。

全国人民代表大会制定的会计法律《会计法》是我国会计工作的根本大法，是我国进行会计工作的基本依据，对会计核算、会计监督、会计机构和会计人员以及法律责任等做了规定。《会计法》于1985年5月1日施行，1999年10月31日进行了修订。

国务院制定的会计行政法规《企业会计准则》和《企业财务通则》于1993年7月1日实施。《企业会计准则》规定了会计核算的基本前提、一般原则、会计要素以及会计报表编制的一般要求。《企业财务通则》是企业进行财务活动、实施财务管理的基本规范，对企业建立资本金制度、固定资产的折旧、成本的开支范围、利润分配等方面做出了规定。1997年5月以来，财政部陆续发布了《企业会计准则》的若干具体准则。2006年2月财政部制定了38项具体准则，自2007年1月1日起在上市公司范围内施行，鼓励其他企业执行。

财政部制定的会计制度《企业会计制度》于2000年12月完成并实施。此后又先后颁发了其他会计制度，如《小企业会计制度》《民间非营利组织会计制度》《村集体经济组织会计制度》等并实施。

除了以上这些为我国企业会计核算工作制定的具体规范的财务会计法规外，与企业财务管理有关的其他经济法规还有许多，如《证券法》《合同法》《票据法》等。

二、金融市场环境

金融市场是指资金供求双方交易的场所。广义的金融市场，是指一切资本流动的场所，包括实物资本和货币资本的流动。广义金融市场的交易对象包括货币借贷、票据承兑和贴现、有价证券的买卖、黄金和外汇买卖、办理国内外保险、生产资料的产权交换等。狭义的金融市场一般是指有价证券市场，即股票和债券的发行和买卖市场。

金融市场对企业管理财务具有重要的意义。首先，金融市场是企业筹资和投资的场所，企业在符合有关法律规定的条件下，经过批准以发行股票、债券的方式筹集资金，也可以将企业的资金投放于有价证券，或者进行与证券相关的其他财务交易。其次，企业通过金融市场实现长期资金与短期资金的相互转化，企业所持有的长期股票和债券投资，随时可以通过出售有价证券使其转化为短期资金；同理，企业的短期资金也可以通过购买股票、债券而转化为长期投资。长短期资金的相互转化，在理财上从属于企业资产收益性与流动性关系的有效处理，从属于企业经营发展战略。最后，由金融市场传递的信息，有助于企业进行财务管理的决策。

（一）金融市场的分类

（1）按交易的期限划分为短期资金市场和长期资金市场。短期资金市场是指期限不超过 1 年的资金交易市场，因为短期有价证券易于变成货币或作为货币使用，所以也称为货币市场。长期资金市场是指期限在 1 年以上的股票和债券交易市场，因为发行股票债券主要用于固定资产等的购置，所以也称为资本市场。

（2）按交割的时间划分为现货市场和期货市场。现货市场是指买卖双方成交后，当场或几天内买方付款、卖方交出证券的交易市场。期货市场是指买卖双方成交后，在双方约定的未来某一特定的时日才交割的交易市场。

（3）按交易的性质分为发行市场和流通市场。发行市场是指从事新证券和股票等金融工具买卖的转让市场，也称为初级市场或一级市场。流通市场是指从事上市的旧证券或票据等金融工具买卖的转让市场，也称为次级市场或二级市场。

（4）按交易的直接对象分为同业拆借市场、国债市场、企业债券市场、股票市场、金融期货市场等。

（二）金融机构

我国金融机构按其地位和功能大致可分为：中国人民银行、政策性银行、商业银行和非银行金融机构。

（1）中国人民银行是我国的中央银行，它代表政府管理全国的金融机构和金融活动。其主要职责是：制定和实施货币政策，保持货币币值稳定；维护财务成本管理支付和清算系统的正常运行；持有、管理、经营国家外汇储备和黄金储备；代理国库和其他与政府有关的金融业务；代表政府从事有关的国际金融活动。

(2) 政策性银行是指由政府设立，以贯彻国家产业政策、区域发展政策为使命，不以营利为目的的金融机构。我国目前有 3 家政策性银行，即中国国家开发银行、中国进出口银行和中国农业发展银行。

(3) 商业银行是以经营存款、放款、办理转账结算为主要业务，以营利为主要经营目标的金融企业。原有国有独资商业银行，由国家专业银行演变而来，过去分别在工商业、农业、外汇业务和固定资产贷款领域中提供服务，近些年来其业务交叉进行，传统分工已经淡化。目前主要为股份制商业银行，以企业法人股和财政入股为主，个别银行有个人股权。

(4) 目前，我国主要的非银行金融机构有保险公司、信托投资公司和证券机构。

保险公司主要经营保险业务，包括财产保险、责任保险、保证保险和人身保险。目前，我国保险公司的资金运用被严格限制在银行存款、政府债券、金融债券和投资基金范围内。

信托投资公司主要是以受托人的身份代人理财。其主要业务有经营资金和财产委托、代理资产保管、金融租赁、经济咨询以及投资等。

证券机构是指从事证券业务的机构，包括：①证券公司，其主要业务是推销政府债券、企业债券和股票，代理买卖和自营买卖已上市流通的各类有价证券，参与企业收购、兼并，充当企业财务顾问等；②证券交易所，提供证券交易的场所和设施，制定证券交易的业务规则，接受上市申请并安排上市，组织、监督证券交易，对会员和上市公司进行监管等；③登记结算公司，主要办理股票交易中所有权转移时的过户和资金的结算。

此外，还有财务公司和金融租赁公司。通常财务公司类似于投资银行。我国的财务公司是由企业集团内部各成员单位入股，向社会募集中长期资金，为企业技术进步服务的金融股份有限公司。它的业务被限定在本集团内。金融租赁公司是指办理融资租赁业务的公司组织。其主要业务有动产和不动产的租赁、转租赁、回租租赁。

(三) 金融性资产的特点

金融性资产是指现金和有价证券等可以进入金融市场交易的资产。其具有如下属性：

(1) 流动性。流动性是指金融性资产能够在短期内不受损失地转变为现金的属性。流动性高的金融性资产的特征是：①容易兑现；②市场价格波动较小。

(2) 收益性。收益性是指金融性资产获取收益的能力的属性。

(3) 风险性。风险性是指不能恢复其原投资价格的可能性。金融性资产的风险主要有违约风险和市场风险。违约风险是证券的发行主体破产而导致的永远不能偿还的风险；市场风险是指由于投资的金融性资产的市场价格波动而产生的风险。

上述 3 种属性的关系是，资产的流动性与资产的收益性呈反向变动，收益性与风险性相均衡，即流动性越强的资产，风险越小，其收益性就越低，反之亦然。

（四）金融市场上利率的决定因素

在金融市场上，利率是进行资金交易的价格。一般而言，金融市场上资金的购买价格可用下式表示：

利率 = 纯粹利率 + 通货膨胀附加率 + 变现力附加率 + 违约风险附加率 + 到期风险附加率

（1）纯粹利率（pure rate of interest）。纯粹利率是在无风险、无通货膨胀情况下的平均利率。没有通货膨胀情况下的国债利率，可以作为纯粹利率。纯粹利率的高低主要受社会平均利润率、资金供求关系和国家宏观调控的影响。社会平均利润率是纯粹利率高低的一个基本影响因素，利息率的高低依附于社会平均利润率的高低，资金供过于求时，利率下降，资金供大于求时，利率上升；政府为抑制经济发展过热，有可能削减资金的供应，从而使利率上升，反之为刺激经济发展，政府有可能增加货币供应，从而使利率下降。

（2）通货膨胀附加率（inflation premium rate）。通货膨胀会造成货币贬值，投资者的真实报酬率下降，因此为了补偿因通货膨胀所造成的货币贬值损失，投资者会对因承担通货膨胀损失而要求相应的、在纯粹利率基础上的一种附加报酬，即通货膨胀附加率。

国债的利率等于纯粹利率与通货膨胀附加率之和，亦称为无风险报酬率。

（3）变现力附加率（liquidity premium rate）。资产的变现力是资产以合理的价格转化为现金的能力。不同证券的变现力是不同的。对于预期难以以合理的价格转化为现金的变现力风险，投资者要求相应的补偿，即变现力附加率。

（4）违约风险附加率（default risk premium rate）。违约风险是投资者承担的债务人到期无法还本付息的可能性。违约风险越大，投资者要求的报酬率就越高。违约风险与债务人的经营与财务状况有关，经营不善导致的企业财务状况不佳的债务人，到期不能清偿债务本金和利息的可能性就越大，违约风险就越大。根据债务人的经营与财务状况，由信用评定机构所确定的信用等级，代表了违约风险的大小，信用等级越低，违约风险就越高。

（5）到期风险附加率（maturity risk premium rate）。到期风险是指因到期时间长短不同而形成的利率变动的风险。一般而言，到期时间越长，利率变化的可能性就越大，利率变动导致证券价格波动，从而使投资者会发生蒙受损失的可能性。如果利率上升，长期债券的价值下降，投资者会遭受损失。到期风险附加率，就是对投资者承担利率变动风险的一种补偿。

一般而言，因受到期风险的影响，长期利率会高于短期利率，但有时也会出现相反的情况，这是因为进行短期投资，会承担再投资风险。再投资风险是指短期债券投资者在债券到期时，由于市场利率下降，难以找到当初相当于长期债券投资获利水平的投资机会的风险。当再投资风险大于到期风险时，即预期市场利率持续下降，人们都在寻找长期投资机会，可能会出现短期利率高于长期利率的现象。

对于企业理财而言，准确地预测利率的变动趋势是非常必要的。在预期利率上升时，企业应使用长期资金，在预期利率下降时，企业应使用短期资金，以降低利息成本负担。由于利率趋势的预测较为困难，企业根据利率的变动使用资金的一种替代形式，就是合理确定长短期资金的结构，使企业在任何利率环境下都不会遭受重大损失。

三、经济环境

经济环境是指对企业进行财务活动有重要影响的一系列宏观经济因素。经济环境的好坏对企业的筹资、投资和利润分配等所有财务决策都会产生重要影响。经济因素主要有以下几个方面：

（一）经济周期

在市场经济条件下，宏观经济的发展呈现出周期性的变化，这是市场经济的一个规律。宏观经济的周期性变化可通过反映宏观经济的有关统计指标表示出来，包括国民生产总值（GNP）、消费总量、投资总量、工业生产指数、失业率等。宏观经济周期一般经过4个阶段，即萧条、复苏、繁荣和衰退。

在萧条阶段，经济明显萎缩降至低谷，百业不振，公司经营状况不佳，影响到公司财务状况，公司股票市场价格徘徊不前，投资者对公司的投资信心受挫。此时企业可采取的对策有：建立投资标准、尽力保持市场份额、放弃次要利益、削减管理费用、削减存货、裁减雇员、采取稳健的股利分配政策以储备现金存量等，尽力维持公司的生产经营能力。

在复苏阶段，宏观经济从经济周期的谷底逐步回升，公司经营状况开始好转，业绩上升，投资者对公司投资的信心逐渐增强，企业财务状况趋于好转，资信能力有所提高。此时企业采取的对策有：增加存货、劳动力，增加厂房设备等。

在繁荣阶段，经济迅速增长达到周期的高峰，公司的经营业绩也在不断上升，财务状况良好，投资者的投资信心大为增强，证券价格大幅上扬。此时企业采取的对策有：进一步扩充厂房设备投资，增加存货、提高销售价格，以增加公司未来的现金净流量。

在衰退阶段，经济的发展从周期的顶峰逐步回落。此时可采取的措施有：停止扩张、出售多余设备、停产不利产品、停止长期采购、削减存货、停止增加雇员等。

（二）经济政策

企业在理财中，必须根据不同时期国家对宏观经济的调整政策对企业理财的影响采取相应的对策。

1. 货币政策的调整会直接、迅速地影响企业的筹资与投资

中央银行贯彻货币政策、调节信贷和货币供应量的手段主要有：①调整法定存

款准备金；②采取再贴现政策；③公开市场业务。当国家为了刺激经济的发展、防止经济衰退而实行扩张性货币政策时，中央银行就会通过降低法定存款准备金率、降低中央银行再贴现率或在公开市场买入国债的方式来增加货币供应量，扩大社会的有效需求。当经济持续高涨、通货膨胀压力较重时，中央银行会采取相反的方式紧缩货币供应量，以实现社会需求与供给的平衡。

中央银行实行的货币政策对企业理财的影响是：①利率的调整通过影响投资者要求的必要报酬率（资本成本）影响企业理财。利率提高时，投资者要求的报酬率提高，融资成本升高，股票价格下跌，企业价值相对下降，此时企业对投资机会必将要求更高的报酬率；利率下降时，投资者要求的必要报酬率下降，融资成本降低，股票价格上升，企业价值相对增长，是企业投资的良好时机。当企业预计到未来利率上升时，一般通过发行长期固定利率债券进行融资；当企业预计到未来利率下降时，一般发行短期债券进行融资，以降低企业的利息负担。②当货币供应量增加时，企业筹集资金相对容易，证券市场价格上扬，货币供应量增加的初期是企业进行短期证券投资的良好机会；反之，当货币供应量下降时，企业筹集资金相对困难，证券市场价格也下降。③中央银行在市场上公开买进证券时，对证券的需求增加，促进证券价格上涨，此时证券投资者增加，是企业发行股票、债券等进行融资的良好时机。

2. 财政政策的调整对企业理财具有持久而较为缓慢的影响

财政政策是通过财政收入和财政支出的变动影响宏观经济活动水平的经济政策。财政政策的手段主要包括改变政府购买水平、改变政府转移支付水平和改变税率。当经济增长持续放缓、失业增加时，政府要实行扩张性财政政策，增加财政性支出，提高政府购买水平，提高转移支付水平，降低税率，以增加总需求，解决衰退与失业问题。当经济增长强劲、通货膨胀严重时，政府要实行紧缩性财政政策，降低政府购买水平，降低转移支付水平，提高税率，以减少总需求，抑制通货膨胀。

当政府奉行扩张性财政政策时，财政支出增加，财政收入相对减少，政府购买水平提高，从而导致社会需求增加；对道路、桥梁、港口等非竞争领域的投资增加，相关产业的投资增加，相关产业的需求提高，促进其他产业以乘数的方式发展；改变政府转移支付水平，如增加社会福利、增加为维持农产品价格对农民的拨款等，提高一部分人的收入水平，间接促进公司利润的增长；税率的调整直接影响公司的收益水平。扩张性财政政策将导致公司市场需求的扩大，现金流量的增加，公司的投资机会增多，公司的生产经营业绩上升，是企业增加企业价值的良好时机。

紧缩性的财政政策对公司的影响正好与扩张性财政政策的影响相反。

（三）企业所处产业生命周期

一个产业由产生到成长再到衰落的发展演变过程，称为产业的生命周期。产业的生命周期可分为初创、成长、成熟、衰退 4 个阶段，每个阶段的特点不同，导致企业理财上的特点也就有所区别。处于初创阶段的企业，由于市场需求规模尚未成熟，存在着巨大的经营风险，同时也因为企业创造的现金净流量不稳定，故存在着因财务困难引发企业破产的可能性。企业在这一阶段，应筹集抗衡风险必要的权益资本，尽可能降低财务风险。同时，还应配合企业拓展市场和新产品研究开发的需要，加强这方面的财务规划。处于成长阶段的企业，由于销售增长的速度较快，导致企业存货、应收账款、设备投资规模迅速扩充，要求企业作好财务资源支持企业增长的规划工作，此阶段企业获取现金净流量比较充足，企业价值由此而提高。成熟阶段的企业市场份额较为稳定因而经营规模较为稳定，一般不会出现因扩充规模而大量筹资的情况，企业现金流出的主要方向是为了增强企业竞争能力、创造差异服务。在衰退阶段，企业的现金流量降低，债务承受能力降低，财务状况不佳，此时要么企业寻找新的产业进行投资，要么维持现有的状态。

（四）通货膨胀

通货膨胀给企业理财带来很大困难。企业原材料、工资、水电等各种成本费用上升，筹资成本也将上升，但通货膨胀也会带来企业营业收入的增加。如果企业财务人员能预期未来的通货膨胀，及早采取一些主动措施来应对通货膨胀，如使用套期保值、签订长期购货或借款合同等，就会冲减通货膨胀给企业带来的不利影响。

（五）竞争

竞争广泛存在于市场经济中，任何企业都不能回避。竞争能促使企业用更好的方法来生产更好的产品或提供更好的服务，对经济发展起到推动作用，因此竞争既是压力也是动力。为了在竞争中处于优势，企业应了解竞争对手，挖掘内部资源，重视研究与开发以及创新能力的培养。

第四节　财务管理的原则

财务管理的原则是企业组织财务活动、处理财务关系所必须遵循的基本准则，它反映了财务管理活动的内在要求。根据财务管理的原则组织财务管理活动，可以促进财务管理目标的实现。

一、货币时间价值原则

货币时间价值原则是指进行财务计量时要考虑货币时间价值因素。货币的时间价值是指假设不存在风险和通货膨胀的情况下，货币经过一定时间的投资与再投资所增加的价值。它是投资者放弃消费进行投资而获取的、市场给予的时间报酬，亦称无风险报酬。

货币时间价值原则的首要应用是现值概念。不同时点的货币具有不同的经济价值，现在的 1 元钱大于未来 1 元钱的经济价值。现值是指将来某一时点的货币折合为现在的价值，即将来的钱相当于（或者说是值）现在的钱，因此现值实际上计算的是资产的经济价值。

货币时间价值的另一个重要应用是“早收晚付”观念。对于不附带利息的货币收支，与其晚收不如早收，与其早付不如晚付。

二、风险报酬原则

风险报酬原则即风险与报酬相权衡原则，是指风险与报酬之间存在一个对等关系，投资人必须对风险与报酬做出权衡，为获取高报酬而承担较高的风险，或者为减少风险而接受较低的报酬。风险越大要求的报酬应越高。高风险意味着为获取高报酬必须承担高损失发生的可能性，低风险意味着获取的收益低而发生的损失也小。

在财务交易中，假定当其他一切条件都相同时，人们倾向于高报酬和低风险。如果两个投资机会除了报酬不同外，其他条件都相同，人们会选择报酬较高的投资机会，这是自利原则所决定的；如果两个投资机会的报酬相同，人们会选择风险较低的投资机会，这是风险反感所决定的。所谓“风险反感”，是指人们对风险普遍存在反感心理，认为风险是不利的事情，肯定的1元钱的经济价值要大于不肯定的1元钱的经济价值，当其他条件都相同时，尽可能避免风险。

如果人们都倾向于高报酬和低风险，而且都在按照他们自己的经济自利原则行事，那么竞争的结果就产生了风险报酬权衡。竞争迫使人们在他们的投资报酬和风险之间进行权衡，不可能冒低风险而获得高报酬，因为这是每个人都想得到的。假如投资者遇有这样的投资机会，其他投资人也会跟进，竞争的结果会使得报酬降低，因此为了获得较高的预期报酬，就不得不冒更高的风险。现实生活中只存在高风险高报酬和低风险低报酬的投资机会。

三、投资分散化原则

分散化投资原则是指不要把全部财富都投资于一个公司或相同的投资项目，而要分散化投资。

投资分散化原则的理论依据是组合投资理论，马可维茨的投资组合理论为，若干种股票组成的投资组合，其收益是这些股票收益的加权平均数，但其风险要低于这些股票的加权平均风险，所以投资组合能够降低风险。

在集中投资于相同的投资项目时，一荣俱荣，一毁俱毁。由于风险意味着高收益与高损失的同在，企业不能为追求报酬而忽视风险，赌徒式的投资只能够使企业承担更高的风险，一旦事情转化为不利的一面，则企业会满盘皆输。如果分散投资，损失的只是个别项目，其他项目仍然完好无损。因此，分散投资能够分散风险，比集中投资更有利。

四、资金配置原则

财务管理是对资金活动的管理，而资金运用的结果则形成企业各种各样的可用资源，各种可用资源存在着一定的比例关系。资金合理配置，就是要通过资金活动的组织和调节来保证各项可用资源具有最优化的结构比例关系。

企业可用资源的配置情况是资金运用的结果，同时它又是通过资金结构表现出来的。从一定时点来看，企业有各种各样的资金结构。在资金运用方面，有固定资产和流动资产的构成比例；有内部投资和对外投资的构成比例；有有形资产和无形资产的构成比例；有货币资金和非货币资金的构成比例等。在资金来源方面，有权益资金和债务资金的构成比例；有长期资金和短期资金的构成比例等。企业需将资金按合理的比例配置在生产经营的各个阶段上，才能保证企业生产经营活动的顺利运行；只有安排合理的资金结构，才能在充分发挥财务杠杆作用、增加企业收益的同时，不危及企业的财务安全。

五、利益关系协调原则

企业是由各种利益集团组成的经济联合体。这些经济利益集团主要包括企业的所有者、经营者、债权人、债务人、国家税务机关、消费者、企业内部各部门和职工等。利益关系协调原则要求企业协调、处理好与各利益集团的关系，切实维护各方的合法权益。例如，企业与投资者应采用按资分配的原则进行处理；企业与债权人、债务人的利益关系则按信用要求处理；企业与内部各单位的利益关系应通过内部经营责任制的执行进行处理；企业与职工的利益关系则要按照按劳分配的原则加以协调；企业同国家的利益关系应按照税法的规定，及时、足额计算并上缴有关税收；而企业与消费者的利益关系应按照诚信的要求进行处理和协调等。在处理各种关系时，应有一定的灵活性，在处理各方利益时做到有理、有利、有节，从而顾全企业的长远利益。

六、分级分权管理原则

在规模较大的现代化企业中，对财务活动必须实行分级分权管理。所谓分级分权管理，就是在企业总部统一领导的前提下，合理安排各级单位和各职能部门的权责关系，充分调动各级各部门的积极性。财务管理实行统一领导、分级分权管理，就是要在加强财务集中管理的同时，实行各职能部门的分口管理，按其业务范围规定财务管理的职责和权限，核定指标，定期进行考核。

【练习题】

1. 目前企业在财务管理过程中，应如何确定自身的财务管理目标？
2. 财务关系人之间的利益追求有哪些不同？

第二章

财务管理基础

学习目标

了解与掌握财务管理过程中经常使用的时间价值与风险报酬观念，掌握时间价值的计算方法、单项风险计量、资产组合的风险计量、风险与报酬的关系，在此基础上掌握一般证券估价方法。

案例导入

开采权招标

岭南矿业公司决定将一处矿产开采权公开拍卖，向各国煤炭企业招标开矿。经过一系列严格筛选，选中两家公司的投标书，分别为一家美国公司和一家巴西公司。美国公司投标书显示，如果公司获得开采权，将从获得开采权的第 1 年起，每年年底向该矿业公司交纳 1 亿美元的开采费，直到 10 年后结束；巴西公司投标书表示，将在获得开采权时，直接支付 4 亿美元，在第 8 年结束开采时，再支付 6 亿美元。请问岭南矿业公司该如何选择？

案例启示

在此案例中，如果将有关数据简单相加，会得出如下结论：两家公司支付的总价格一样，都是 10 亿美元。按此计算结果，选择哪个公司都是一样的。事实上，依据常识判断我们也知道并非如此。那结论偏差的原因是什么？其主要在于两个方面：①不同年度支付的款项是否可以直接累加？②不同时支付和收回的款项是否可以简单比较？此问题的答案正是财务管理中涉及的一个重要观念：时间价值观念。在财务管理中，时间价值观念认为：位于不同时间点上的货币不具可比性，同一数量的货币位于不同时间点时是不等值的。进一步引申为：不同支付时间所隐含的风险也不相同。如何考虑和对待这种风险，将涉及财务管理中另一个重要观念：风险报酬观念。该观念要求决策时要对不确定性带来的风险进行衡量并确定所应要求的补偿。

财务管理是一项价值管理活动，在管理过程中要对价值进行准确计量。现代财务管理环境要求在进行计量及决策过程中充分考虑时间与风险带来的影响。按照财务管理的观念，位于不同时点上的货币是不等值的，同时不具有可比性，这与财务会计的核算思想明显不同。同时在进行财务决策时，对具有不同风险的项目要求予以不同处理，通过对风险的计量确定项目要求的回报率并据此进行决策。这些观念经常用于证券投资时对证券的估价，它可以帮助投资者进行科学决策。

第一节 货币时间价值

一、货币时间价值的概念

任何财务决策都涉及时间价值和风险价值。因此，时间价值观念和风险价值观念在财务管理中具有普遍意义，是理财最重要的两条基本原则。有人说："时间价值是理财的第一原则，风险价值是理财的第二原则。"诚然，时间价值和风险价值问题的理论研究和实际应用都离不开财务管理的第三条基本原则——现金流量。

在市场经济中，存在这样的一种现象：今天的 1 元钱不等于明天的 1 元钱，现在的 1 元钱与未来的 1 元钱相比，其经济价值要大，即便不存在通货膨胀也是如此。资金在不同时点上，其价值大小不同，不能简单相加，也不能直接比较，需要进行换算，这就是最基本、最原始的时间价值观念。

从形式上讲，时间价值是指在不考虑风险和通货膨胀的情况下，资金在经过一定时间后增加的收益。例如，现在将 1 元钱存入银行，如果银行存款利率为 10%，一年后可得到 1.10 元，两年后可得到 1.21 元，以此类推。随着时间的推移，资金的价值在增加。

从本质上讲，时间价值是指在不考虑风险和通货膨胀的情况下，资金所获得的平均社会必要报酬率。

在市场经济条件下，各部门投资的利润率趋于平均化。在利润平均化规律的作用下，投资者将资金投入不同行业，应获得大体相当的投资收益率或社会平均的资金利润率。但是，投资者将资金投入生产过程后，所获得的收益并不都是资金的时间价值。投资者进行投资所获得的收益可以划分为以下 3 个部分，即资金的时间价值、通货膨胀补偿价值和风险价值。资金的时间价值从量的规定性来看，是没有风险和没有通货膨胀条件下的社会平均资金利润率，社会平均资金利润率由资金的供求关系所决定，且各个投资项目都大致相同；通货膨胀补偿价值是对因通货膨胀造成的资金贬值进行的价值补偿；风险价值是投资者冒风险进行投资所要求获得的额外收益。因此，投资收益率中既包含了资金的时间价值，又包含了通货膨胀补偿价值和风险价值，它不仅仅是资金的时间价值，只有在没有风险和没有通货膨胀条件下的利率才能代表资金的时间价值。一般情况下，如果通货膨胀率很低，政府债券几乎又没有风险，就可以把政府债券利率认为是资金时间价值。

资金的时间价值是财务管理中最重要的概念，其作用贯穿于企业财务管理的全过程，是企业进行投资决策和筹资决策的重要依据。时间价值的存在使得位于不同时点的资金价值不同，决策时不能简单相比，而应折算后进行比较。

二、货币时间价值的计算

以上的案例论述中已经明确，由于时间价值的存在，使得现在的资金不能和未来若干年后的资金直接比较。然而决策时比较优劣必然是不可避免的。那么该如何比较呢？需要将以上的数据经过加工，具体来讲就是要放到同一时点上再来做比较。或者统一折算到现在的时点，或者统一折算到未来的某一时点。这样就有了时间价值观念的存在。

（一）时间价值的相关概念

现值（resent value）是指将未来某一时间上收到或支付的现金折算到现在的价值。

终值（future value）是指将现在收到或支付的现金折算到未来某一时间上的价值。

如果在一定时间期间内，每一期都有等额的资金收到或支付，则这种资金被称作年金（annuity）。

折算率是指计算时间价值时使用的折算比率，是投资者的必要报酬率。

关于报酬率通常有以下几个概念：

（1）投资必要报酬率（required return）。投资必要报酬率是指投资者进行投资时，按照承担的风险程度计量的所必须获得的最低报酬率。投资必要报酬率是投资的机会成本，通常对必要报酬率的估计是同等风险条件下其他被选方案的报酬率，如进行证券投资所必须要达到的相当于市场利率的等量报酬。

（2）期望报酬率（expected return）。期望报酬率是根据一项投资方案预计未来运营期间实现的现金净流量和投资额估算的在未来可能达到的年投资报酬率。

（3）实际报酬率（effective return）。实际报酬率是项目投资后实际赚得的报酬率。

三者的关系如下：在投资前，投资者首先要根据其他风险等同的投资机会或风险程度，确定要求的最低报酬率，即投资必要报酬率。其次，估计投资所带来的未来现金净流量，进而估计投资所预计达到的报酬率，即期望报酬率。最后，若期望报酬率大于等于投资必要报酬率，说明投资项目具有可行性；反之，则不可行。投资项目经过一定时间的运行后，根据投资实际获得的报酬计算的报酬率即实际报酬率。实际报酬率会远高于或低于期望报酬率，这就是风险。实际报酬率与期望报酬率、投资必要报酬率之间没有必然联系。

在货币时间价值的计算上，投资必要报酬率成为实际折算利率。

（二）时间价值的计算

1. 单利与复利

在进行时间价值的计算中，有两个概念是不容回避的，一个是单利（single interest），另一个是复利（compound interest）。单利是指在计算利息（增值）时只对本金计算利息，而对利息不再计息；复利是指在计算利息（增值）时，不但要对本金计息，同时也要对利息进行计息，也就是人们常说的“利滚利”。在计算时间价值时，到底用哪种方式呢？马克思在《剩余价值理论》中说：“在货币不断资本化的情况下，复利就是合理的。”在当今市场经济条件下，竞争不断加剧，人们的储蓄、投资意识不断增强，货币流通速度不断加快，利用效率不断提高，为复利计算的应用奠定了坚实的基础。因此，在经济决策中，进行时间价值计算时人们都选择了以复利来计息。另外需要说明的是，选择计息期间时如果没有特别说明，通常都以年为计息期间。

2. 单利现值与终值的计算

单利现值与终值是指按照单利计算的现值与终值。

需要说明的是，单利不是货币时间价值的表现形式，不能以单利计量货币的时间价值，通常只适合于特定情况下的计算，如商业票据的贴现息的计算、单利计息条件下债券利息的计算等。

单利终值计算公式为：

$$FV_{单} = PV_{单}(1 + ni)$$

式中 $FV_{单}$——单利终值；

$PV_{单}$——单利现值；

n——计息期；

i——利率。

单利现值的计算公式为：

$$PV_{单} = \frac{FV_{单}}{(1 + ni)}$$

【例2-1】 某企业将10 000元存入银行的定期存款账户，存期为5年，年利率为5%，5年后的本利和为多少？

$$FV = 10\,000 \times (1 + 5 \times 5\%) = 12\,500\ (元)$$

3. 复利现值与终值的计算

按照复利计算的现值与终值为：

$$FV_n = PV(1 + i)^n = PV \cdot FVIF_{(i,n)}$$

式中 FV_n——复利终值；

$FVIF_{(i,n)}$——复利终值系数。

$$PV = \frac{FV_n}{(1 + i)^n} = FV_n \cdot PVIF_{(i,n)}$$

式中 PV——复利现值；

$PVIF_{(i,n)}$——复利现值系数。

为了便于计算，人们通常用 $FVIF_{(i,n)}$ 和 $PVIF_{(i,n)}$ 分别代表 $(1 + i)^n$ 和 $\frac{1}{(1 + i)^n}$，

并将对应不同利率和年限的复利终值系数与现值系数编制成“复利终值系数表”与“复利现值系数表”（见附录 A 和附录 B）。该表的第一行是利率 i，第一列是计息期数 n。例如通过该表可查出 5% 利率、5 年期的复利现值系数即 $PVIF_{(5\%,5)}$ 的值为 0.784。

【例 2－2】　若某项投资计划 5 年后取得 10 000 元，投资报酬率为 5%，现在应投入多少钱？

$$\begin{aligned} PV &= \frac{FV_n}{(1+i)^n} = FV_n \cdot PVIF_{(i,n)} \\ &= 10\,000 \times PVIF_{(5\%,5)} \\ &= 10\,000 \times 0.784 \\ &= 7\,840(\text{元}) \end{aligned}$$

4. 年金现值与年金终值的计算

年金是指等额、定期的系列收支。例如，分期付款赊购、分期偿还贷款、折旧、房租等，都属于年金收付形式。

依据具体付款时间的不同，年金通常又划分为以下 4 种形式：

普通年金又称后付年金，是指各期期末收付的年金。

先付年金是指在每期期初支付的年金，又称即付年金或预付年金。

递延年金是指第一次支付发生在第二期或第二期以后的年金。

永续年金是指一直存续下去没有到期日的年金。

（1）普通年金的终值与现值。

① 普通年金终值。普通年金终值是指其最后一次支付时的本利和，它是每次支付的复利终值之和。普通年金终值计算示意图如图 2－1 所示。

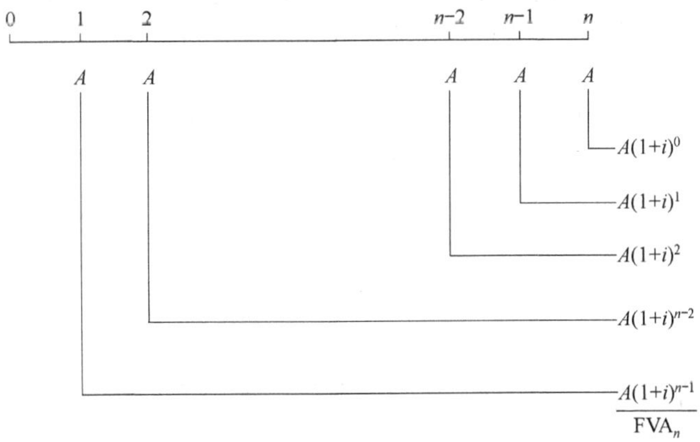

图 2－1　普通年金终值计算示意图

假设每年的支付金额为 A，利率为 i，期数为 n，则按复利计算的普通年金终值 FVA_n 为：

$$\begin{aligned}FVA_n &= A(1+i)^0 + A(1+i)^1 + A(1+i)^2 + \cdots + A(1+i)^{n-2} + A(1+i)^{n-1}\\ &= A[(1+i)^0 + (1+i)^1 + (1+i)^2 + \cdots + (1+i)^{n-2} + (1+i)^{n-1}]\\ &= A\sum_{t=1}^{n}(1+i)^{t-1}\end{aligned}$$

同样，为了简便，将 $\sum_{t=1}^{n}(1+i)^{t-1}$ 用年金终值系数表示为 $FVIFA_{(i,n)}$，其值可查“年金终值系数表”（见附录 C）得到。

在计算中，偿债基金是一个经常遇到的概念。偿债基金是指为使年金终值达到既定金额每年年末应支付的年金数额。

【例 2－3】 某公司拟在 5 年后还清 10 000 元债务，从现在起每年年末等额存入银行一笔款项。假设银行存款利率为 10%，则每年需要存入多少元？

$$FVA_n = A \cdot FVIFA_{(10\%,5)}$$

$$10\ 000 = A \times 0.163\ 8$$

$$A = 1\ 638(元)$$

由于有利息因素，不必每年存入 2 000 元（10 000 元 ÷5），只要存入较少的金额，5 年后本利和就可达到 10 000 元，可用以清偿债务。

有一种折旧方法，称为偿债基金法，其理论依据是“折旧的目的是保持简单再生产”。为在若干年后购置设备，并不需要每年提存设备原值与使用年限的算术平均数，由于利息不断增加，每年只需提存较少的数额即按偿债基金提取折旧，即可在使用期满时得到设备原值。偿债基金法的年折旧额，就是根据偿债基金系数乘以固定资产原值计算出来的。

② 普通年金现值。普通年金现值是指为在每期期末取得相等金额的款项，现在需要投入的金额。普通年金现值计算示意图如图 2－2 所示。

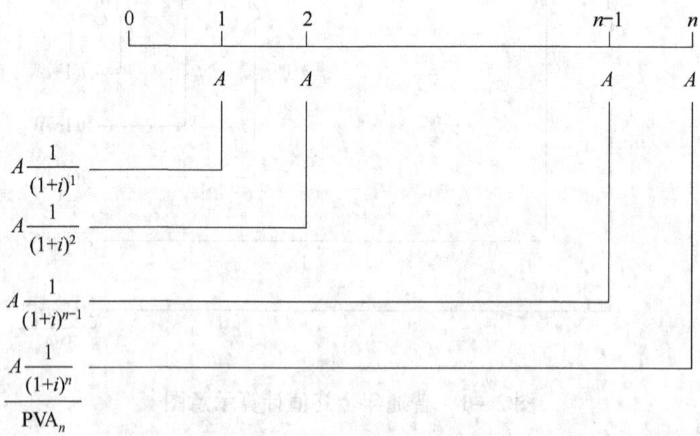

图 2－2 普通年金现值计算示意图

$$PVA_n = A\frac{1}{(1+i)^1} + A\frac{1}{(1+i)^2} + \cdots + A\frac{1}{(1+i)^{n-1}} + A\frac{1}{(1+i)^n}$$
$$= A\sum_{t=1}^{n}\frac{1}{(1+i)^t}$$

同样，为了简便，将 $\sum_{t=1}^{n}\frac{1}{(1+i)^t}$ 用年金现值系数表示为 $PVIFA_{(i,n)}$，其值可根据“年金终值系数表”（见附录D）得到。

【例2-4】　某人将出国3年，请你代付房租，每年租金10 000元，假设银行存款利率为10%，他应当现在给你在银行存入多少钱？

$$PVA_n = A \cdot PVIFA_{(10\%,3)}$$
$$= 10\,000 \times 2.487 = 24\,870(元)$$

【例2-5】　某企业拟购置一台柴油机，更新目前使用的汽油机，更新后每月可节约燃料费用60元，但柴油机价格较汽油机高出1 500元。请问柴油机应至少使用多少年才划算？（假设年利率为12%，每月复利一次）

$$月利率 = 12\% \div 12 = 1\%$$
$$PVA_n = A \cdot PVIFA_{(1\%,n)}$$
$$1\,500 = 60 \times PVIFA_{(1\%,n)}$$
$$PVIFA_{(1\%,n)} = 25$$

查“年金现值系数表”可知 $n=29$ 月。

因此，柴油机的使用寿命至少应达到29个月，否则不如购置价格较低的汽油机。

（2）先付年金终值和现值。

① 先付年金终值。先付年金终值计算示意图如图2-3所示。

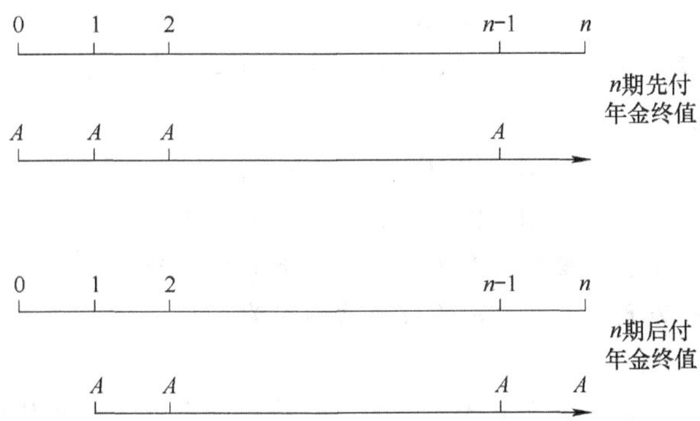

图2-3　年金终值计算示意图

年金终值计算公式为：

$$XFVA_n = A \cdot FVIFA_{(i,n)} \cdot (1+i)$$

或

$$XFVA_n = A \cdot FVIFA_{(i,n+1)} - A = A(FVIFA_{(i,n+1)} - 1)$$

② 先付年金现值。先付年金现值计算示意图如图2-4所示。

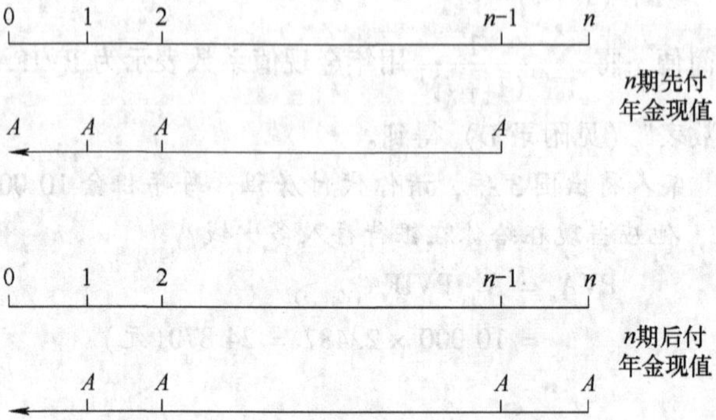

图2-4 年金现值计算示意图

年金现值计算公式为：

$$XPVA_n = A \cdot PVIFA_{(i,n)} \cdot (1+i)$$

或

$$XPVA_n = A \cdot PVIFA_{(i,n-1)} + A = A(PVIFA_{(i,n-1)} + 1)$$

【例2-6】 采用6年分期付款方式购物，每年年初付200元，假设银行利率为10%，该项分期付款相当于一次现金支付的采购价是多少？

$$\begin{aligned} XPVA_n &= A \cdot PVIFA_{(i,n)} \cdot (1+i) \\ &= 200 \times PVIFA_{(10\%,6)} \times (1+10\%) \\ &= 200 \times 4.355 \times (1+10\%) \\ &= 958.16(元) \end{aligned}$$

(3) 递延年金。递延年金的计算方法和普通年金终值类似。以现值为例，有以下两种计算方法：

$$V_0 = A \cdot PVIFA_{(i,n)} \cdot PVIF_{(i,m)}$$

$$V_0 = A \cdot PVIFA_{(i,m+n)} - A \cdot PVIFA_{(i,m)}$$

【例2-7】 某企业投资一个项目，两年后才能取得效益，有效期为8年，预计每年收益为200万元，企业要求的投资收益率为12%，请问该项目初始投资小于多少时才可行？

第一种方法：假设其为标准普通年金，先按8年期计算年金现值，然后减去前两年本不存在的年金，即：

$$\begin{aligned} V_0 &= 200 \times PVIFA_{(12\%,8)} - 200 \times PVIFA_{(12\%,2)} \\ &= 200 \times (4.968 - 1.690) \\ &= 655.6(万元) \end{aligned}$$

第二种方法：以第2年年末为一个新的起点，则后6年的资金形式为标准的普通年金，可按普通年金计算现值，但计算结果为第2年年末的值，因此，将此结果再次进行复利贴现，就可以得出现在的值，即：

$$\begin{aligned} V_0 &= 200 \times \mathrm{PVIFA}_{(12\%,6)} \times \mathrm{PVIF}_{(12\%,2)} \\ &= 200 \times 4.111 \times 0.797 \\ &= 655.29(\text{万元}) \end{aligned}$$

结果表明，该项目初始投资额小于655.29万元（与方法一中结果655.6万元的差额为计算误差）时，该项目经济上才可行。

(4) 永续年金。永续年金因为没有到期日，因此通常只计算现值。计算公式为：

$$V_0 = A \cdot \frac{1}{i}$$

【例2-8】 某企业欲建立永久性的奖励基金，希望在未来每年年末取出100 000元，奖励给有贡献的员工，假设同有关机构签订的协议规定投资报酬率为10%，则现在应一次存入多少钱？

$$\begin{aligned} V_0 &= 100\,000 \times \frac{1}{10\%} \\ &= 1\,000\,000(\text{元}) \end{aligned}$$

即现在一次性投资1 000 000元就可以满足需要。当然，可以永久存续的根本原因在于复利下投资收益的获得。

(5) 名义利率与实际利率。在上面计算货币时间价值时，假定利率均为年利率，每年复利一次。但实际上，复利的计息期间不一定是1年，有可能是季度、月份或日。例如，有的债券每半年计息一次；有的抵押贷款每月计息一次；银行之间拆借资金均为每天计息一次。当每年复利次数超过一次时，给出的年利率为名义利率，而每年复利一次时的利率为实际利率。

对于1年内 m 次复利的情况，通常要将名义利率调整为实际利率，用名义利率除以 m 得到实际利率 i，即 $i = \frac{r}{m}$，计息期数调整为计息次数 mn，然后再计算时间价值。公式为：

$$\begin{aligned} \mathrm{FV} &= \mathrm{PV} \cdot \left(1 + \frac{r}{m}\right)^{mn} \\ &= \mathrm{PV} \cdot \mathrm{FVIF}\left(\frac{r}{m}, mn\right) \end{aligned}$$

现值计算类似。

【例2-9】 某企业现在存入银行10 000元，在年利率为10%，每半年复利计息一次的情况下，到第10年末的本利和是多少？

$$\mathrm{FV} = 10\,000 \times \mathrm{FVIF}_{(5\%,20)} = 26\,530\ (\text{元})$$

三、货币时间价值的应用——证券估价

当公司决定扩大企业规模，又缺少必要的资金时，可以通过出售金融证券来筹集。债券和股票是两种最常见的金融证券。当企业发行债券或股票时，无论融资者还是投资者都会对该种证券进行估价，以决定用何种价格发行或购买证券比较合理。因此，证券估价是财务管理中一个十分重要的基本理论问题。关于证券的相关内容在后面章节将有详细介绍，此处主要介绍在证券估价中时间价值的应用。

（一）债券估价

1. 债券的特征

债券是由公司、金融机构或政府发行的，表明发行人对其承担还本付息义务的一种债务性证券，是公司对外进行债务融资的主要方式之一。作为一种有价证券，其发行者和购买者之间的权利和义务是通过债券契约固定下来的。

尽管不同公司的债券在发行的时候订立了不同的债券契约，但是典型的债券契约至少应包括以下内容：

（1）票面价值。债券票面价值又称面值，是指债券发行人借入并且承诺于债券到期时偿付给持有人的金额，如美国的公司发行的债券大多数面值是 1 000 美元，而我国公司发行的企业债券面值大多为 100 元人民币。

（2）票面利率。债券的票面利率是债券持有人定期获取的利息与债券面值的比率。例如，中国铝业公司 2009 年 5 月发行的 5 年期企业债券面值为 100 元，每年支付 3.8 元的利息，债券的票面利率是 3.8%（3.8 ÷ 100）。3.8 元是 100 元借款的利息，该支付额在债券发行时就确定了，在债券的流通期限内固定不变。多数债券的票面利率在债券持有期间不会改变，也有一些债券在发行时不明确规定票面利率，而是规定利率水平根据某一标准（如银行存款利率）的变化而同方向调整，这种债券的利率一般称为浮动利率。

还有一些债券根本不支付利息，但是会以大大低于面值的折价方式发行，因而会提供资本利得而不是利息收入。这类债券称为零息债券。零息债券在美国应用较多，甚至美国财政部都发行过零息债券。我国的企业很少发行零息债券，2002 年 6 月，中国进出口银行发行的名为“02 进出 04”的金融债券是我国第一只真正意义上的零息债券。

（3）到期日。债券一般都有固定的偿还期限，到期日即指期限终止之时。债券期限有的短至 3 个月，有的则长达 30 年。往往到期时间越长，其风险也越大，债券的票面利率也越高。

2. 债券的估价方法

任何金融资产的估价都是资产预期创造现金流的现值，债券也不例外。债券的现金流依赖于债券的主要特征。对于一只典型的公司债券而言，如中国铝业公司发行的企业债券，其现金流由 5 年的债券利息支付加上债券到期时需偿还的本金（100

元面值）组成。如果是浮动利率债券，利息支付随时间变化而变化。如果是零息债券，则没有利息支付，只有在债券到期时的面额支付。

债券价值的计算公式为：

$$V_B = \frac{I}{(1+r_d)^1} + \frac{I}{(1+r_d)^2} + \cdots + \frac{I}{(1+r_d)^n} + \frac{M}{(1+r_d)^n}$$

$$= \sum_{n=1}^{n} \frac{I}{(1+r_d)^n} + \frac{M}{(1+r_d)^n}$$

$$= I \cdot \mathrm{PVIFA}_{(r_d,n)} + M \cdot \mathrm{PVIF}_{(r_d,n)}$$

式中 r_d——债券的市场利率，这是计算债券现金流现值的折现率，也是投资者投资债券所要求的报酬率；

n——债券的到期期限。

债券发行以后，n 逐年减少。如果债券按年支付利息，n 以年为单位来衡量。如果是半年付息债券，即这些债券每 6 个月支付一次利息，则计息期以半年为单位来衡量。

【例 2-10】 A 公司拟购买另一家公司发行的公司债券，该债券面值为 100 元，期限为 5 年，票面利率为 10%，按年计息。当前市场利率为 8%，该债券发行价格为多少时，A 公司才能购买？

$$P = 100 \times 10\% \times \mathrm{PVIFA}_{(8\%,5)} + 100 \times \mathrm{PVIF}_{(8\%,5)} = 107.99\text{（元）}$$

即债券价格必须低于 107.99 元时，公司才能购买。

【例 2-11】 B 公司计划发行一种两年期带息债券，面值为 100 元，票面利率为 6%，每半年付息一次，到期一次偿还本金，债券的市场利率为 8%。求该债券的公平价格。

该债券半年付息一次，利息为 3 元（100 元 ×6% ÷2），半年期的市场利率为 4%（8% ÷2）。

$$P = 100 \times 3\% \times \mathrm{PVIFA}_{(4\%,4)} + 100 \times \mathrm{PVIF}_{(4\%,4)} = 96.39\text{（元）}$$

即该债券的公平价格为 96.39 元。

【例 2-12】 面值为 100 元，期限为 5 年的零息债券，到期按面值偿还，市场利率为 8%。其价格为多少时，投资者才会购买？

$$P = 100 \times \mathrm{PVIF}_{(8\%,5)} = 100 \times 0.681 = 68.1\text{（元）}$$

即该债券的价格只有低于 68.1 元时，投资者才会购买。

带息债券在发行时，票面利率一般会设定在使债券市场价格等于其面值的水平。如果票面利率设定太低，则投资者不会愿意花 100 元去购买债券；如果票面利率设定太高，则投资者会争购债券将其价格抬高到 100 元以上。

3. 债券投资的优缺点

债券投资的优点包括以下几点：

（1）本金安全性高。与股票相比，债券投资风险比较小。政府发行的债券有国家财力作后盾，其本金的安全性非常高，通常视为无风险证券。公司债券的持有者拥有优先求偿权，即当公司破产时，优先于股东分得公司资产，因此，其本金损失的可能性小。

(2) 收入比较稳定。债券票面一般都标有固定利息率，债券的发行人有按时支付利息的法定义务，因此，在正常情况下，投资于债券都能获得比较稳定的收入。

(3) 许多债券都具有较好的流动性。政府及大公司发行的债券一般都可在金融市场上迅速出售，流动性很好。

债券投资的缺点包括以下几点：

(1) 购买力风险比较大。债券的面值和利息率在发行时就已确定，如果投资期间的通货膨胀率比较高，则本金和利息的购买力将不同程度地受到侵蚀，在通货膨胀率非常高时，投资者虽然名义上有收益，但实际上却遭受损失。

(2) 没有经营管理权。投资于债券只是获得收益的一种手段，无权对债券发行单位施以影响和控制。

(3) 需要承受利率风险。利率随时间上下波动，利率的上升会导致流通在外的债券价格下降。由于利率上升导致的债券价格下降的风险称为利率风险。假如以100元的价格购买面值为100元的A公司债券，期限为5年，票面利率为10%。第二年利率升至15%，则债券的价格会下跌至85.73元，因此每张债券将损失14.27元，上升的利率导致了债券持有人的损失。因此，投资债券的个人或公司承受着利率变化的风险。

(二) 股票估价

1. 股票的特征

股票投资是公司进行证券投资的一个重要方面，随着我国股票市场的发展，股票投资已变得越来越重要。

(1) 股票的构成要素。为了更好地理解股票估价模型，有必要介绍股票的一些要素。

① 股票价值。投资股票通常是为了在未来能够获得一定的现金流入。这种现金流入包括两部分：每期将要获得的股利以及出售股票时得到的价格收入。有时为了把股票的价值与价格相区别，也把股票的价值称为“股票内在价值”。

② 股票价格。股票的价格是指其在市场上的交易价格，它分为开盘价、收盘价、最高价和最低价等。股票的价格会受到各种因素的影响而出现波动。

③ 股利。股利是股息和红利的总称，是股东所有权在分配上的体现。但也只是当公司有利润并且管理层愿意将利润分给股东而不是将其进行再投资时，股东才有可能获得股利。

(2) 股票的类别。股票有两种基本类别：普通股和优先股。普通股股东是公司的所有者，他们可以参与选举公司的董事，但是当公司破产时，普通股股东只能最后得到偿付。普通股股东可以从公司分得股利，但是发放股利并不是公司必须履行的义务。因此，普通股股东与公司债权人相比，要承担更大的风险，其收益也具有更大的不确定性。

优先股则是公司发行的求偿权介于债券和普通股之间的一种混合证券。优先股相对于普通股的优先权是指清算时的优先求偿权，但是这种优先权的获得使优先股股东通常丧失了与普通股股东一样的投票权，从而限制了其参与公司事务的能力。优先股的现金股利是固定的，且先于普通股股利发放，每期支付的股利类似于债券发放利息。不同的是，如果公司未能按时发放股利，优先股股东不能提请公司破产。当然，公司为保持良好的财务声誉，总是会想方设法满足优先股的股利支付要求。

2. 股票的估价

（1）优先股的估值。优先股的支付义务很像债券，每期支付的股利与债券每期支付利息类似，因此债券的估值方法也可用于优先股的估价。如果优先股每年支付股利分别为 D，n 年后被公司以每股 P 元的价格回购，股东要求的必要收益率为 r，则优先股的价值为：

$$V = D \times \text{PVIFA}_{(r,n)} + P \times \text{PVIF}_{(r,n)}$$

与债券不同的是，优先股一般按季度支付股利。对于有到期期限的优先股而言，其价值计算如下：

$$V = D \times \text{PVIFA}_{[(r/4)\%,4n]} + P \times \text{PVIF}_{[(r/4)\%,4n]}$$

【例 2－13】　B 公司的优先股每季度分红 2 元，10 年后，B 公司必须以每股 100 元的价格回购这些优先股，股东要求的必要收益率为 8%，则该优先股当前的市场价值应为：

$$V = 2 \times \text{PVIFA}_{[(8\%/4),40]} + 100 \times \text{PVIF}_{[(8\%/4),40]}$$
$$= 2 \times 27.3555 + 100 \times 0.4529 = 100.01(\text{元})$$

多数优先股永远不会到期，除非企业破产，因此这样的优先股估值可进一步简化为永续年金的估值，即：

$$V = \frac{D}{r}$$

【例 2－14】　美洲航空公司对外流通的优先股每季度支付股利为每股 0.60 美元，年必要收益率为 12%，则该公司优先股的价值是：

$$P = 0.60 \div (12\% \div 4) = 20\ (\text{美元})$$

（2）普通股的估值。普通股的估值与债券估值本质上都是未来现金流的折现，但是由于普通股的未来现金流不是确定的，依赖于公司的股利政策，因此普通股的估值与债券估值存在差异。

普通股股票持有者的现金收入由两部分构成：一部分是在股票持有期间收到的现金股利；另一部分是出售股票时得到的变现收入。以 D_1，D_2，…，D_n 表示各期股利收入；以 P_n 表示出售股票时得到的变现收入（即变现时的股票价格），必要收益率为 r，则股票当前的价值为：

$$P_0 = \frac{D_1}{1+r} + \frac{D_2}{(1+r)^2} + \cdots + \frac{D_n}{(1+r)^n} + \frac{P_n}{(1+r)^n}$$

$$= \sum_{n=1}^{n} \frac{D_n}{(1+r)^n} + \frac{P_n}{(1+r)^n}$$

要给一只股票估价，就需要预测未来无穷期的所有现金股利，这显然是不可能的，因此需要对未来的现金股利做一些假设，才能进行股票估价。

① 股利稳定不变。在每年股利稳定不变，投资人持有期间很长的情况下，股票的估价模型可简化为：

$$P_0 = \frac{D}{1+r} + \frac{D}{(1+r)^2} + \frac{D}{(1+r)^3} + \cdots = \frac{D}{r}$$

【例2-15】 某只股票采取固定股利政策，每年每股发放现金股利2元，必要收益率为10%，则该只股票的价格为：

$$P_0 = \frac{D}{r} = 2 \div 10\% = 20(元)$$

② 股利固定增长。如果一只股票的现金股利在基期D_0的基础上以增长速度g不断增长，则股票的估价模型可简化为：

$$P_0 = \frac{D_0(1+g)}{1+r} + \frac{D_0(1+g)^2}{(1+r)^2} + \cdots + \frac{D_0(1+g)^n}{(1+r)^n} + \cdots$$

$$= \sum_{n=1}^{\infty} \frac{D_0(1+g)^n}{(1+r)^n}$$

$$= \frac{D_0(1+g)}{r-g}$$

【例2-16】 时代公司准备投资购买东方信托投资股份有限公司的股票，该股票去年每股股利为2元，预计以后每年以4%的增长率增长，时代公司经分析后，认为必须得到10%的收益率，才能购买东方信托投资股份有限公司的股票，则该种股票的价格应为：

$$V = \frac{2 \times (1+4\%)}{10\% - 4\%} = 34.67(元)$$

即东方信托投资股份有限公司的股票价格在34.67元/股以下时，时代公司才能购买。

3. 股票投资的优缺点

（1）股票投资的优点。股票投资是一种最具有挑战性的投资，其收益和风险都比较高。股票投资的优点主要有以下几个方面：

① 能获得比较高的报酬。普通股票的价格虽然变动频繁，但从长期看，优质股票的价格总是上涨的居多，只要选择得当，一般都能获得优厚的投资收益。

② 能适当降低购买力风险。普通股的股利不固定，在通货膨胀率比较高时，由于物价普遍上涨，股份公司盈利增加，股利的支付也随之增加，因此，与固定收益

证券相比，普通股能有效地降低购买力风险。

③ 拥有一定的经营控制权。普通股股东属股份公司的所有者，有权监督和控制公司的生产经营情况，因此，欲控制一家公司，最好的途径就是收购这家公司的股票。

（2）股票投资的缺点。股票投资的缺点主要是风险大，这主要是因为以下几个方面：

① 普通股对公司资产和盈利的求偿权均居最后。公司破产时，股东原来的投资可能得不到全数补偿，甚至可能一无所有。

② 普通股的价格受众多因素影响，很不稳定。政治因素、经济因素、投资人心理因素、企业的盈利情况、风险情况等，都会影响股票价格，这也使股票投资具有较高的风险。

③ 普通股的收入不稳定。普通股股利的多少，视企业经营状况和财务状况而定，其有无、多寡均无法律上的保证，其收入的风险也远远大于固定收益证券。

第二节 风险与报酬

在讨论时间价值时，货币时间价值通常被描述为——没有风险和通货膨胀情况下的社会平均投资报酬率。然而事实上，做任何投资几乎都是有风险的。公司的财务决策几乎都是在包含风险和不确定的情况下做出的，风险是客观存在的。

一、风险的概念

风险通常是指决策结果的不确定性。这种不确定性可能是积极的或正向的，也可能是消极的或逆向的。财务管理中的风险通常被描述为未来损失的可能性。

按风险的程度不同，可以把公司的财务决策分为以下 3 种类型：

1. 确定性决策

决策者对未来的情况是完全确定的或已知的决策，称为确定性决策。例如投资于短期国库券，由于国家实力雄厚，到期得到报酬几乎是肯定的，因此，一般认为这种投资为确定性投资。

2. 风险性决策

决策者对未来的情况不能完全确定，但不确定性出现的可能性——概率的具体分布是已知的或可以估计的，这种情况下的决策称为风险性决策。

3. 不确定性决策

决策者对未来的情况不仅不能完全确定，而且对不确定性可能出现的概率也不清楚，这种情况下的决策为不确定性决策。

从理论上讲，不确定性是无法计量的，但在财务管理中，通常为不确定性规定一些主观概率，以便进行定量分析。不确定性规定了主观概率以后，与风险决策就十分近似了。因此，在公司财务管理中，对风险与不确定性并不作严格区分，当谈到风险时，可能是风险，更可能是不确定性。

二、风险与报酬的关系及计量

投资者在投资中，选择风险投资项目是非常常见的，那么投资者为什么愿意承担风险？根本原因就在于，其预期收益率足够高，足以补偿其所承担的投资风险。很明显，如果投资高科技公司的预期收益率与投资短期国库券的一样，那么几乎没有投资者愿意进行这一投资了。那么如何估计企业投资中可能承担的风险，如何依据风险确定应获得的补偿，成为风险讨论的重要内容。

在进行相关项目投资中，通常对风险的讨论分成两种情况：单项资产的投资和组合项目的投资。之所以这样划分是因为两种投资下，风险会有不同的表现和特点。下面将分别介绍。

（一）单项资产投资的风险计量

这种投资是指在决策中只需要就此项投资本身进行考虑，不需考虑与其他项目间的相互影响。其风险计量通常需要使用概率和数理统计方法。下面举例说明风险衡量的过程。

1. 确定概率分布

【例2-17】 某公司有A、B两个投资项目可供选择。假设A项目和B项目的报酬率都只受未来经济状况的影响，而未来经济状况有繁荣、一般、衰退3种可能性。有关的概率分布和预计报酬率如表2-1所示。

表2-1 概率分布和预计报酬率

未来经济状况	发生概率	预计报酬率（%）	
		A投资项目	B投资项目
繁荣	0.20	40	50
一般	0.60	20	20
衰退	0.20	0	-10

2. 计算期望值

期望值又称均值，它是随机变量各可能取值以概率为权数的加权平均值。通常以字母上划一条短横线来表示。在这里需要计算项目的期望报酬率：

$$\bar{r} = P_1r_1 + P_2r_2 + \cdots + P_nr_n = \sum_{i=1}^{n} P_ir_i$$

式中 r_i ——第 i 种可能结果；

P_i ——第 i 种结果的概率；

n——所有可能结果的数目。

【例 2－18】　接例 2－17，根据上述期望报酬率的计算公式，分别计算 A 投资项目和 B 投资项目的期望报酬率。

A 投资项目的期望报酬率：

$\bar{r}=0.2\times40\%+0.6\times20\%+0.2\times0=20\%$

B 投资项目的期望报酬率：

$\bar{r}=0.2\times50\%+0.6\times20\%+0.2\times(-10\%)=20\%$

表 2－1 中给出的资料反映的是未来经济状况只有繁荣、一般、衰退 3 种情况下的概率分布。预计报酬率作为一个随机变量，只取有限的 3 个数值。则该随机变量属于离散型分布。实际上未来经济状况可以在极度繁荣和极度衰退之间发生无数种可能的结果。如果对每一种可能的结果都测定出一个预计报酬率，并赋予相应的概率，便可得到连续型的概率分布。如图 2－5 所示，它是一个呈正态分布的钟形曲线。

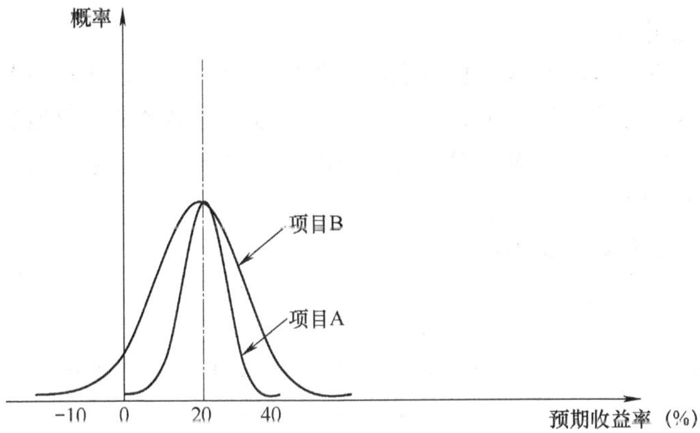

图 2－5　A 投资项目和 B 投资项目报酬率的连续分布图

概率分布图越集中、越尖，那么实际结果接近预期值的可能性越大，其背离预期收益的可能性则越小。由此，概率分布越集中，对应的风险越小。两个项目比较而言，A 项目风险相对较小。

3. 计算标准离差

为了能准确度量风险的大小，我们引入标准离差这一度量概率分布密度的指标。标准离差越小，概率分布越集中，同时，相应的风险也就越小。标准离差的计算公式如下：

$$\sigma=\sqrt{\sum_{i=1}^{n}(r_i-\bar{r})^2P_i}$$

【例 2－19】　接例 2－18，根据标准离差的计算公式，分别计算 A 投资项目和 B 投资项目的标准离差。

A投资项目的标准离差：

$$\sigma_A = \sqrt{(40\% - 20\%)^2 \times 0.2 + (20\% - 20\%)^2 \times 0.6 + (0 - 20\%)^2 \times 0.2}$$

$$= 12.65\%$$

B投资项目的标准离差：

$$\sigma_B = \sqrt{(50\% - 20\%)^2 \times 0.2 + (20\% - 20\%)^2 \times 0.6 + (-10\% - 20\%)^2 \times 0.2}$$

$$= 18.97\%$$

通过计算，A投资项目的标准离差小于B投资项目的标准离差。标准离差越小，说明实际报酬率偏离期望报酬率的可能性越小，因此风险也就越小。所以，A投资项目的风险小于B投资项目的风险。

但这一结论是在A投资项目与B投资项目的期望报酬率相等的情况下得出的。如果A投资项目与B投资项目的期望报酬率不相等，上面得出的结论就可能是错误的。这时应计算标准离差率，通过对标准离差率大小的比较来判断风险的大小。

4. 标准离差率

标准离差率又称变异系数，是标准离差与期望值之比。通常用符号 q 表示。标准离差率是以相对数形式反映决策方案的风险程度。标准离差是绝对数，只适用于期望值相同的方案的比较，对于期望值不同的决策方案，只能通过比较标准离差率来确定方案风险的大小。

标准离差率的计算公式为：

$$q = \frac{\sigma}{\bar{r}}$$

【例2-20】 接例2-19，计算A投资项目和B投资项目的标准离差率：

$$q_A = 12.65\% \div 20\% = 63.25\%$$

$$q_B = 18.97\% \div 20\% = 94.85\%$$

通过计算，A投资项目的标准离差率小于B投资项目的标准离差率，因此A投资项目的风险小于B投资项目的风险。

（二）风险与报酬的关系

投资的风险报酬是指投资者由于冒风险进行投资而获得的额外收益，又称投资风险收益、投资风险价值。由于市场竞争的原因，高风险的投资必须有高收益，否则就没有人投资；低收益的投资必须风险也低，否则也没有人去投资。风险与收益的各种关系是客观存在的，而且投资者所冒的风险越大，得到的风险收益应该越大。也就是说，风险收益的大小应与所冒风险的大小成正比。

风险报酬与风险的关系可通过下式表示：

风险报酬率 = 风险报酬系数 × 标准离差率

投资者期望的投资收益率应在无风险收益率的基础上再加上风险收益率，即

期望的投资收益率 = 无风险报酬率 + 风险报酬率

无风险收益率一般是指投资国库券的收益率，它包括通货膨胀附加率和资金的时间价值。

【例2－21】　接例2－20，假设A投资项目的风险报酬系数为6%，B投资项目的风险报酬系数为8%，分别计算A投资项目和B投资项目的风险报酬率。

$$R_A = 6\% \times 63.25\% = 3.80\%$$

$$R_B = 8\% \times 94.85\% = 7.59\%$$

根据计算结果，A投资项目的风险报酬率低于B投资项目的风险报酬率。这是因为A投资项目的风险小于B投资项目的风险。毫无疑问，风险小的A投资项目要求得到的风险补偿，低于风险大的B投资项目要求得到的风险补偿。当然，风险报酬率的高低还决定于风险报酬系数的高低。风险报酬系数的确定方法通常有以下两种：

（1）根据同等风险投资项目的有关历史数据确定。只要能够找到一个同等风险的投资项目，并掌握它的实际报酬率、无风险报酬率、标准离差或标准离差率等有关数据，就可以推断出该投资项目的风险报酬斜率。

（2）决策者根据主观经验确定。在没有同等风险的投资项目可供参照的情况下，可由决策者根据以往的主观经验加以确定。这时，风险报酬系数的确定，在很大程度上会受到决策者个性特点及其对待风险的态度的影响。

（三）组合投资的风险与报酬

投资组合的预期收益率等于组合中单项资产收益率以投资比重为权数的加权平均数。以公式表示为：

$$R_p = \sum_{i=1}^{n} A_i R_i$$

式中　A_i——单项资产的投资比重；

R_i——单项资产收益率的期望值；

R_p——投资组合的期望收益率。

但是，投资组合的风险不等于投资组合中单项资产风险的加权平均数，也就是说，投资组合的标准离差不等于投资组合中单项资产的标准离差的加权平均数，投资组合的风险要低于组合中单项资产风险的加权平均数。投资组合能够降低风险，这是因为投资组合的标准离差，不仅要受到组合中单项资产标准离差的影响，而且要受到组合中单项资产收益率之间的关联程度的影响。

（四）投资组合风险的类别

这种关联程度通常用相关系数描述。

投资组合风险可分为系统风险和非系统风险。

（1）系统风险。系统风险又称为市场风险或不可分散风险，是指那些对所有资产的价格变动都发生影响的风险，如战争、经济衰退、利率调整、通货膨胀等。这类风险涉及所有的投资对象，不能通过多元化投资来分散，是投资者进行投资所必须承担的风险。

(2) 非系统风险。非系统风险又称为公司特有风险或可分散风险，是指导致单项资产价格发生变动致使投资者发生损失的可能性，如罢工、新产品开发失败、高举债造成的到期不能还债、诉讼失败等。从投资者的角度看，这类风险只是发生在个别公司的内部，可以通过多元化投资予以分散，即发生在个别公司的不利事件可以被其他公司的有利事件所抵消。

由于假设市场的投资者均为理性的投资人，对于可分散风险能够进行有效的投资组合予以分散，故市场对于投资者承担的可分散风险不予补偿。反之，系统风险无法规避，是投资者必须承担的风险，故市场的风险定价表现为系统风险的定价，投资者应根据承担的系统风险水平和风险定价，确定一项投资应该要求的风险报酬率。

风险与投资组合数量关系如图 2－6 所示。

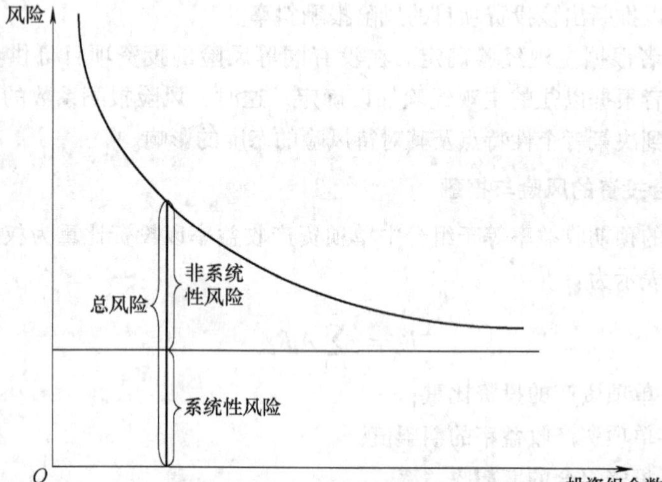

图 2－6 风险与投资组合数量关系

（五）组合投资的系统风险

组合投资的系统风险程度用组合投资的 β 系数表示。组合投资的 β 系数等于组合中单项资产 β 系数的加权平均数。即：

$$\beta_p = \sum_{j=1}^{n} X_j Y_j$$

【例 2－22】 某公司打算投资于 3 种股票，β 系数分别为 1.5、1.8、0.8，投资比重分别为 40%、50%、10%，目前，短期国债的利率为 4%，市场风险溢价为 5%，则：

$$\beta_p = 40\% \times 1.5 + 50\% \times 1.8 + 10\% \times 0.8 = 1.58$$

投资组合的必要报酬率 $=4\% + 1.58 \times 5\% = 11.9\%$

该项组合的预期收益率大于或等于11.9%时，才是可行的。

（六）资本资产定价模型

从上可知，系统风险对所有的资产价格的变动均会产生影响。但是，各项资产价格或收益率对同一系统风险的敏感程度是不同的，也就是说，同一系统风险因素出现后，将会导致不同的资产的收益率变动的幅度出现差异。例如，利率提升，负债率高的公司受到的不利影响程度要高于负债率低的公司。再如，石油价格上涨，对汽车制造业的公司的不利影响程度要高于其他行业的公司。就是说，单项资产的系统性风险程度是不同的。衡量单项资产的系统风险程度的指标是贝他系数，用希腊字母 β 来计量，β 被定义为某个资产的收益率与市场组合收益率之间的相关性，整体证券市场的 β 系数为1。

其计算公式为：

$$\beta_j = \frac{\sigma_{jm}}{\sigma_m^2} = \frac{r_{jm}\sigma_j\sigma_m}{\sigma_m^2} = r_{jm}\frac{\sigma_j}{\sigma_m}$$

式中　β_j——某项资产的贝他系数；

σ_{jm}——某项资产与市场组合收益率的协方差；

σ_j——某项资产收益率的标准离差；

σ_m——市场组合收益率的标准离差。

一般来说，贝他系数由相关证券研究机构定期公布。

从公式中可以看出，某项资产的贝他系数表示的是该项资产的系统风险是整个市场平均系统风险的倍数。例如，东方公司的股票的贝他系数为1.8，表示东方公司的系统风险是市场平均系统风险的1.8倍。在确定了单项资产的系统风险程度后，可以根据风险程度和风险单价确定对单项资产进行投资的必要报酬率。其计算公式为：

$$R_j = R_F + \beta_j(R_m - R_F)$$

式中　R_j——对某项资产投资的必要报酬率；

R_F——无风险收益率，以国库券的利率表示；

R_m——市场的平均收益率；

$R_m - R_F$——市场平均风险报酬率，或者称为市场风险溢价，实际上是对某项资产进行投资的风险单价。

根据资本资产定价模型的计算公式，单项资产的必要报酬率是投资者承担的系统风险的函数，贝他系数越高，则必要报酬率就越高。

【例2-23】　当前东方汽车制造公司的 β 系数为1.5，国库券的利率为5%，市场的平均收益率为11%。则：

对东方公司股票进行投资的必要报酬率 $=5\% + 1.5 \times (11\% - 5\%) = 14\%$

也就是说，投资者预期获取的报酬率大于或等于14%时，该项投资才是可行的。

第三节 成本性态

成本性态又称成本习性，是指某种成本与业务量之间是否存在相关关系。成本性态分析就是对成本与业务量之间的依存关系进行分析，从而掌握成本与业务量之间的关系，以便进行优化管理的。成本性态分析是经营决策、预测分析、成本控制等的重要基础。通常成本习性划分为固定成本、变动成本和混合成本三类。

一、固定成本

固定成本是指总额在一定时期和一定业务量范围内不随业务量的变化而变化的那部分成本。随着业务量的增加，固定成本将分配给更多产品，也就是说，单位固定成本将随业务量的增加而逐渐变小。一般来说，固定成本分为约束性固定成本和酌量性固定成本。前者是指企业为维持一定业务量必须支付的最低费用，属于最低经营能力成本，如厂房及设备的折旧费、租赁费、保险费、管理人员薪酬、水电费、取暖费等；后者是指企业为完成特定业务而支出的费用，属于特定经营方针成本，如广告费、研究和开发费、培训费等。

应当指出的是，固定成本总额只是在一定时期和一定业务量范围内保持不变。超出了这个范围，固定成本也会发生变动。因此，固定成本必须与一定时期、一定业务量联系起来进行分析。从长期来看，所有的成本都在变化，没有绝对不变的固定成本。

二、变动成本

变动成本是指总额随着业务量成同比例变动的那部分成本。变动成本分为酌量性变动成本和约束性变动成本。前者是指企业管理当局的决策可以改变其支出数额的成本，如按件计酬的员工薪酬、按业绩计提的推销佣金、按加工量计提的折旧等；后者是企业管理当局的决策无法改变其支出数额的成本，如直接材料费、产品包装费等。

与固定成本相同，变动成本也存在相关范围，即只有在一定范围内，产量和成本才能呈完全的线性关系，超过了一定的范围，这种关系则不复存在。

三、混合成本

有些成本虽然也随业务量的变动而变动，但不呈同比例变动，不能简单地归入变动成本或固定成本，这类成本称为混合成本。又可进一步细分为半变动成本（如固定电话座机费）、半固定成本（如产品检验员工资）、延期变动成本（如基本工资之外，尚需支付加班工资）、曲线变动成本（如累进计件工资）等。

四、总成本模型

将混合成本按照一定的方法区分为固定成本和变动成本后，根据成本性态，企业总成本公式可以表示为：

$$总成本 = 固定成本 + 变动成本$$
$$= 固定成本 + 单位变动成本 \times 业务量$$

【练习题】

1. 大华公司要在租赁与购买设备之间进行决策：购买设备需支付价款 800 万元，租用设备每年年初需支付 135 万元，假设设备使用期都是 6 年，市场利率为 5%，不考虑其他因素。请帮助大华公司进行决策。

2. 某房地产开发公司与某购房户就某种户型的毛坯房签订房屋销售协议如下：如果一次性付清，需要支付房款 20 万元；如果采用 5 年分期付款方式，则每年需要支付房款 5 万元；如果采用 10 年分期付款方式，则每年需要支付 3 万元。假定银行利率是 10%。

要求：

（1）如果允许在每年年末支付，试确定其采用的付款方式。

（2）如果规定必须在每年年初支付款项，试确定其采用的付款方式。

3. 某公司需用一台设备，买价为 9 000 元，可用 8 年。如果租用，则每年年初需支付租金 1 500 元。假设市场利率为 8%。

要求：试决定企业应租用还是购买该设备。

4. 某企业全部用银行贷款投资兴建一个工程项目，总投资额为 5 000 万元，假设银行借款利率为 16%。该工程当年建成投产。

要求：

（1）该工程建成投产后，分 8 年等额归还银行借款，每年年末应还多少？

（2）若该工程建成投产后，每年可获净利 1 500 万元，全部用来归还借款的本息，需多少年才能还清？

5. A 公司于 2012 年年初对某项目投资 100 000 元，该项目 2014 年年初完工投产；2014 年、2015 年、2016 年年末预期收益分别为 20 000 元、30 000 元和 50 000 元，银行存款年利率为 10%。

要求：

（1）按复利计算 2014 年年初投资额的终值。

（2）按复利计算 2014 年年初各年预期收益的现值之和。

6. 某企业有一投资项目，该投资项目的标准差为 58%，风险报酬系数由专家估算为 10%，国债收益率为 5%。要求：计算该投资项目的期望投资报酬率。

7. 等比例投资于A、B两个投资项目，其收益的概率分布如表2-2所示。

表2-2 A、B项目收益的概率

概　　率	A项目收益率	B项目收益率
0.25	9%	14%
0.5	13%	12%
0.25	18%	10%

要求：

（1）计算两种股票收益率的标准离差及标准离差率。

（2）计算组合投资的期望收益率与标准离差。

（3）假设A项目的收益率为市场收益率，则β系数是多少？

（4）若市场的无风险收益率为5%，则A项目的必要报酬率是多少？能否对A项目进行投资？

8. 某企业2014年3月20日以1 100元买入东方化工股份有限公司的债券。债券面值1 000元，5年期，票面利率为10%。买入时市场利率为8%，不考虑所得税因素。

要求：评估此购买是否合算。

第三章

财务预算

学习目标

熟悉全面预算体系，理解财务预算与全面预算的关系；掌握财务预算编制的各种方法；熟悉财务预算编制原理，理解业务预算、财务预算及资本支出预算之间的勾稽关系。

案例导入

财务总监眼里的财务预算

时任亚信科技（中国）有限公司高级副总裁兼财务总监的韩颖，作为2000年度《CEO·ASIA》"亚洲最佳CFO"称号的获得者，对于企业财务管理有着自己深刻的体会。在这名财务总监的眼里，财务是企业运营的核心，而财务危机对公司危害的严重性是最高的。对财务危机风险的防范，韩颖有着自己的心得体会，那就是只要懂得利用方法防范它，就能把财务危机带来的风险降到最低。她对付财务危机的法宝就是严格的预测系统和稳健的财务原则。

在亚信，所有的经理人在新的财政年度开始前的三四个月就要对之前的工作进行反省，总结企业一年来在战略决策上的成功和失误，然后对企业未来一年的增长情况和经营环境进行理性的预测，然后做出下一年度的财务预算。

值得一提的是，亚信采用的预算方式是四季度滚动预算，即每个季度都要对下四个季度进行财务预算，根据近期市场的变化、事先无法预见的意外事件以及未来一个时期的企业实际收入预测，随时地、更加合理地配置资源。由于资源的调配会根据市场随机应变，亚信一直保持着稳定的现金流，强有力地支持着企业的运转。

案例启示

预算管理作为企业对稀缺资源有效的管理手段，自20世纪末引入中国后，已广泛地被我国企业所接纳。2002年，财政部印发了《关于企业实行财务预算管理的指导意见》，用以指导企业的预算管理。有调查统计反映，目前我国实施预算管理的企业超过企业总数的50%以上。但每个企业预算管理的实施效果却有所差别，究其原因，主要是因为预算管理存在以下的特点：理论容易、实务困难；编制容易，考核困难。因此，要充分地发挥预算管理的功效，就必须熟悉并掌握预算管理的基本知识及应用的关键点。

"凡事预则立，不预则废"，企业在建设前期，需要预测市场需求，研究项目的可行性；在做出投资决策后，则要编制资本支出预算，然后才能开始建设；在项目完成投入生产的过程中，仍然要不断跟踪市场需求，预测销售量、资金、成本及利润，然后在此基础上进行决策，再编制全面预算，以便指导和监控企业的生产和经营。

第一节 财务预算的意义与体系

一、财务预算的意义

财务预算的意义表现在以下几个方面：

(1) 财务预算是企业财务决策的前提。一个企业的生产经营及其发展不能离开对市场的研判，而建立在此基础上的各项决策都离不开财务预算的支持。

(2) 财务预算有助于改善投资决策，继而为该项投资进行融资，或者是为新的一期生产经营提供财务支持，实施企业的融资计划。

(3) 财务预算有助于实现企业的战略目标。不管企业的战略目标何等辉煌，其实现要依赖于生产经营的每一步骤，而踏准节拍、把握市场脉搏依赖的就是财务预算。

因此，在现代企业财务管理中，通过财务预算能全面、综合地协调、规划企业内部各部门、各层次的经济关系与职能，使之统一服从于未来经营总体目标的要求。同时，财务预算又能使决策目标具体化、系统化和定量化，能够明确规定企业有关生产经营人员各自职责及相应的奋斗目标，做到人人事先心中有数。通过财务预算建立起的评价企业财务状况的标准可及时发现计划执行中的问题和调整偏差，使企业的经济活动按预定的目标进行，从而实现企业的财务目标。

二、全面预算体系

全面预算就是用货币以及数量表示的，企业未来一定期间全部经营活动的一系列详细计划。其实际表现为一套以货币及其他数量形式反映的预计财务报表和其他附表，主要用来规划预算期内企业的全部经济活动及其成果。全面预算体系包括日常业务预算、专门决策预算和财务预算。

全面预算体系图如图 3－1 所示。

（一）日常业务预算

日常业务预算是指与企业日常经营活动直接相关的经营业务的各种预算，具体包括销售预算、生产预算、直接材料预算、直接人工预算、制造费用预算、产品成本预算、销售及管理费用预算等。这些预算前后衔接、相互勾稽，既有实物量指标，又有价值量指标。

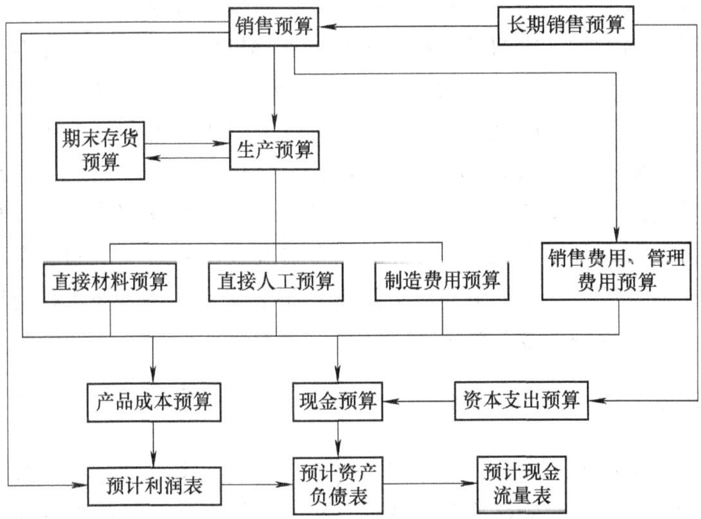

图 3-1　全面预算体系图

（二）专门决策预算

专门决策预算是指企业为不经常发生的长期投资决策项目或一次性专门业务所编制的预算，具体包括资本支出预算、一次性专门业务预算等。资本支出预算是根据经过审核批准的各个长期投资决策项目所编制的预算。一次性专门业务预算是为了配合财务预算的编制，对企业日常财务活动中经常发生的一次性专门业务，如筹措资金、投放资金以及发放股利等其他财务决策编制的预算。

（三）财务预算

财务预算是指反映企业未来一定预算期内预计财务状况、经营成果和现金收支的各种预算的总称，具体包括现金预算、预计资产负债表、预计利润表和预计现金流量表等。财务预算作为全面预算体系的最后环节，可以从价值方面总括地反映专门决策预算和日常业务预算的结果，也称“总预算”。

第二节　财务预算的方法

一、固定预算

根据预算编制时选用业务量的数量特征不同，可以将预算划分为固定预算和弹性预算。

固定预算（fixed budget）又称静态预算，就是根据预算期内正常的可实现的某一业务量水平而编制的预算。固定预算的特点是：①不考虑预算期内业务量水平可能发生的变动，只按某一确定的业务量水平为基础编制预算；② 将预算的实际执行结果与按预算期内计划规定的某一业务量水平所确定的预算数进行比较，并据以进行业绩评价、考核。固定预算比较适合非营利组织或业务量水平较为稳定的企业，对于业务量水平经常变动的企业，特别是实际业务量水平与预算业务量水平相差甚远时，固定预算就很难正确地考核和评价企业预算的执行情况。

这一预算的编制思想认为业务量在预算期内不变或变化很小，且预算成本也不变，按此思路编制有利于企业对生产经营的全过程及财务状况编制出全面系统的预算。然而由于内外部环境的影响，业务量水平将会受到影响，在这种情况下，固定预算就会失去它的控制和考核意义。

二、弹性预算

弹性预算（flexible budget）又称变动预算，是在成本习性分析的基础上，以业务量、成本和利润之间的依存关系为依据，按照预算期可预见的多种业务量水平编制预算的方法。由于这种预算随业务量变动而做相应的调整，具有伸缩性，因此有效地克服了固定预算的缺陷。弹性预算具有以下两个特征：①能够反映预算期某一相关范围内可预见的多种业务量水平的不同预算，从而扩大了预算的适用范围；②在预算期实际业务量与计划业务量不一致的情况下，可以将实际执行数与实际业务量对应的预算额进行对比，从而使预算执行情况的评价与考核建立在更加客观和可比的基础上，便于更好地发挥预算的控制作用。

弹性预算通常用于编制弹性成本预算。由于直接材料和直接人工随业务量的变动成正比例变动，用标准成本制度进行控制更为方便，不必为其编制弹性预算，因此弹性成本预算主要是指制造费用弹性预算和销售及管理费用弹性预算。

编制弹性成本预算需要事先选择适当的业务量，一般而言，可定在正常生产能力的70%～110%之间，或以历史上最高业务量和最低业务量为其上下限。弹性成本预算的编制方法主要有列表法和公式法两种。

1. 列表法

列表法又称多水平法，是指在确定的业务量范围内，将业务量划分为若干个不同水平，然后根据各个不同业务量水平分别计算各项预算成本，汇总列示在一个预算表格中。采用列表法时，业务量的间距可根据企业实际情况自行确定，间距较大，水平级别就少一些，可以简化预算编制工作，但间距太大会失去弹性预算的优点；间距较小，就容易在表中找出与实际相近的业务量对应的预算，用以控制成本较为准确，但间距太小会增加编制的工作量。

列表法的优点是可直接找到与实际水平相近的业务量对应的成本预算，便于日常控制成本。其缺点是运用列表法弹性预算评价和考核实际成本时，往往需要使用插补法计算实际业务量的预算成本，比较麻烦。

2. 公式法

公式法就是利用成本与业务量的方程式来编制弹性预算的方法。在成本习性分析的基础上，可将任何成本近似地表示为 $y=a+bx$（a 为固定成本；b 为单位变动成本；y 为成本总额；x 为业务量，如产销量、直接人工工时等），所以只要在预算中列示出 a 和 b，便可随时利用公式推算出业务量在允许范围内任何水平上的预算成本。

表 3－1 是用公式法表示的昌盛公司制造费用弹性预算，公式表达如下：

$$y = a + bx$$

$$y = 2\ 120 + 2.4x$$

表 3－1　昌盛公司制造费用弹性预算

2012 年度　　单位：元

业务量范围（机器工时）	300～500 h	
项目	固定成本（a）	单位变动成本（b）
电力	200	0.8
间接材料		0.1
修理费	120	0.7
油料		0.8
折旧费	1 200	
管理人员工资	600	
合计	2 120	2.4

公式法的优点是便于计算在规定范围内任何业务量的弹性预算成本；缺点是逐项分解成本比较麻烦，而且不能直接查出特定业务量下的总成本预算数额。

三、零基预算

零基预算（zero－base budget）即“以零为基础编制预算的方法”，是指在编制成本费用预算时，不考虑以往会计期间所发生的费用项目或费用数额，而是一切从零开始，从实际需要与可能出发，逐项审议预算期内各项费用的内容及开支标准是否合理，在综合平衡的基础上编制费用预算的方法。

零基预算具有以下优点：①可以促使企业合理有效地进行资源分配，将有限的资金用在关键之处；②可以充分发挥各级管理人员的积极性、主动性和创造性，促进各预算部门精打细算，量力而行，合理使用资金，提高资金的利用效果；③目标明确，可区别方案的轻重缓急。

零基预算的缺点在于编制预算时一切从零出发，需要完成大量基础工作，需要比较长的编制时间，编制成本较高。为克服零基预算的缺点，简化预算编制的工作量，一般不需要每年都按零基预算方法编制预算，只需间隔 3～5 年编制一次，以后几年内再做适当调整，以减少浪费和低效。

零基预算法特别适用于产出较难辨认的服务性部门费用预算的编制。

四、定期预算

定期预算（regular budget）即预算期固定，与会计年度相配合，定期编制预算的方法。企业的经营预算和财务预算通常是定期（如一年）编制的，其优点是与会计年度相配合，便于预算执行结果的考核与评价。但是，这种定期预算存在如下缺陷：①定期预算多是在其执行年度开始前的两三个月进行，在编制时，难以预测出预算期的某些活动，特别是对预算期的后半阶段，往往只能提出一个较为笼统的预算，从而给预算的执行带来种种困难；②预算中所规划的各种经营活动在预算期内往往发生变化，而定期预算却不能及时调整，从而使原有的预算显得不相适应；③在预算执行过程中，由于受预算期的限制，使管理人员的决策视野局限于剩余的预算期间的活动，从而不利于企业长期、稳定的发展。

五、滚动预算

滚动预算（rolling budget）又称连续预算或永续预算，是指在编制预算时，将预算期与会计年度脱离开来，随着预算的执行不断延展、调整、补充预算，逐月或逐季向后滚动，使预算期始终保持为一定的期间（如一年）的一种方法。

具体办法如下：每过一个季度（或月份），立即根据前一个季度（或月份）预算执行中发生的情况和变化，对以后季度（或月份）进行修订，并自动后续一个季度（或月份），使预算期始终保持为一年。

滚动预算的优点有：①由于将编制预算与日常管理紧密衔接，可以使管理人员关注企业近期的规划目标和远期的战略布局，从而保证各项管理工作有条不紊地进行；②由于滚动预算能根据前期预算的执行情况，结合各项因素的变动影响，及时调整和修订近期预算，使得编制的预算更加切合实际，加强了预算的指导和控制作用；③由于滚动预算在时间上不再受日历年度的限制，能够连续不断地规划未来的经营活动，不会造成预算的人为间断，因而能够确保企业管理工作的连续性和稳定性。滚动预算的缺点在于编制预算的工作量较大，持续时间较长。

第三节 财务预算的编制

一、日常业务预算

（一）销售预算

销售预算是指在销售预测的基础上，编制的用于规划预算期销售活动的一种业务预算。销售预算是编制企业预算的起点，也是编制业务预算的基础。在编制过程中，应根据销售量和单价确定预算期销售收入，并根据预算期现销收入与赊销回款情况反映现金收入，以便为编制现金预算提供数据。

在销售预算中，销售量根据市场预测或销货合同并结合企业生产能力确定，销售单价根据价格政策确定，销售收入是两者的乘积。各期现金收入包括两部分：上期应收账款的余额和本期销售收入的收现部分。

【例3－1】　假设风行公司只生产和销售一种产品，预计2015年各季度产品销售量及有关销售单价的资料如表3－2所示。据估计，各季销售收入中有70%能于当期收到现金，其余30%要到下季度才能收回。2014年应收账款余额为4 000元。该公司2015年的销售预算如表3－2所示，该公司2015年度销售收入预计现金收入表如表3－3所示。

表3－2　风行公司2015年度销售预算

项　　目	第一季度	第二季度	第三季度	第四季度	全　　年
预计销售量/件	1 000	1 500	2 000	1 000	5 500
预计销售单价/元	20	20	20	20	20
销售收入/元	20 000	30 000	40 000	20 000	110 000

表3－3　风行公司2015年度销售收入预计现金收入表

单位：元

项目＼时间	第一季度	第二季度	第三季度	第四季度	全　　年
上年应收账款余额	4 000				4 000
第一季度销售收入	14 000	6 000			20 000
第二季度销售收入		21 000	9 000		30 000
第三季度销售收入			28 000	12 000	40 000
第四季度销售收入				14 000	14 000
现金收入合计	18 000	27 000	37 000	26 000	108 000

（二）生产预算

生产预算是为规划预算期生产规模而编制的一种业务预算。它是在销售预算的基础上编制而成的。编制生产预算的主要依据是预算期各种产品的预计销售量及存货量资料，具体计算公式为：

预计生产量＝预计销售量＋预计期末存货量－预计期初存货量

由于预计销售量可以直接从销售预算中查到，预计期初存货量等于上季度期末存货量，因此，编制生产预算的关键在于确定各季度预计期末存货量。在实践中，期末存货量通常按下期销售量的一定百分比确定，当然还要考虑季节性因素的影响，以防止储备不足、产销脱节或超储积压等问题。

【例3－2】 接上例，假设风行公司各季季末的存货量按下季度预计销售量的20%估算，预计2015年年末存货量为200件，已知2014年年末实际存货量为150件。该公司2015年的生产预算如表3－4所示。

表3－4 风行公司2015年度生产预算

单位：件

项目	第一季度	第二季度	第三季度	第四季度	全年
预计销售量	1 000	1 500	2 000	1 000	5 500
加：预计期末存货	300	400	200	200	200
产品需要量合计	1 300	1 900	2 200	1 200	5 700
减：预计期初存货	150	300	400	200	150
预计生产量	1 150	1 600	1 800	1 000	5 550

（三）直接材料预算

直接材料预算主要用来确定各种材料采购量和采购成本。它是以生产预算为基础编制的，同时考虑原材料存货水平。在编制直接材料预算过程中。还应根据预算期现购材料支出和偿还前期所欠材料款的可能情况反映现金支出，以便为编制现金预算提供信息。

预计材料的采购量基本表达式为：

预计材料采购量＝预计材料耗用量＋预计期末材料存货量－预计期初材料存货量

其中，

预计材料耗用量＝预计生产量×单位产品材料消耗量

预计生产量数据来自生产预算，单位产品材料消耗量数据来自标准成本资料或直接材料消耗定额资料，年初和年末材料存货量根据企业当前情况和销售预测估计得出，各季度预计期末材料存货量根据下季度生产量的一定百分比确定，各季度期初材料存货量即是上季度的期末材料存货量。

为便于编制现金预算，通常还要预计各季度材料采购的现金支出，各季度材料采购现金支出包括两部分：偿还上期应付账款和本期应支付的采购货款。

【例3－3】 接上例，假设风行公司各季季末的材料存货量按下季度预计材料耗用量的10%估算，预计2015年年末材料存货量为550kg，已知2014年年末实际存货量为500kg。据估计，各季度采购成本的60%在当季度支付现金，其余40%在下季度支付。2014年应付账款余额为950元。该公司2015年的直接材料预算如表3－5所示，该公司2015年度直接材料预计现金支出表如表3－6所示。

表 3－5　风行公司 2015 年度直接材料预算

项　　目	第一季度	第二季度	第三季度	第四季度	全　　年
预计生产量/件	1 150	1 600	1 800	1 000	5 550
单位产品材料消耗量/kg	4	4	4	4	4
预计材料耗用量/kg	4 600	6 400	7 200	4 000	22 200
加：预计期末材料存货/kg	640	720	400	550	550
预计材料总需要量/kg	5 240	7 120	7 600	4 550	22 750
减：预计期初材料存货/kg	500	640	720	400	500
预计材料采购量/kg	4 740	6 480	6 880	4 150	22 250
材料采购单价/元	0.5	0.5	0.5	0.5	0.5
预计材料采购成本/元	2 370	3 240	3 440	2 075	11 125

表 3－6　风行公司 2015 年度直接材料预计现金支出表

单位：元

项　　目	第一季度	第二季度	第三季度	第四季度	全　　年
上年应付账款	950				950
第一季度采购成本	1 422	948			2 370
第二季度采购成本		1 944	1 296		3 240
第三季度采购成本			2 064	1 376	3 440
第四季度采购成本				1 245	1 245
现金支出合计	2 372	2 892	3 360	2 621	11 245

（四）直接人工预算

直接人工预算是用来确定预算期内直接人工工时消耗水平和直接人工成本的一种日常业务预算，它也是以生产预算为基础编制的。其基本计算公式为：

预计直接人工总成本＝预计生产量×单位产品直接人工工时×小时工资率

预计生产量数据来自生产预算，单位产品直接人工工时和单位工时直接人工成本数据来自标准成本资料。由于直接人工成本的支付体现为当期的现金支出，因此不需要另外预计现金支出表，现金预算所需相关数据可直接从直接人工预算获得。

【例 3－4】　接上例，风行公司 2015 年的直接人工预算如表 3－7 所示。

表 3－7　风行公司 2015 年度直接人工预算

项　　目	第一季度	第二季度	第三季度	第四季度	全　　年
预计生产量/件	1 150	1 600	1 800	1 000	5 550

（续）

项　　目	第一季度	第二季度	第三季度	第四季度	全　　年
单位产品直接人工工时/h	0.8	0.8	0.8	0.8	0.8
预计直接人工总工时/h	920	1 280	1 440	800	4 440
小时工资率/元	5	5	5	5	5
预计直接人工总成本/元	4 600	6 400	7 200	4 000	22 200

（五）制造费用预算

制造费用预算是指生产成本中除直接材料和直接人工以外的一切生产费用的一种业务预算。在编制制造费用预算时，制造费用应按成本习性划分为变动性制造费用和固定性制造费用，并分别编制预算。

为了便于编制现金预算，制造费用预算中也包括预计现金支出额。制造费用中除折旧费外一般都需支付现金。因此，根据每个季度制造费用金额扣除折旧费后，便可得出现金支出的制造费用。

【例3－5】 接上例，预计风行公司2015年一季度、二季度、三季度、四季度的固定性制造费用分别是1 650元、3 400元、3 400元和1 650元。其他制造费用资料如表3－8所示。

表3－8　风行公司2015年度其他制造费用

成本项目		金额/元	费用分配率计算
变动性制造费用	间接人工	2 080	变动性制造费用分配率＝8 080÷4 440＝1.819 8（元/h）
	间接材料	3 000	
	维护费	1 300	
	水电费	1 700	
	合计	8 080	
固定性制造费用	折旧费	2 500	固定性制造费用分配率＝10 100÷4 440＝2.275（元/h）
	维护费	2 100	
	管理费	4 500	
	保险费	1 000	
	合计	10 100	

风行公司2015年度制造费用预算如表3－9所示。

表 3-9　风行公司 2015 年度制造费用预算

项　　目	第一季度	第二季度	第三季度	第四季度	全　　年
预计直接人工工时/h	920	1 280	1 440	800	4 440
变动性制造费用分配率/(元/h)	1.819 8	1.819 8	1.819 8	1.819 8	1.819 8
预计变动性制造费用/元	1 674.23	2 329.37	2 620.54	1 455.86	8 080
预计固定性制造费用/元	1 650	3 400	3 400	1 650	10 100
预计制造费用合计/元	3 324.23	5 729.37	6 020.54	3 105.86	18 180
减：折旧费用/元	625	625	625	625	2 500
现金支出的制造费用/元	2 699.23	5 104.37	5 395.54	2 480.86	15 680

（六）产品成本预算

产品成本预算是生产预算、直接材料预算、直接人工预算和制造费用预算的汇总，主要包括各种产品单位生产成本与总成本。单位产品成本的有关数据来自直接材料预算、直接人工预算和制造费用预算；产品生产量、期末存货量的有关数据来自生产预算；产品销售量数据来自销售预算。

【例 3-6】　接上例，风行公司 2015 年的产品成本预算如表 3-10 所示。

表 3-10　风行公司 2015 年度产品成本预算

项　　目	单位产品成本			生产成本/元（5 550 件）	期末存货成本/元（200 件）	销货成本/元（5 500 件）
	单价	单耗	成本/元			
直接材料	0.5 元/kg	4 kg	2	11 100	400	11 000
直接人工	5 元/h	0.8 h	4	22 200	800	22 000
变动性制造费用	1.82 元/h	0.8 h	1.46	8 080	291.17	8 007.20
固定性制造费用	2.28 元/h	0.8 h	1.82	10 100	363.96	10 009.00
合计			9.28	51 480	1 855.13	51 016.20

（七）销售及管理费用预算

销售及管理费用预算包括销售费用预算和管理费用预算。其中，销售费用预算是指对实现销售预算所需支出费用所做的预算，它是以销售预算为基础，细致分析销售收入、销售利润与销售费用之间的关系，并运用本量利分析等方法合理安排，使销售费用得到最有效的使用；管理费用预算是对企业经营过程中所需支付的管理费用所做的预算，在编制时应以过去发生的实际支出作为参考，结合分析企业的业务情况，使管理费用支出合理有效。该预算的编制类似制造费用预算的编制，可以将费用区分为变动或固定两部分，分别编制其预算。

【例3-7】 接上例，风行公司2015年的销售及管理费用预算如表3-11所示。

表3-11 风行公司2015年度销售及管理费用预算

单位：元

项目	第一季度	第二季度	第三季度	第四季度	全年
销售费用：					
销售人员工资	500	500	500	500	2 000
广告费	3 000	3 000	3 000	3 000	12 000
包装、运杂费	650	650	650	650	2 600
保管费	425	425	425	425	1 700
合计	4 575	4 575	4 575	4 575	18 300
管理费用：					
管理人员工资	3 200	3 200	3 200	3 200	12 800
保险费	750	750	750	750	3 000
办公费	350	350	350	350	1 400
财产费	250	250	250	250	1 000
合计	4 550	4 550	4 550	4 550	18 200
总计	9 125	9 125	9 125	9 125	36 500

二、现金预算

现金预算（cash budget）需要根据前面各种预算中涉及的有关现金收入和现金支出的资料编制，主要包括现金收入、现金支出、现金溢缺以及资金筹措与使用4部分内容。

现金收入包括预算期期初现金余额和预计现金收入。预计现金收入的主要来源是销售收入和应收账款的收回，可从销售预算中取得数据。

现金支出包括预算期内预计可能发生的全部现金支出，如支付材料采购成本、直接人工成本、制造费用、销售及管理费用等，这些数据可从相关业务预算中获得。此外，还包括购置设备、支付所得税及股利分配等现金支出，这些数据可从相关专门决策预算中获得。

现金溢缺反映现金收入合计与现金支出合计的差额。如果差额为正，说明现金收入大于现金支出，现金出现多余，可用于偿还借款或进行短期投资；如果差额为负，说明现金收入小于现金支出，现金出现不足，需向银行借款或采用其他方式筹措资金。

资金筹措和使用是对预算期出现现金溢缺时所作的具体资金安排，包括向银行借款、偿还借款及利息、对外进行短期投资、收回投资及利息等。

编制现金预算的主要目的在于加强对现金流量的预算控制，在现金不足时筹措资金，现金多余时及时处理现金余额，并提供现金收支的控制限额，以充分发挥现金管理的作用。为有计划地安排和调度资金，企业应尽可能缩短现金预算的编制期间。

【例3-8】　接上例，风行公司现金预算编制中规定：借款应为1 000的整数倍，并且所有借款发生在期初，还款发生在期末。借款年利率为10%。公司需要保留的最低现金余额为3 000元。风行公司的现金预算如表3-12所示。

表3-12　风行公司2015年度现金预算

单位：元

项　　目	第一季度	第二季度	第三季度	第四季度	全　　年
期初现金余额	3 100	7 603.77	10 382.40	10 001.86	3 100
加：销售现金收入	18 000	27 000	37 000	26 000	108 000
现金收入合计	21 100	34 603.77	47 382.40	36 001.86	111 100
减：现金支出					
直接材料	2 372	2 892	3 360	2 621	11 245
直接人工	4 600	6 400	7 200	4 000	22 200
制造费用	2 699.23	5 104.37	5 395.54	2 480.86	15 680
销售及管理费用	9 125	9 125	9 125	9 125	36 500
支付所得税	1 700	1 700	1 700	1 700	6 800
购置设备	2 000	1 000	1 000	1 000	5 000
支付股利	1 000		1 000		2 000
现金支出合计	23 496.23	26 221.37	28 780.54	20 926.86	99 425
现金溢缺	(2 396.23)	8 382.40	18 601.86	15 075.00	11 675
向银行借款	10 000	2 000			12 000
归还银行借款			(8 000)	(4 000)	(12 000)
偿付利息			(600)	(350)	(950)
合计	10 000	2 000	(8 600)	(4 350)	(950)
期末现金余额	7 603.77	10 382.40	10 001.86	10 725	10 725

说明：偿付的利息应按当期偿还本金部分计算，因此第三季度偿付利息为600元（8 000 × 10% × 3 ÷4），第四季度偿付利息为350元（2 000 × 10% +2 000 × 10% × 3 ÷4）。

三、预计财务报表

预计财务报表也称企业总预算，是控制企业预算期内资金、成本和利润总量的重要手段，主要包括预计利润表和预计资产负债表、预计现金流量表等。

（一）预计利润表

预计利润表是以货币为计量单位，全面综合地反映企业预算期内全部经营活动成果的预算。预计利润表是在前文业务预算的基础上，根据权责发生制的原则编制的。

【例3-9】 接上例，预计风行公司2015年的预计利润表如表3-13所示。

表3-13 风行公司2015年度预计利润表

项目	金额/元
销售收入	110 000
减：销货成本	51 016.20
销售毛利	58 983.80
减：销售及管理费用	36 500
利息费用	950
利润总额	21 533.80
减：所得税	6 849
净利润	14 684.80

预计利润表中的“所得税”项目是估算数据，并非根据预计损益表中的利润总额和所得税税率计算得出。如果在编制预计利润表时根据利润总额和所得税税率重新计算所得税，就需要根据计算出的新结果修改现金预算，继而影响现金预算中的有关数据并反过来对预计利润表产生影响，结果又要修改预计利润表，这样就会陷入无休止地修改循环之中。

（二）预计资产负债表的编制

预计资产负债表以货币为单位反映企业预算期期末的财务状况。它是在基期资产负债表的基础上，根据预算期销售、生产、成本等预算的有关数据加以调整编制的。

【例3-10】 接上例，预计风行公司2015年的预计资产负债表如表3-14所示。

表3-14 风行公司2015年度预计资产负债表

单位：元

资产项目	年初余额	期末余额	负债与所有者权益项目	年初余额	期末余额
流动资产			流动负债		
库存现金	3 100	10 725	应付账款	950	830
应收账款	4 000	6 000	流动负债总额	950	830
直接材料	250	275	长期负债		
产成品	1 440	1 855	长期借款	10 000	10 000
流动资产总额	8 790	18 855	长期负债总额	10 000	10 000
固定资产			负债总额	10 950	10 830

（续）

资产项目	年初余额	期末余额	负债与所有者权益项目	年初余额	期末余额
土地	8 000	8 000	所有者权益		
房屋及设备	15 000	20 000	普通股股本	10 000	10 000
减：累计折旧	6 400	8 900	未分配利润	4 440	17 125
固定资产总额	16 600	19 100	所有者权益总额	14 440	27 125
资产总额	25 390	37 955	负债及所有者权益总额	25 390	37 955

说明：

（1）期末应收账款 = 第四季度销售额 × 30% = 20 000 × 30% = 6 000（元）。

（2）期末产成品成本 = 期末产成品数量 × 单位成本 = 200 × 9.275 6 = 1 855.12（元）。

（3）期末应付账款 = 第四季度材料采购金额 × 40% = 2 075 × 40% = 830（元）。

（4）土地、长期借款、普通股股本三项未发生变动。

（5）期末未分配利润 = 期初未分配利润 + 本期净利润 − 本期发放股利 = 4 440 + 14 685 − 2 000 = 17 125（元）。

【练习题】

某公司11月现金收支及资料如下：

（1）11月1日现金（包括银行存款）余额13 700元。

（2）产品售价为8元/件。9月销售产品20 000件，10月销售产品30 000件，11月预计销售产品40 000件，12月预计销售产品25 000件。根据经验，商品售出后当月可回收销售收入的60%，次月收回销售收入的30%，再次月收回销售收入的8%，另外销售收入的2%为坏账。

（3）进货成本为5元/件，平均在15天后付款。编制预算时月底存货为次月销售产品的30%加1 000件。10月底实际存货为4 000件，应付账款余额为77 500元。

（4）11月的费用预算为85 000元，其中折旧为12 000元，其余费用需当月现金支付。

（5）预计11月将购置设备一台，支出150 000元，需当月付款。

（6）11月预交所得税20 000元。

（7）现金不足时可从银行借入，借款额为10 000元的倍数，利息在还款时支付。期末现金余额不少于5 000元。

要求：编制11月份的现金预算。

第四章

资金筹集管理

学习目标

熟悉企业筹资的动机、筹措资金的渠道与方式（包括发行股票、发行债券、发行可转换债券、租赁等）；了解各种筹资方式的使用环境，掌握各种权益性筹资方式和债务性筹集方式的优缺点。

案例导入

资本支持——蒙牛乳业的发展之路

内蒙古蒙牛乳业公司（简称蒙牛乳业）成立于1999年，仅3年之后，蒙牛乳业即名列1999~2001年度中国超速增长百强企业首位；6年之后，蒙牛乳业的业务收入在全国乳制品的排名上升至第二位。初生牛犊是怎样在竞争激烈的乳品市场站稳脚跟的呢？创新管理是蒙牛乳业发展的基础，而源源不断的资金注入则成为蒙牛乳业发展的直接动力，并在管理团队的把握之中决胜千里。蒙牛乳业从1999年成立之后，用3年的时间，先后进行了增资、股改等4次资本运作，实现了初步的原始积累，但是距离成为一家足以称霸乳品行业的巨头，它还差一个关键的因素，即资本的支持。2002年9月起，摩根士丹利、鼎辉、英联3家外商投资机构与蒙牛乳业走到了一起，开始给蒙牛乳业动起了资本运作的大手术。通过对境外壳公司开曼群岛公司注资，3家机构首次给蒙牛乳业注入资金2.16亿元人民币。2003年10月，3家机构投资者对壳公司进行了第二次注资，共计3 523.4万美元。当然，外商投资机构不会送来免费的蛋糕，蒙牛乳业获得资金的同时，必须要在一定期间内达到3家机构要求的业绩指标。资金带来的动力和业绩要求带来的压力促使蒙牛乳业开始了跑步前进。2004年6月10日，蒙牛乳业在香港挂牌上市，公开发售3.5亿股，公众超额认购达206倍，每股发行价格高达3.925港元，融资近14亿港元。乳品行业的这头“快牛”在源源不断的“活水”滋润下，进入了一个更为广阔的发展空间。

案例启示

企业发展过程中，资金不可缺少的重要一环。如何获得所需要的资金，用哪种方式获得资金成本较低，风险有何不同，各自有何优缺点，成为企业筹资时必须考虑的问题。

第一节　筹资概述

资金是企业进行生产经营活动的必要条件。企业设立，开展日常生产经营业务，购置设备、材料等生产要素，都需要一定数量的生产经营资金；企业要扩大生产规模、开发新产品、提高技术水平，更要追加投资。筹集资金是企业资金运动的起点，是决定资金运动规模和生产经营发展程度的重要环节。通过一定的资金渠道，采取一定的筹资方式，组织资金的供应，保证企业生产经营活动的需要，是企业财务管理的一项重要内容。

筹资（financing）是指企业通过借贷、发行有价证券、租赁等方式而使资金得以融通的活动。筹资决策是企业财务管理的重要内容，其对企业的设立、生存、发展乃至企业财务管理目标的实现都具有十分重要的意义。

一、筹资的动机

企业筹资的具体情况不同，其动因也不尽相同。概括来说，主要有以下几个方面：

（一）依法筹集资金

资本金是指企业在工商行政管理部门登记的注册资金。依法筹集资金是企业得以设立的基本条件。

原有《公司法》在注册资本方面有许多具体规定，2014 年最新《公司法》进行了较多修订，其中将注册资本实缴登记制改为认缴登记制，其他相关规定如下：除法律、行政法规以及国务院决定对公司注册资本实缴另有规定的以外，取消了关于公司股东（发起人）应自公司成立之日起两年内缴足出资，投资公司在五年内缴足出资的规定；取消了一人有限责任公司股东应一次足额缴纳出资的规定。转而采取公司股东（发起人）自主约定认缴出资额、出资方式、出资期限等，并记载于公司章程的方式。

取消了有限责任公司、一人有限责任公司、股份有限公司最低注册资本分别应达到 3 万元、10 万元、500 万元的限制；不再限制公司设立时股东（发起人）的首次出资比例以及货币出资比例。公司登记时，不需要提交验资报告。尽管如此，作为企业存在和经营的必要条件，筹集足够的启动资金依然是企业最重要的工作环节。

（二）扩大生产规模

企业成立后，在其持续的生产经营过程中，除了维持简单再生产外，还必须进行扩大再生产，以促进企业的发展。在生产经营过程中，企业无论是对内扩大生产经营规模，还是对外追加投资规模都需要筹资。例如，开发新产品、进行技术改造、与外单位合资兴办新企业、为实现对某企业的控制而扩大股票投资等，往往都需要融通一定数量的资金。为此，筹资就成为企业扩大再生产和不断发展的重要条件。

（三）优化资金结构

在生产经营过程中，企业不仅为了生产经营而需要筹资，即使资金充足，为了优化资金结构也必须筹资。资金结构是债务资金与权益资金的比例构成，其合理与否直接关系到经营者、所有者、债权人等各方面的利益。企业通过筹资可以达到债务资金与权益资金的最佳组合。企业利用负债筹资，可以降低资金成本，获取财务杠杆利益，增加所有者收益；但如果负债比例过高，会增加财务风险，导致资金成本的提高，影响企业财务管理目标的实现，甚至会影响到企业的生存和发展。为此，企业在正常的生产经营过程中，应根据具体情况，通过提高或降低债务资金的比例，以优化资金结构。

（四）偿还债务

在市场经济条件下，负债经营是企业筹资管理中普遍存在的现象，而按期偿还到期债务资金的本息是企业应尽的责任。企业偿还债务资金需要足额的现金，当企业债务到期而现金不足时，就必须预先筹资，此时可以举借新债筹集现金以偿还旧债，维护企业的信誉；但企业这种由于偿债而造成的被迫举债，如果循环往复，可能使企业的财务状况陷入恶化，会危及企业的生存和发展。因此，企业的这种筹资必须谨慎行事，避免出现财务危机。

二、筹资的分类

企业筹资的渠道和方式是多种多样的。不同的来源、渠道、方式和期限，形成不同的筹资类型。企业的筹资可分为以下几种类型：

（一）权益资金和债务资金

企业的资金按照所筹资金的权益性质不同，可分为权益资金和债务资金。

权益资金也称自有资金，是指企业所有者提供的资金，包括资本金、资本公积、盈余公积和未分配利润。权益资金的所有权归属于企业的所有者，但企业对其依法享有经营权，并可供企业长期使用，这是企业的永久性资金。企业的权益资金通常由发行股票或吸收直接投资和留存收益等筹资方式形成。

债务资金也称借入资金，是指企业向债权人借入的资金，包括流动负债和长期负债。债务资金的所有权归属于债权人，但企业在约定的期限内对其依法享有经营权。企业对其债务资金具有按期偿还本息的义务。企业的债务资金通常采用借款、发行债券、租赁、商业信用等筹资方式筹集。

（二）长期资金与短期资金

企业的资金按照所筹资金的期限不同，可分为长期资金和短期资金。

长期资金是指占用时间在一年以上的资金。企业一般在购置固定资产、取得无形资产、进行对外长期投资等时，需要筹集长期资金。企业的长期资金通常采用发行股票或吸收直接投资、发行债券、长期借款、筹资租赁等筹资方式筹集。

短期资金是指占用时间在一年以内的资金。企业在生产经营过程中发生周转资金暂时短缺的情况时，往往需要筹集短期资金。企业的短期资金通常采用商业信用、短期借款、票据贴现等筹资方式筹集。

（三）内部筹资和外部筹资

企业资金按照所筹资的来源渠道，可分为内部筹资和外部筹资。

内部筹资是指企业内部通过计提折旧、留存收益等增加的资金来源。折旧构成企业成本费用的内容，但并不需要用现金支付，会增加企业现金收入，其数量的多少取决于企业固定资产的规模和折旧政策的选择。留存收益包括盈余公积和未分配利润，其数量取决于企业的利润水平和利润分配政策。企业内部筹资一般不需要筹资费用。

外部筹资是指企业在内部筹资不足时，向其外部筹资而形成的资金来源。外部筹资的渠道和方式是多种多样的，主要包括发行股票或吸收直接投资、借款、发行债券、商业信用、租赁等。外部筹资一般都需要支付筹资费用。

（四）直接筹资和间接筹资

企业资金按照筹集时是否通过金融机构，可分为直接筹资和间接筹资。

直接筹资是指企业不通过金融机构融通资金，而是直接与资金供应者协商以取得资金。在直接筹资过程中，资金供求双方借助于筹资方式直接实现资金的转移，而无须通过金融机构作为媒介。直接筹资的范围比较广，可采用的筹资渠道和方式也比较多，主要包括发行股票或吸收直接投资、发行债券、商业信用等方式。

间接筹资是指企业借助金融机构融通资金。在间接筹资过程中，金融机构发挥中介作用，它先从资金供应者那里吸收资金，然后再将其提供给筹资企业。间接筹资的范围比较窄，其筹资渠道和方式也比较单一，主要包括借款和租赁等方式。

三、筹资数量的预测

企业在筹资之前，首先应采用科学的方法对本企业在未来一定时期内的筹资数量进行预测，这样筹集到的资金才能既满足其需要，又不会产生不合理的闲置。预测企业筹资数量的方法很多，一般可分为定性预测法和定量预测法两类。

1. 定性预测法

定性预测法是指在调查研究的基础上，采用直观材料，依靠个人的经验和综合分析能力，对企业筹资数量进行预测的方法。定性预测法简便易行，但缺乏数据准确性，并存在主观随意性。定性预测法主要包括调查研究判断法和经验判断法。

2. 定量预测法

定量预测法是根据资金数量与各有关因素的依存关系，对企业筹资数量进行预测的方法。定量预测法科学、准确，但计算复杂。定量预测主要包括销售百分比法和线性回归分析法，其中销售百分比法是最常用的方法。本书主要讲述销售百分比法。

销售百分比法是根据各个资金项目与销售收入之间的依存关系，以及预测期销售收入的增长情况来预测企业筹资数量的方法。这种方法的基本思路是：在生产经营过程中所需要的资金首先来自留存收益的增加，即依靠内部筹资解决；在内部筹资不能满足资金需要的情况下再进行外部筹资。

销售百分比法需要建立两个基本假设条件：一是企业的部分资产和部分负债与销售收入成比例变化；二是资产负债表中给出的各项资产、负债占销售收入的比例为最优比例，企业在未来予以继续保持。

为此，运用销售百分比法，需要通过预计资产负债表和预计利润表完成。一是通过预计利润表预测留存收益的增加额；二是通过预计资产负债表预计需要追加的外部筹资需求量。销售百分比法的优点是能够为财务管理提供短期预计财务报表和外部筹资的数据，该方法简便易行，但是若有关固定比例失实，预测结果则会发生较大的偏差。

销售百分比法的基本步骤包括以下几步：

（1）预测在企业生产经营过程中预测期的销售收入。尽管影响筹资数量的因素很多，但影响程度最大的是预测期销售收入的增长情况。因此，销售收入预测就成为筹资数量预测的起点。预测销售收入的方法很多，主要包括定性预测法和定量预测法，其中最常用的是定量预测法。定量预测法主要又包括简单平均法、线性回归分析法和本量利分析法等。

（2）编制预计利润表，预测留存收益增加额。具体包括：一是通过分析基期年度利润表资料，计算利润表中各项目与实际销售收入的百分比；二是根据利润表各项目的销售百分比和预计销售收入，编制预计利润表；三是根据预计利润、所得税税率和留存收益比例计算预计留存收益增加额。

（3）编制预计资产负债表，预测外部筹资需求。具体包括：一是通过分析基期年度资产负债表资料，确定敏感项目和不敏感项目，并计算敏感项目的销售百分比。所谓敏感项目是指与销售收入存在固定比例关系的项目，包括敏感资产项目和敏感负债项目。敏感资产项目一般包括货币资金、应收账款、存货等项目，敏感负债项目一般包括应付账款、应付职工薪酬、应交税费等项目。不敏感项目是指与销售收入不存在固定比例关系的项目，一般包括实收资金、资金公积、留存收益等项目。实际上不同企业，销售收入增长引起的资产、负债、所有者权益变化的项目是不同的，企业需要根据历史数据逐项研究加以确定。二是根据资产负债表各项目的销售百分比和预计销售收入编制预计资产负债表，并确定外部筹资需求。

【例4-1】 昌达公司2014年度利润表及其各项目与销售收入的百分比、2014年度资产负债表及其各项目与销售收入的百分比分别如表4-1和表4-2所示。经过预测，该公司2015年销售收入将增长达到12 000万元；经过对历史资料研究，该公司资产负债表中的货币资金、应收账款、存货、应付账款、应付费用为敏感项目。

假设该公司的所得税税率为40%，2014年留存收益比例为50%，拟在2015年予以保持。试预测该公司2015年需要追加的外部筹资需求。

表4-1 2014年度利润表

单位：万元

项 目	2014年度实际数	占销售收入百分比（%）	2015年度预计数
主营业务收入	8 000	100.0	12 000
减：主营业务成本	5 600	70.0	8 400
主营业务税金及附加	800	10.0	1 200
主营业务利润	1 600	20.0	2 400
减：销售费用	112	1.4	168
管理费用	160	2.0	240
财务费用	48	0.6	72
营业利润	1 280	16.0	1 920
减：所得税	512	6.4	768
税后利润	768	9.6	1 152

表4-2 2014年度资产负债表

单位：万元

项 目	2014年度实际数	占销售收入百分比（%）	2015年度预计数
资产			
货币资金	200	2.5	300
应收账款	2 240	28	3 360
存货	2 800	35	4 200
固定资产净值	800	—	800
资产总额	6 040	65.5	8 660
负债及所有者权益			
短期借款	200	2.5	300
应付账款	1 800	22.5	2 700
应交税费	200	2.5	300
长期负债	1 600	—	1 600
负债合计	3 800	27.5	4 900
实收资本	1 240	—	1 240
留存收益	1 000	—	1 576
所有者权益合计	2 240	—	2 816
追加外部筹资需求	—	—	944
负债及所有者权益总额	6 040	—	8 660

根据上述资料，2015 年昌达公司需要追加的外部筹资需求预测如下：

(1) 计算利润表各项目与销售收入的百分比，并编制 2015 年预计利润表，如表 4-1所示。

(2) 根据 2014 年税后利润预计数和留存收益比例，计算 2015 年留存收益增加额。

留存收益增加额 = 预计税后利润 × 留存收益比例 = 1 152 × 50% = 576（万元）

(3) 计算资产负债表敏感项目与销售收入的百分比，并编制 2015 年预计资产负债表，如表 4-2 所示。

(4) 比较第 2 项和第 3 项，即可计算出 2015 年需要追加的外部筹资需求。

$$\begin{aligned}\text{预计外部筹资需求} &= \text{预计资产} - \text{预计负债} - \text{预计所有者权益}\\ &= 8\ 660 - 4\ 900 - 2\ 816 = 944(\text{万元})\end{aligned}$$

这说明，2015 年 A 公司预计资产总额，即预计资金需求总量为 8 660 万元。其资金来源有两部分：负债和所有者权益。预计负债为 4 900 万元，预计所有者权益为 2 816 万元，两者共计 7 716 万元，与总资金需求量相差 944 万元，企业需要从外部筹集。

根据上述销售百分比法的预测步骤和预测方法，可推导出预测追加外部筹资需求的简便计算公式：

$$\begin{aligned}\text{追加筹资需求} &= \text{基期销售额} \times \text{销售增加百分比} \times (\text{敏感资产} \div \text{基期销售额} -\\ &\quad \text{敏感负债} \div \text{基期销售额}) - \text{留存收益}\\ &= \text{敏感资产增加额} - \text{敏感负债增加额} - \text{留存收益}\end{aligned}$$

根据上例，运用简便计算公式，可直接计算出 2015 年需要追加的外部筹资需求。

2015 年需要追加的外部筹资需求 = (65.5% - 27.5%) × 4 000 - 576 = 944（万元）

第二节 权益资金的筹集方式

企业获取的资金按权益属性可分为权益性资金和债权性资金以及混合性资金。不同的资金通过不同的筹措方式获得。

权益性资金的筹资方式主要有股东直接投入、发行股票、企业内部积累等；债权性资金的筹资方式主要是长期借款、发行公司债券、融资租赁；混合性资金的筹资方式主要包括可转换债券。本节介绍权益资金的筹集方式；债权性资金及混合性资金将在后面分节介绍。

一、投入资金

（一）投入资金筹资的含义和主体

1. 投入资金筹资的含义

企业的全部资金按其所有权的归属可以分为权益资金和债务资金。企业的权益资金由投入资金（股本）和留存收益构成。根据我国相关法规，企业的权益资金包括资本金、资本公积金、盈余公积和未分配利润。

企业资金筹资是指非股份制企业通过协议等形式吸收国家、其他企业、个人和外商投资企业等直接投入的资金，形成企业投入资金的一种筹资形式。投入资金筹资不以股票为媒介，适用于非股份制企业。它是非股份制企业筹集权益资金的一种基本方式。

2. 投入资金筹资的主体

一般而言，投入资金筹资的主体是指进行投入资金筹资的企业。从法律上讲，现代企业主要有 3 种法律形式，也可以说是 3 种企业制度，即独资制、合伙制和公司制。公司进一步分为股份有限公司和有限责任公司。在我国，可以采用投入资金方式筹资的主体是非股份制企业，包括个人独资企业、合伙企业和国有独资公司。

（二）投入资金筹资的优缺点

投入资金筹资的优点主要包括：

（1）投入资金筹资所筹集的资金属于权益资金，与负债筹资相比较，它能提高企业的资信和借款能力。

（2）投入资金筹资不仅可以筹集现金，而且能够直接获得所需的先进设备和技术，与仅筹集现金的筹资方式相比较，它能更快地形成生产经营能力。

（3）投入资金筹资的财务风险较低。

投入资金筹资的缺点主要有：

（1）投入资金筹资通常资金成本较高。

（2）投入资金筹资由于没有证券为媒介，产权关系有时不够明晰，也不便于产权交易。

二、发行股票

股份公司筹集股本的方式是发行股票（issuing stocks）。股票是股份公司签发的、证明股东按其所持股份享有权利和承担义务的书面凭证，是股份公司筹集长期资金而公开发行的一种有价证券。股票按股东权利的不同可分为普通股和优先股。普通股是指在公司利润分配方面享有普通权利的股份，股东大会的选举权是根据普通股的股数计算的。优先股是指在公司利润分配及公司解散后的剩余财产方面较普通股有优先权的股份。目前我国发行的股票绝大多数为普通股。

（一）普通股的基本特征

普通股代表对公司剩余资产的所有权，普通股股东共同拥有公司，承担同公司所有权相联系的最终风险；但他们的责任只限于自己的投资额。普通股的基本特征有以下几点：

1. 普通股没有到期日

普通股是公司永久性使用的股本，只要公司处于正常经营状态，股东就不能要求公司退股；只有在公司解散清算时，公司才需要将剩余财产分配给股东。股东可以将股票在证券市场上转让，间接收回投资。

2. 股利不确定

股利是从公司的税后利润中支付的，股利的多少取决于公司税后利润的多少及公司的股利支付政策。

3. 普通股持有者的投资风险最大

尽管普通股股东承担的经济责任是有限的，即只限于自己的投资额，但其投资风险在公司的所有投资者中是最大的。因为公司一旦破产、倒闭、解散清算时，首先须偿还各种债务。在满足各种债权人的合法要求之后，如果还有剩余，也应先分配给优先股股东。在优先股股东分配完后，才轮到普通股股东。这种偿债顺序是法定的。因此，普通股股东的投资风险最大，这也说明普通股本是公司向外借债的基础。

4. 普通股筹资的资金成本高

普通股投资者在所有投资者中风险最大，股东所要求的投资收益率也是最高的。因为股利在公司缴纳所得税后支付，所以从公司角度来说，采用普通股筹资的资金成本是最高的。

（二）普通股的价值

股票本身并没有价值，它只是一种财产所有权的凭证，但会经常使用到以下几种股票价值的概念。

1. 票面价值

票面价值是指公司在发行股票时所标示的票面金额。其主要功能是确定每股股票在公司中所占的份额，还表明公司股东对每股股票所负有限责任的最高限额。我国《公司法》规定，招股说明书应当载明每股的票面金额，并规定普通股不得以低于票面金额的价格发行，否则，普通股股东就要对债权人承担股票的购买价与面值之间差额的责任。实际上，普通股的面值一般总比市价低，即普通股一般总是溢价发行。在这种情况下，股本账户只反映面值，而发行价格高于面值的溢价收入，则单独反映在资金公积账户中。

2. 账面价值

账面价值是指在公司账面上反映出来的股票金额，它表示每股所代表公司资产的多少。全部普通股的账面价值等于公司资产净值减去流通在外的优先股面值，每股普通股账面价值等于全部普通股的账面价值除以流通在外的普通股股数。例如，某股份公司资产负债表中权益部分如下：优先股（面值10元）200万元，普通股（面值1元）500万元，资金公积700万元，留存收益300万元，权益合计为1 700万元，则每股普通股账面价值为（1 700 - 200）÷500 = 3（元）。

3. 清算价值

清算价值是指在公司进行财产清算时，每股所代表的实际价值。从理论上来说，账面价值与其清算价值应当一致，但实际上并非如此。因为资产价格会随着物价水平的变化而变化，一些资产的清算价值小于它的账面价值，而另一些资产的清算价值则高于它的账面价值。但在多数情况下，每股清算价值都小于账面价值。

4. 内含价值

内含价值是投资者或股票行情分析者对某种股票分析得出的估计价值，它被认为是股票的真正价值。投资者将它同现行股价进行比较，以决定是否值得进行此项投资。

5. 市场价值

市场价值又称市场价格，就是通常所说的股票价格，它是股票在实际交易过程中所表现出来的价值。股票市场是一个不断变化的市场，股票价格也是不断变化的，不仅受公司财务状况、盈利状况、股利发放情况、未来发展前景等内部因素的影响，而且还要受国家政治局势、政府经济政策、投资者心理状态和报刊宣传鼓动等外部因素的影响。

（三）股票的发行方式与发行价格

1. 股票的发行方式

目前，我国股份公司发行股票的方式可分为两大类。一类是公开发行，即公司通过中介机构，公开向社会公众发行股票。我国股份有限公司采取向社会公开募集设立方式发行新股时，采用的由依法设立的证券公司承销的做法，就是这种发行方式。公开发行方式的发行范围广，发行对象多，易于足额募集股本，股票的变现力强，流通性好，而且有利于提高发行公司的知名度和扩大影响力。但其手续繁杂，须经过中国证监会批准才能发行，且发行成本高。另一类是不公开发行，即公司不公开对外发行股票，只向少数特定的对象发行，不需经中介机构承销。我国股份有限公司采取发起设立方式和向特定对象募集设立方式发行新股时，就是这种方式。不公开发行方式的发行成本低，但发行范围小，股票变现性差。下面我们主要讨论公开发行股票的发行方式。

与发行定价方式相结合，目前世界各国股票的发行方式归纳起来有以下 3 种：累积订单方式、投标方式和固定价格方式。我国目前的股票发行方式主要有以下 3 种：资金申购上网定价发行、市值配售发行和累计投标询价发行。

（1）资金申购上网定价发行方式是指保荐机构利用证券交易所的交易系统发行所承销的股票，投资者在指定的时间内以确定的发行价格通过与证券交易所联网的各证券营业网点进行委托申购股票的一种发行方式。投资者在进行委托申购时应全额缴纳申购款项。如果有效申购量小于或等于本次上网发行量，投资者按其有效申购量认购股票；如果有效申购数量大于本次上网发行量，则通过摇号抽签，确定有效申购中签号码，申购号码为中签号码的投资者认购股票。

（2）市值配售发行方式则是指向二级市场投资者配售发行，是按投资者持有的已上市流通人民币 A 股市值向其进行股票配售的一种发行方式。证券交易所及证券登记结算公司计算新股招股说明书刊登日投资者持有的股票市值，投资者在申购日根据自己在市值计算日持有的可用于申购新股的市值申购新股，投资者的申购中签后再缴纳认购资金。

（3）累计投标询价发行方式，就是股票发行者及其保荐机构通过向询价对象，包括基金公司、证券商、信托公司、财务公司、保险机构投资者和合格境外机构投资者之类机构投资者，询价的方式来确定股票的发行价格。其价格确定机制的关键是两步询价，其中的初步询价只是一个价格区间，确定的发行价格是在累计询价环节中，通过向询价对象累计竞价而产生的。累计投标询价完成后，发行人及保荐机构将其余的股票以固定价格的方式向社会公众发行。

上述 3 种发行方式中，资金申购上网定价发行与市值配售发行是一种价格确定、发行量确定的发行方式；而累计投标询价发行则是一种价格不确定、发行量不确定的发行方式。在近几年的首发股票公开发行过程中，发行人常常采用两种或两种以上的发行方式。2005 年试行询价制度后，发行方式通常采用网下累计投标询价发行与市值配售发行相结合的方式。2006 年，恢复资金申购发行后，首发股票采用网下累计投标询价与资金申购上网定价相结合的方式。

2. 股票的发行价格

股份公司在确定发行价格时应考虑股票的面值、每股净资产、每股税后利润及公司未来的盈利能力。

（1）股票面值。一般来说，股票的面值越大，股票发行价格相应也越高。如面值为 10 元的股票比面值为 1 元的股票发行价格要高。我国《公司法》规定，股票发行价格可以按票面金额，也可以超过票面金额，但不得低于票面金额，因此股票面值是股票发行价格的最低值。股份有限公司以超过股票票面金额的发行价格发行股份，所得的溢价款应当列为公司资本公积金。目前我国已发行股票的每股票面金额大多为 1 元。

（2）每股净资产。每股净资产也就是每股的账面价值。每股净资产越高，每股所代表的资产含量越高，发行价格相应也越高。股票发行价格一般不得低于每股净资产，否则将损害老股东的利益；但如果股票发行价格远远高于每股净资产，则对新股东不利，造成股票难以发行成功。因此，在考虑股票发行价格时，要兼顾新老股东的利益。

（3）每股税后利润及公司未来的盈利能力。股票的价值除了与每股净资产密切相关外，主要还是取决于公司的盈利能力。在确定股票发行价格时，既要考虑公司过去的盈利能力，更应重视公司未来的盈利能力。因为股票价格更多地反映公司未来的盈利情况，具有超前性。一般来说，每股税后利润越高，股票的发行价格也应越高。

股票的发行价格除了与发行公司自身的资产状况及盈利能力有关外，还与发行时股票交易市场的状况有关。当股票交易市场持续低迷时，股票发行价格就不能太高；而当股票交易市场交易兴旺时，股票发行价格就可以适当提高。

我国《公司法》规定，同次发行的同种类股票，每股的发行条件和价格应当相同；任何单位或者个人所认购的股份，每股应当支付相同价款。公司发行新股，可以根据公司经营情况和财务状况，确定其作价方案。2006 年 5 月 7 日证监会发布的《上市公司证券发行管理办法》中规定，上市公司向不特定对象公开募集股份（简称“公开增发”），发行价格应不低于公告招股意向书前 20 个交易日公司股票均价或前一个交易日的均价；采用向特定对象非公开发行股票方式（简称“定向增发”），发行价格不低于定价基准日前 20 个交易日公司股票均价的 90%。

（四）普通股筹资的优缺点

1. 普通股筹资的优点

（1）普通股筹资没有固定的费用负担。公司有盈利才支付股利，无盈利则不必支付股利，甚至在有盈利的情况下，如遇资金短缺或有更有利的投资机会，也可不支付或少支付股利。

（2）普通股没有固定的到期日，是一项永久性的资金来源。利用普通股筹集的资金，公司一般不用偿还，除非公司清算才需偿还。因此保证了公司的最低资金需求，也减少了公司的财务风险，增加了公司的偿债能力。

（3）提高公司信誉等级，降低债务筹资成本。普通股本是公司的权益资金，它是公司承担各种债务的基础。因此，普通股筹资可以提高公司的信誉等级，为降低债务筹资成本提供了条件。

（4）普通股筹资比优先股、债券更容易，更灵活。因为普通股的预期收益比优先股和债券高，同时还代表着公司的所有权，它的价值不会因通货膨胀而贬值。因此，普通股特别适合期望得到较高收益也愿意承担风险的投资者。

2. 普通股筹资的缺点

（1）普通股筹资成本高。普通股的股息率通常比债券利率高，再加上股利从税后利润中支付，股利不能像债券利息那样抵减所得税，因此使普通股的资金成本比债券高得多。

（2）不能享受财务杠杆利益。当公司盈利水平较高时，利用普通股筹资不能像负债筹资那样提高现有权益资本收益率。

（3）分散控制权。增加普通股发行量，将削弱现有股东对公司的控制权。

3. 普通股筹资的注意事项

综合考虑普通股筹资的优缺点，公司利用普通股筹资时，应考虑以下几个问题：

（1）当公司财务风险较大时，可发行普通股筹资，以降低财务风险，改善财务状况。

（2）当公司盈利水平较低时，应发行普通股筹资，以避免财务杠杆的负作用。

(3) 当公司需增加较大规模资金时，可按原有权益负债比例，同时发行股票和债券，以避免公司控制权旁落他人。

三、留存收益

(一) 留存收益的构成及形成

留存收益（retained earning）亦称保留盈余，它是企业可供分配的净利润扣除向投资者分配利润的余额，即企业的留用利润。将企业留存收益资本化是形成企业自有资金的一个主要资金来源。企业的留存收益由盈余公积金和未分配利润构成。留存收益的形成是个利润分配问题，必须遵循国家规定的利润分配制度和企业的利润分配政策。按现行制度规定，公司本年度实现的税后利润，首先应抵补被没收的财物损失、支付违反税法的滞纳金和罚款、按规定弥补以前年度亏损，剩余部分企业才能进行后续分配。后续分配按如下顺序进行：①提取法定盈余公积金；②支付优先股股利；③提取任意盈余公积金；④支付普通股股东股利。

(二) 留存收益筹资的优缺点

留存收益筹资的优点：①筹资成本极低，可以忽略不计；②对于股东来说具有节约个人所得税的作用；③公司对其筹资数额的决策具有较大的主动权；④有利于增强公司自我积累的能力，从而增强公司外部借款筹资的潜力。

留存收益筹资的缺点：①留存收益过少或不支付股利，会侵犯短期股票投资者利益，带来股价下跌；②长期留存收益过多，会影响股票投资者情绪，从而影响未来筹资的能力。

第三节 债权资金的筹集方式

一、长期借款

长期借款（long-term debt）是指企业向银行或其他金融机构借入的使用期限在一年以上的借款。长期借款一般用于长期资产项目。我国的长期借款一般用于增加固定资产，在借款时就规定了用途。如果企业资金需要有限，可采用向银行借款的方式；而当企业资金需求数量很大时，通过到资金市场上发行证券可能比向银行长期借款更经济、更有利。

1. 借款程序

银行对企业提出的借款申请，一般先要进行审核，内容包括企业财务状况、信用情况、盈利的稳定性、生产经营状况及发展前景、借款用途和期限、借款的担保品等。经过银行审核以后，如果银行决定接受借款申请，双方可进一步协商借款的具体条件，然后正式签订借款合同。合同中应明确规定借款金额、利率、期限和一些限制性条款。

2. 按对借款人是否要求有抵押、担保的分类

(1) 信用借款。信用借款是指仅凭借款人良好的资信，不需提供任何担保而取得的借款。

(2) 担保借款。担保借款是指以借款人向贷款人提供某种担保为条件而取得的借款。《担保法》规定了保证、抵押、质押、留置和定金5种担保方式，商业银行贷款担保常用的主要有保证、抵押、质押3种担保方式。

保证担保借款是指以借款保证人（借款人以外的第三人）向贷款机构承诺，在借款期限届满借款人未能偿还借款时，按约定承担相应保证责任或连带责任为条件而取得的借款。采用该种方式取得借款，保证人应与债权人签订书面保证合同。

抵押担保借款是指以借款人或者第三人的财产作为提供担保的抵押物为条件而取得的借款。采用该种方式取得借款，在债务人到期未能偿还债务时，债权人有权依法以该财产折价或者拍卖款来充抵债款。

质押担保借款是指以债务人或者第三人的动产或权利作为提供担保的质押物而取得的借款。采用该种方式取得借款时，债务人或第三人应将作为质押物的动产移交给债权人，在债务人到期不能偿还债务时，债权人有权依法将其折价或变现以抵偿债款。设定动产质押，必须签订书面合同。

3. 长期借款的优缺点

长期借款的优点包括以下几点：

(1) 借款所需时间较短。发行股票、债券等证券来筹集长期资金所需时间一般都比较长，因为发行前要做好申请、印刷证券等工作，发行时也需要一定时间；而银行借款相对于发行证券来说，能在更短的时间内取得资金。

(2) 借款弹性较大。借款的期限、数量、利率可以由借贷双方直接商定，在借款期间，如果企业的情况发生了变化，也可与银行再进行协商，修改借款数量及条件，这比与债券持有人协商要方便得多。

(3) 借款成本低。借款利息在所得税前支付，实际上抵消了部分所得税，同时，借款利率一般低于优先股或普通股的股息率。

(4) 可产生财务杠杆作用。借款只需支付固定的利息，当企业的收益率高于借款的资金成本时，就可以提高权益资本收益率。

长期借款的缺点包括以下几点：

(1) 风险大。由于借款利息是固定的，且必须定期还本付息，在企业经营状况不佳时，可能会产生不能偿付的风险，甚至会引起破产。

(2) 限制条款较多。长期银行借款都有许多限制条款，这些条款可能会限制企业的发展战略，影响今后的筹资能力。

(3) 可能会产生财务杠杆的负作用。当企业的收益率低于借款资金成本时，借款越多，权益资金的收益就越低。

二、发行公司债券

债券（stock）是指公司或政府向社会公众筹集资金时，向出资者出具的、确定债权债务关系的凭证。从广义上说，债券包括国库券、金融债券、企业债券和公司债券。

由于国库券的债务人是国家，它具有发行人地位特殊和无违约风险两大特点，因此，通常将国库券作为一种特殊的有价证券从债券中分离出来。

金融债券是由银行和非银行金融机构发行的债券，主要用于解决银行等金融机构的资金来源不足和期限不匹配的矛盾。由于银行等金融机构在一国经济中占有较特殊的地位，政府对它们的运营又有严格的监管，因此，金融债券的资信通常高于其他非金融机构债券，违约风险相对较小，具有较高的安全性。所以，金融债券的利率通常低于企业债券，但高于风险更小的国债和银行储蓄存款利率。

企业债券是由中央政府部门所属机构、国有独资企业或国有控股企业发行的债券，且有大型银行、大型国有集团等对债券进行担保，具有很高的信用级别，属于具有国家信用的准政府债券。发债资金一般用于基础设施建设、固定资产投资、重大技术改造、公益事业投资等国计民生方面。

公司债券是由股份有限公司或有限责任公司依照法定程序发行，约定在一定期限内还本付息的债券。公司债券没有强制要求担保措施，信用级别将取决于发债公司的资产状况、经营管理水平、持续盈利能力等。发债资金主要用于固定资产投资、技术更新改造、改善公司资金来源的结构、调整公司资产结构、降低公司财务成本、支持公司并购和资产重组等。

公司债券按照其是否可以转换为股票，可划分为可转换债券和不可转换债券。这里讨论的公司债券是指不可转换债券，即普通债券。可转换债券将在后面单独讨论。

（一）债券的基本要素

无论是哪一种债券，都应具备以下基本要素：

1. 债券面值

债券面值是债券票面所载明的金额。它是计算利息的本金，也是债券到期要偿还的债务金额。债券面值通常为整数，但金额差异可以很大，为了便于发行、转让，通常发行小面额债券。面额印在债券上，固定不变。我国发行的公司债券每张面值为100元。

2. 债券的期限

债券从发行之日起，至到期日之间的时间称为债券的期限。我国已发行的公司债券期限大多数在5～10年。确定债券期限时，应该充分考虑公司对资金需要的时间以及公司的偿债能力。

3. 债券的利率

债券的票面上必须载明利率，通常用年利率表示。债券利率既可以是固定利率，也可以是浮动利率。债券面值与利率相乘可得出年利息。在确定债券利率时，应参考债券有效期限内银行定期存款的利率或国库券的利率水平，并考虑本公司的信誉等级等因素。公司债券的利率应高于相同期限银行定期存款利率和国库券利率。

4. 债券的价格

债券价格是指发行债券的售价。债券的发行价格可等于面值（平价发行），也可以大于面值（溢价发行）或小于面值（折价发行）。在正常情况下，债券一般按面值发行，只有在债券利率确定后，又遇到银行存款利率的调整，通货膨胀加剧，或者债券滞销等情况时，才需要调整债券的价格，改按溢价或折价发行。

（二）公司债券的发行方式与发行价格

1. 公司债券的发行方式

在西方，公司债券的发行方式有公开发行和私自发行。公开发行是指由投资银行或其他承销人在市场上出售公司债券。私自发行是指公司的债券不经投资银行或其他承销人在市场上公开发行，而是由债券的发行公司与团体投资者协商议价来发行。我国要求公开发行。中国证监会 2007 年 8 月 14 日颁布的《公司债券发行试点办法》中规定发行公司债券，应当由保荐人保荐，并向中国证监会申报。

债券的销售有代销和包销两种方式。

代销是由证券经营机构代理发行公司销售债券。其特点是代理机构不承担销售的风险，债券发行价格由发行公司确定，代理机构按销售额的一定比例收取代销手续费。这种方式公司承担的销售费用较低，但销售期限较长，销售风险由公司承担。

包销是由证券经营机构以一定的价格全部购买公司发行的债券，然后再以另一个价格对外销售，价差作为证券经营机构的销售手续费。其特点是销售风险由证券经营机构承担，未能对外销售出去的债券由证券经营机构认购。这种方式简单、快捷，公司无须承担销售风险，但价差较大，公司负担的债券销售费用较高。

2. 公司债券的发行价格

债券的发行价格，取决于债券的利率与投资者要求的收益率。债券的利率按同期银行存款利率或国库券利率再加上债券的风险收益率。风险收益率根据公司的信用等级确定，信用等级越高，风险收益率就越低。我国规定，公司债券的信用评级，应当委托经中国证监会认定，具有从事证券服务业务资格的资信评级机构进行。在确定债券利率时，应从发行公司和购买者两方面考虑：定得过高，公司就要增加债券的资金成本；定得过低，债券发行不出去。因此，债券的利率应与债券投资者要求的收益率基本一致。投资者要求的收益率也叫市场利率，是指购买债券的投资者所接受的由市场供求关系决定的均衡利率。在确定债券利率时，一般是按市场利率来确定，此时债券的发行价格就等于面值。但由于市场利率是经常变化的，而公司债券的利率一经确定就不能再进行调整。所以，当市场利率高于债券利率时，债券发行价格就会低于面值，即折价发行；当市场利率低于债券利率时，债券发行价格就会高于面值，即溢价发行。我国规定公司债券的发行价格由发行人与保荐人通过市场询价确定。

债券发行价格可以用债券理论价格公式计算确定。理论价格计算的原理是资金的时间价值理论。债券的理论价格是债券未来收益的现值，计算公式为：

$$PV = I \cdot PVIFA_{(i,n)} + FV \cdot PVIF_{(i,n)}$$

式中 PV——债券的理论价格；

I——每期的利息额，它等于债券面值乘以债券票面利率；

FV——债券面值；

i——市场利率；

n——计算利息的次数。

【例4-2】 某公司债券面值为100元，期限3年，年利率为8%，每年支付利息一次，到期一次归还本金。假定该债券发行时的市场利率分别为8%、6%、10%，试计算不同市场利率时的发行价格。

(1) 当市场利率为8%时：

$$\begin{aligned}发行价格 &= 100 \times 8\% \times PVIFA_{(8\%,3)} + 100PVIF_{(8\%,3)}\\ &= 8 \times 2.5771 + 100 \times 0.7938\\ &= 100（元）\end{aligned}$$

(2) 当市场利率为6%时：

$$\begin{aligned}发行价格 &= 100 \times 8\% \times PVIFA_{(6\%,3)} + 100 \times PVIF_{(6\%,3)}\\ &= 8 \times 2.673 + 100 \times 0.8396\\ &= 105.34（元）\end{aligned}$$

(3) 当市场利率为10%时：

$$\begin{aligned}发行价格 &= 100 \times 8\% \times PVIFA_{(10\%,3)} + 100 \times PVIF_{(10\%,3)}\\ &= 8 \times 2.4869 + 100 \times 0.7513\\ &= 95.02（元）\end{aligned}$$

（三）债券筹资的优缺点

1. 债券筹资的优点

(1) 资金成本低。由于债券利息通常低于优先股及普通股的股息，同时，债券利息在税前收益中支付，可以抵扣所得税，因此，债券的资金成本远远低于优先股及普通股的成本。

(2) 能产生财务杠杆作用。债券的利息是固定的，当公司投资收益率高于债券资金成本时，多发行债券能给股东带来更大的收益。

(3) 不会影响股东对公司的控制权。债券持有人只有到期收回本金和利息的权利，无权参与公司的经营管理，因此发行债券是维护股东权利的一种措施。

2. 债券筹资的缺点

(1) 增加公司的财务风险。债券必须还本付息，是公司的固定支付费用，债券发行越多，负债比率越大，公司的财务负担越重，偿债能力就越低，破产的可能性就越大。

(2) 可能产生财务杠杆的负作用。当债券资金成本高于公司投资收益率时，就会产生财务杠杆的负作用，此时，债券发行越多，股东的收益就越少。

(3) 可能导致公司总资金成本上升。当公司负债比率超过一定限度时，公司财务风险和破产风险就会增加，由此导致债券成本、权益资金成本上升，从而导致总资金成本上升。

(4) 降低公司的经营灵活性。在债券合同中，各种保护性条款使公司在股息策略、筹资方式和资金调度等多方面受到制约，影响公司的正常发展和以后的筹资能力。

3. 注意事项

综合分析债券筹资的利与弊，公司在利用债券筹资时，应扬长避短，需考虑以下几个问题：

(1) 控制财务风险。根据公司所能承担的财务风险程度确定负债比率的上限，控制发行债券的数量。

(2) 避免产生财务杠杆负作用。当公司投资收益率高于债券资金成本时，才能发行债券筹资。

(3) 充分发挥财务杠杆作用。在公司有足够的盈利能力及偿债能力的前提下，应尽可能利用负债筹资，以增加股东收益。

三、融资租赁

租赁是指资产所有者出让资产的使用权供另一方使用，在使用期间，按期收取租金作为报酬的一种经济活动。租赁可分为经营租赁和融资租赁两种。

经营租赁（operating leases）也称临时租赁，它是解决企业对资产的短期需要的短期租赁，出租人不仅提供资产的使用权，也提供维修、保险等服务。经营租赁合同比较灵活，在合理限制条件范围内，可以解除租约，期满后资产归还给出租人。经营租赁不属于长期筹资的范围，只是满足企业对资产的临时需要，但可以避免因短期需要而花费大量资金购入长期资产等。

融资租赁（financial leases）也称财务租赁，它是解决企业对资产长期需要的长期租赁，其主要对象是设备。承租人可在资产的大部分使用寿命周期内，获得资产的使用权。出租人收取租金但不提供保养、维修等服务，承租人在租赁期间内对资产拥有实际的控制权，在租赁期满后可以优先购买该项资产。

（一）融资租赁的特征

(1) 承租人有选择租赁物的权利和责任。一般由承租人向出租人提出正式申请，由出租人融通资金购买所需设备，然后交给承租人使用，设备的规格、型号、质量、技术验收等责任由承租人承担。

(2) 租期较长。融资租赁的期限一般要超过资产寿命的75%。

(3) 租赁合同比较稳定。在融资租赁期间内，承租人必须连续支付租金，非经双方同意，中途不得退租。

(4) 租赁期满后，资产处理方式灵活。可作价转让给承租人，也可由出租人收回，或延长租期，继续租赁。大多数做法是在承租人付清最后一笔租金后，其所有权归承租人所有。

(5) 融资租赁构成企业的负债。融资租赁在会计上作为长期应付款处理，实际上它属于变相的分期付款购买资产形式，在每期所付的租金中，既包括买价的分期付款，又包括一定的利息支出，有时还包括出租人收取的手续费。

(6) 在租赁期内，出租人一般不提供维修和保养方面的服务。

(二) 融资租赁的形式

1. 直接租赁

直接租赁是指承租人直接向出租人承租其所需要的资产，并支付租金。直接租赁的主要出租人是制造商、金融公司、租赁公司等。除制造商以外，其他出租人都是向制造商或供应商购买资产，然后再出租给承租人的。

2. 售后租回

根据协议，企业将其资产卖给出租人，然后再从出租人手中租回该项资产。资产的售价相当于资产的市场价格。售后租回方式中，出售资产的企业一方面可得到相当于资产售价的一笔资金，另一方面又可继续使用该项资产，但此时承租人已失去资产的所有权。从事售后租回的出租人通常是金融公司、保险公司、租赁公司等。

3. 杠杆租赁

这种形式的租赁除涉及承租人、出租人外，还涉及贷款人。出租人主要是利用贷款人的资金购买所需资产，它既是出租人，又是借款人，同时又拥有对资产的所有权，出租人所得租金首先用于偿还借款，如果不能及时偿还借款，那么，资产的所有权就要归贷款人所有。

(三) 租赁筹资的优缺点

1. 租赁筹资的优点

租赁筹资的优点主要包括以下几点：

(1) 简化了设备购置手续，有利于及时满足承租人的需要。

(2) 在满足承租人对设备需要的同时，解决了其财务困难，保存了其偿债能力。

(3) 有利于企业调整资产结构、生产结构，促进企业技术进步、增强应变能力。

(4) 租赁费税前支付，具有节税作用。

（5）限制条款少。

2. 租赁筹资的缺点

租赁筹资的缺点主要包括：租赁成本高，分期支付租赁费加大了租赁期间固定还债的风险，如果采用退租方式，还得不到设备残值。

（四）融资租赁租金的计算

1. 融资租赁租金的构成

融资租赁租金的多少，取决于以下几个因素：

（1）设备原价及预计净残值。包括买价、运输费、安装费、保险费等，以及租赁期满后的出售价。

（2）利息。利息是指出租方为承租方购买设备垫付资金所收取的利息。

（3）手续费。手续费是指出租方发生的业务费和必要的利润。

2. 租金的支付方式

租金的支付方式按支付间隔、期初与期末、每次支付金额等可分成多种，但实务中租金的支付方式多采用等额后付年金形式。

3. 租金的计算

在融资租赁实务中，资金的计算大多采用等额年金法。通常根据利息率与手续费率确定一个组合费率，作为折现率。

【例4－3】　某企业2015年年初从租赁公司租入一套设备，价值60万元，租期6年，期满预计净残值5万元，归租赁公司所有。年利率10%，租金每年年末支付一次。请计算该融资租赁的租金。

每年租金＝$[600\ 000-50\ 000\times PVIF_{(10\%,6)}]\div PVIFA_{(10\%,6)}=131\ 283$（元）

编制租金摊销计划表如表4－3所示。

表4－3　租金摊销计划表

单位：元

年　份	期初本金 ①	支付租金 ②	应计利息 ③＝①×10%	本金偿还额 ④＝②－③	本金余额 ⑤＝①－④
2015	600 000	131 283	60 000	71 283	528 717
2016	528 717	131 283	52 872	78 411	450 306
2017	450 306	131 283	45 031	86 252	364 054
2018	364 054	131 283	36 405	94 878	269 176
2019	269 176	131 283	26 918	104 365	164 811
2020	164 811	131 283	16 481	114 802	50 009
合计		131 283	237 707	549 991	50 009

注：50 009元为其净残值，尾数9是计算过程中四舍五入导致的误差。

第四节 混合性资金的筹集方式

前面介绍的投入资金、发行普通股、发行公司债券、融资租赁等筹资方式，所筹集资金要么是权益资金，要么是负债资金，具有单一属性。混合性资金筹集方式是指兼具权益资金筹集和负债资金筹集双重属性的筹资，通常包括发行优先股筹资、发行可转换债券筹资。

一、发行优先股

优先股是介于普通股和债券之间的一种混合证券，作为一种股权资本，其优先权主要表现在：优先股股东领取股息先于普通股股东；对企业剩余财产的索偿权先于普通股股东，但次于债权人。优先股股息一般事先确定，这一点与债券相同。但企业对这种股息的支付却带有随意性，并非必须支付。即使不支付优先股股息，也不会像债券那样使企业濒临破产的境地。优先股股息与普通股红利的相同之处是，这两者都是在税后支付，即股息支付不能获得税收利益。

（一）优先股的特征

优先股一般具有以下几个方面的特征：①优先分配固定的股利；②优先分配企业剩余财产；③优先股股东一般无表决权；④优先股可由企业赎回。

（二）优先股的种类

企业为了保障优先股股东的利益，通常对优先股规定某些附属条件。根据附属条件的不同，优先股通常有以下几种类型：

1. 累积优先股和非累积优先股

累积优先股是指任何一年度年末支付的股利都可以递延到以后年度一起发放。也就是说，企业的税后利润不足以支付优先股股利时，未支付的股利可以累积到下一年度支付。在累积分派的优先股股利未补足之前，不得分派普通股股利。例如，某企业连续两年没有发放10%的优先股股利，如果优先股的总面额为100万元，那么企业就累积欠了20万元的优先股股利，在没有支付完这20万元的优先股股利之前，企业不能支付普通股股利。

非累积优先股是指股利当年结清，如果当年未能分派或分派不足，以后年度不再补发。从投资者角度来看，此类股票风险大且收益率低，因此在实际中很少发行此类优先股。

2. 参与优先股和非参与优先股

参与优先股是指优先股股东在获得定额股息后，还有权与普通股股东一起参加企业剩余利润的分配，即优先股股东可以获得双重分红权。这种优先股又进一步分为全部参加优先股和部分参加优先股，其中全部参加优先股可与普通股股东等额地参与剩余利润的分配，部分参与优先股则只能按规定在一定限额内参与剩余利润的分配。

非参与优先股是指除了按规定分得当期的固定股利外，无权再参与对当期剩余利润的分配。可以看出非参与优先股是一般意义上的优先股，其优先不是体现在股利的多少上，而是体现在分配顺序上。

3. 可赎回优先股和不可赎回优先股

可赎回优先股是指在优先股的发行条款中设有赎回条款，当赎回的条件出现时，企业有权按预定的价格和方式赎回已发行的优先股。一般认为优先股是企业的永久性资本来源，但是可赎回优先股却不具有这种性质，它可以依照股票发行时所附的赎回条款，由企业出价提前赎回。这种优先股与可转换优先股的权利恰好相反，可转换优先股的选择权在优先股股东，可赎回优先股的选择权在企业。

不可赎回优先股是指发行后根据规定不能赎回的优先股。企业如果要收回这类优先股，只能在证券市场上按市场价格收购，或者以其他证券调换。

（三）发行优先股筹资的优缺点

1. 优先股筹资的优点

（1）优先股筹资没有到期日，不需要偿还本金，可以视为一种永久性的资本。只有在对企业有利时，企业才会提前收回优先股，这就增强了企业利用资金的灵活性。

（2）股利的支付既固定又有一定的弹性。一般来说，优先股都采用固定股利，但对固定股利的支付并不构成企业的法定义务。当企业的经营状况良好、利润较多时，支付给优先股的股利是固定不变的；当企业的经营状况不佳、利润较少时，企业又可以暂时不支付优先股股利，这极大地保护了普通股股东的权益。

（3）增强了企业的举债能力。优先股与普通股一样，属于权益性资本，发行优先股有利于企业巩固资本的基础，增加企业的信誉，加强企业的举债能力。

2. 优先股筹资的缺点

（1）优先股筹资的资本成本较高。优先股的股利要从企业的税后利润中支付，因此不能得到税收优惠。尽管优先股的资本成本低于普通股，但是还是高于债券。

（2）由于优先股在股利分配和财产清偿等方面拥有优先权，所以在企业收益不多时，普通股东的收益就会受到影响。

（3）优先股筹资对企业具有一定的限制。如企业不能连续3年拖欠优先股股利，企业有盈利必须首先给优先股股东分配股利，企业举债额度较大时也要事先征求优先股股东的意见等。

二、发行可转换公司债券

可转换公司债券是一种赋予持有人在一定期间内依据约定的条件可以转换成股份的公司债券。从定义来看，可转换债券是建立在债券基础上的衍生证券；从资金级别上来看，其偿付地位优于优先股和普通股；从风险和收益的关系来看，其风险较小，可以获得稳定的利息收益（不考虑信用风险）。作为补偿，可转换债券的收益率应该小于优先股和普通股。因为具有可转换功能，所以它在一定的期限和满足一定的条件以后，可以转换为一定数额的普通股，从而在可控制的风险下，具有获得与普通股对应的较高风险收益的可能。2006 年 5 月 7 日证监会发布的《上市公司证券发行管理办法》明确我国的证券市场除了股票市场和普通债券市场外，又引入了前景看好的可转换债券市场。对投资者来说，可转换债券是一种很具灵活性并有利于企业财务管理的金融品种。它的持有人既可以获得可转换债券本金和利息的安全承诺，又可以在发债公司标的股票股价攀升时将其转换为股票，获得股票价差的收益。它兼具债券和股票的优点，在涨势中随股价上涨，在跌势中保本收息，称得上是一种进可攻、退可守，上不封顶、下可保底的投资工具。

由可转换债券的定义可知，它具有双重基本属性：债权性和期权性。可转换债券的债权性体现在如果持有人在转换期内未转换成股票，发债公司必须定期支付利息和到期偿还本金，可以说可转换债券是公司债券的特殊形式。可转换债券的期权性体现在可转换的选择权，这种选择权是一种权利，而不是一种义务。在规定期限内，持有人既可以行使转换权利，将债券转换为既定数量的发债公司的普通股，也可以放弃转换权利，作为普通公司债券持有，获取利息和本金。投资者正是为了这样一种权利而愿意承担可转换债券利率较低所带来的损失。

（一）可转换债券的特征

1. 可转换债券有明确的转换期限

转换期限是指发行公司受理债权转股权的期限。在转换期限内，债权人有选择是否转换的权利。如果在转换期限内没有转换成股票，发行公司则必须在债券到期日偿付本息；一旦转换成普通股票之后，就不能再转换成债券了。

2. 可转换债券的票面利率是确定的

发行可转换债券的公司对于未转换成股票的债券，必须按照预定的利率和时间支付债券利息。由于可转换债券除了利息收入外，还附加了转换成股票的期权收益部分，给投资者以较大的灵活性。因此，可转换债券的票面利率通常低于不可转换债券的票面利率，甚至低于银行存款利率，而且其利息可作为财务费用在税前扣除，抵减了部分所得税。所以，可转换债券的资本成本比其他筹资方式都低。

3. 可转换债券的转股价格在发行时预先确定

转股价格是指募集说明书事先约定的可转换债券转换为每股股份所支付的价格。投资者将可转换债券的转股价格与其股票的市场价格相比，决定是否转换。当股票的市场价格升到转股价格之上时，投资者可将其转为股票套现获利，否则，只能将其当作普通债券处理，静心等待期满兑现本息。但是否转换成股票的权利在于投资者。

4. 可转换债券是一种混合性证券

可转换债券在没有转换成股票之前，具有普通债券的特征，是债权性证券；一旦转换成股票以后，就具有股票的特征，是权益性证券。

（二）可转换债券的基本要素

可转换债券的基本要素包括标的股票、票面利率、期限、转股价格、赎回条款和回售条款等，这些要素对于可转换债券的成功发行及转换是非常重要的。其中转股价格的制定和调整、赎回条款和回售条款的设置都涉及转换条件，而可转换债券能否成功转股依赖于转换条件的设计。

1. 标的股票

标的股票即将来可转换债券可以转换成何种类型的股票。可转换债券的标的物一般是发行公司自己的普通股票，不过也有其他公司（如发债公司的上市子公司）的普通股票。在我国，通常的标的股票有 A 股、B 股、H 股、N 股等。

2. 票面利率

票面利率是指可转换债券票面上所载明的利率。票面利率是可转换债券作为一种债券的重要特征，可转换债券固定的利息为投资者提供了保底收益，是投资可转换债券时需要考虑的一个基本要素。

通常而言，由于发行公司承担的风险较大，可转换债券的票面利率低于同期银行存款利率和普通公司债券利率。投资者之所以愿意承担这部分利差主要是为了获得转股后的股利或出售股票的价差。

我国已发行的可转换债券票面利率一般都采用逐年递增，平均利率在 2% 左右。如 2008 年 8 月 21 日发行的“新钢转债”，各年的票面利率分别为 1.5%、1.8%、2.1%、2.4% 和 2.8%。

3. 期限

对于可转换债券而言，期限有两个含义，即债券期限和转股期限。债券期限即可转换债券发行之日至可转换债券到期还本日的年限。转股期限是指可转换债券转换为股票的起始日至结束日的期间。我国的可转换债券的期限最短为 1 年，最长为 6 年。目前我国发行的可转换债券多为 5～6 年。

4. 转股价格

转股价格是指募集说明书事先约定的可转换债券转换为每股股份所支付的价格。能将多少债券转换成一股股票，在发行时就已确定。例如转股价格为 10 元，则一张 100 元的可转换债券到时可转换成 10 股股票。与之密切相关的另一个概念是转股比率，是指行使转换期权时，每张可转换债券收到的普通股票数量。两者的关系如下：

$$转股比率=\frac{每张可转换债券面值}{转股价格}$$

理论上讲，可转换债券的发行主体应为上市公司，因此可转换债券的转股价格或转股比率与发行可转换债券时的股票市场价格存在下列关系：转股价格≥股票市价，否则就会存在套利机会，投资者可立即将可转换债券转为股票，获得无风险利润。转股价格与股票市价间的差额通常称为转股溢价。

转股价格的确定，直接涉及投资者与公司现有股东之间的利益关系。转股价格定得过高，会降低可转换债券的投资价值，从而失去对投资者的吸引力，增大发行风险；而转股价格定得过低，尽管能使可转换债券具有较高的投资价值，从而有效地吸引投资者认购，但加大了公司股权的稀释程度，损害公司原有股东的利益。所以，转股价格的确定，不仅要兼顾可转换债券投资者和原有股东双方的利益，有效地降低发行风险，还要在一定程度上降低转股风险。我国《上市公司证券发行管理办法》第二十二条规定，转股价格应不低于募集说明书公告日前20个交易日该公司股票交易均价和前一交易日的均价。

5. 赎回条款

赎回是指发行公司在一定时期内可以提前收回未到期的可转换债券，赎回价格一般高于面值。不具有赎回条款的可转换债券，对于投资者而言，当标的股价长期大幅度地上涨时，尽管对可转换债券的投资回报没有上限控制，但对发行公司原有的股东来说，其利益将被较大地割让。赎回条款主要是为了保护可转换债券发行公司及其原有股东利益。当利率下调时，为避免利息损失，发行公司可发行利率更低的可转换债券来赎回原发行的可转换债券，或者在标的股票市场价格处于上涨的情况下，对可转换债券持有人可能获得的收益进行限制，使持有人行使转换权，从而加速转换过程，提高可转换债券的转换率。因此，赎回条款也被称为加速转换条款。

我国上市公司发行的可转换债券都设置了赎回条款，包括到期赎回条款和有条件赎回条款。到期赎回条款规定在可转换债券期满后几个交易日（通常为5个交易日）内，发行公司将以高于可转换债券票面面值的一定比例（通常为5%左右）向投资者赎回全部未转股的可转换债券。有条件赎回条款规定在可转换债券转股期内，如果发行公司标的股票任意连续多少个交易日（如20或30日）的收盘价不低于当期转股价格的一定比例（通常为130%），发行公司有权按照债券面值的一定比例（通常为104%左右）的赎回价格赎回全部或部分未转股的可转换债券。

6. 回售条款

回售是指可转换债券持有人有权在规定时期内以高于面值一定的溢价将可转换债券出售给发行人。不具有回售条款的可转换债券，对于投资者而言，当标的股价长期大幅度地下降时，其投资回报尽管有普通债券的价值保底，但由于可转换债券的票面利率通常都非常低，因而可转换债券的投资者也将会承受较大的损失。回售条款主要是为了保护投资者的利益，在公司股价表现不佳时，赋予投资者在指定的时期内，将可转换债券以高于面值一定比例的回售价格卖回发行公司的权利。产生回售条款的直接原因在于，发行人为了吸引投资者认购，降低投资者的风险，使可转换债券发行顺利、筹资成功。

我国上市公司发行的可转换债券都设置了回售条款，包括有条件回售条款和附加回售条款。有条件回售条款规定在可转换债券转股期间或到期日前一段时间内，如果标的股票收盘价连续一段时间（通常为20～30个交易日）低于当期转股价格达到一定比例（通常为70%～80%），经申请，可转换债券持有人有权将可转换债券全部或部分回售给发行公司。附加回售条款规定在可转换债券存续期间内，如果本次发行所募集资金的使用与发行公司在募集说明书中的承诺相比出现重大变化，被中国证监会认定为改变募集资金用途的，持有人有权按面值的一定比例（通常为104%）的价格向发行公司回售其持有的部分或全部可转换债券。

（三）可转换债券的价值

可转换债券具有债券的基本属性，也具有股权的隐含属性。可转换债券具有双重价值：一是作为普通债券的价值；二是作为普通股票的转换价值。

1. 作为债券的价值

可转换债券的债券价值是指倘若它永不被转换的价值，即普通债券的价值。

【例4－4】　某公司发行年利率0.8%的5年期面值为100元一张的可转换债券，发行一年后，如果市场利率为5%，且该债券没有转换成标的股票。请计算该可转换债券作为普通债券的价值。

$$
\begin{aligned}
PV &= 100 \times 0.8\% \times PVIFA_{(5\%,4)} + 100PVIF_{(5\%,4)} \\
&= 0.8 \times 3.546 + 100 \times 0.8227 \\
&= 85.11(\text{元})
\end{aligned}
$$

这表明，该公司可转换债券发行一年后的最低价值为85.11元，即无论标的股票价格怎么下降，该公司可转换债券的价格最多也只能降到85.11元，投资者以85.11元的价格持有至最后到期也能获得5%的市场利率。

2. 转换为标的股票的转换价值

可转换债券的转换价值是指倘若立即转换的话，每张可转换债券转换成的标的股票的总价值。

$$转换价值 = 转换后标的股票市场价格 \times 转股比率$$

$$转股比率 = \frac{每张可转换债券面值}{转股价格}$$

【例4－5】　某公司发行年利率为0.8%的5年期面值为100元一张的可转换债券，其转换价格为10元，即转股比率＝100÷10＝10（股/张），当标的股票的市价为12元时，可转换债券的转换价值＝10×12＝120（元）。

3. 可转换债券的投资分析

由于可转换债券是由普通的公司债券与股票的买入期权这两部分复合而成的，因此，可转换债券的市价也应由普通债券的市场价值与可转换债券买入期权的价格相加而成。普通债券的市场价值为可转换债券持有人提供了投资的保底价值；而可转换债券买入期权的价值取决于标的股价未来的走势，它为投资者提供了附加的投机价值。

如果可转换债券的市价低于其转换价值，人们将在市场上以市价购进可转换债券，并按其转股价格转换成标的股票，然后再将标的股票卖出，从中获取利润。如果可转换债券的市价低于其作为普通债券的价值，人们将在市场上以市价购进可转换债券，但不将其转为普通股，以赚取高额利息收入所带来的超额利润。正是由于这类套利活动的存在，使得可转换债券的市价至少不低于它的转换价值或作为普通债券的价值。

由于可转换债券的市价具有下限但无上限的特点，使得可转换债券的市价经常高于其转换价值。可转换债券的市价高于其转换价值的差额被称之为转换溢价。转换溢价通常为转换价值的5%～20%。

（四）可转换债券筹资的优缺点

1. 可转换债券筹资的优点

可转换债券筹资的优点主要包括以下几点：

（1）资本成本低。可转换债券的利息率通常低于普通债券的利息率和银行贷款利率，投资者对转换价值预期越高，票面利率就可以设置的越低。另外，可转换债券的利息可作为财务费用在税前扣除，抵减了部分所得税，因而使可转换债券的资本成本较其他筹资方式都低。

（2）比直接采用股票或债券筹资具有更大的优越性。发行可转换债券的基本目的往往是为了出售普通股票而并非债券，但由于各种原因，如出售的股票价格较低，或者要筹集相同数量的资金需要发行更多的股票，将稀释原有股权。由于可转换债券的转股价格通常高于标的股票的市价5%～20%，因此，转换后比直接出售股票的股数要相对减少5%～20%。由于可转换债券的利息率大大低于普通债券的利息率，即使转股失败，也比直接出售普通债券有利。

（3）比普通股票或债券筹资更容易。对于投资者来说，可转换债券既为投资者提供固定的利息收入和还本保证，同时又赋予投资者转换权，使投资者能分享公司业绩增长和股票增值的益处。因此，在我国目前条件下，发行可转换债券能被大多数投资者所接受。

2. 可转换债券筹资的缺点

可转换债券筹资的缺点主要是财务风险大。发行公司总是期望标的股票价格高于可转换债券的转股价格，从而完成其转换，使债务转化为所有者权益，这样公司就无须偿付本金。但如果公司经营不善，股价下跌，投资者不愿转换，那么，发行公司将面临还本付息的压力，此时无异于雪上加霜。另一方面，当标的股票价格大幅上涨时，其成本也将大幅度上升。

【练习题】

1. 大星公司拟发行面额 1 000 元，票面利率 10%，5 年期债券一批，每年年末付息一次。要求：分别计算市场利率为 8%、10% 和 12% 下的发行价格。

2. 红牛公司采用融资租赁方式，在 2013 年 1 月 1 日从租赁公司租入设备一台，设备价款为 20 000 元，租期为 4 年；双方约定，租赁期满后设备归承租方所有，折现率为 10%，以后付等额年金方式支付租金。

要求：

（1）测算该设备每年年末应支付的租金。

（2）编制租金摊销计划表。

第五章

资本结构决策

学习目标

掌握不同筹资方式的个别资本成本的计算，理解企业不同的筹资方式、资本结构通过资本成本影响企业价值的相关理论，并掌握实务中确定资本结构的基本方法。

案例导入

通用电气的决策考虑

美国通用电气公司很长时间以来，一直被认为是世界上管理最好的公司之一，其股东都收到了不错的回报。在公司运营过程中，通用电气一共从投资者那里募集到了650亿美元的资金，并很快把这650亿美元变成了一家价值超过3 500亿美元的公司。通用电气的总体资本成本率大约为11.9%。为了使投资者满意，通用电气项目的平均回报率要求必须至少达到11.9%以上。因此，公司需要不断寻找“利润增长点”，努力开发新产品或开拓新市场。近几年，公司的飞机发动机部门争取到了全世界客机发动机50%以上的订单；公司在西班牙新开设的塑料工厂已开始生产新型塑料制品；在日本建立了一家新的保险公司正在进行业务扩张。不论做什么项目，公司在评估这些项目时，首先需要考虑的是必须确保投资该项目的资本能带来的回报率高于资本成本。与此同时，公司也需要对总体资本的构成予以考虑，因为资本项目与结构比例的不同，也会给公司总的资本成本带来新的变化。

案例启示

企业生产经营、扩张都需要资本，这些使用的资本不是免费的，而是需要承担相应成本的。不同资本来源的资本成本如何测算？债务资本来源与权益资本来源相比一定就好吗？企业是否应该选择全部使用债务融资或者全部使用权益融资呢？假如最佳的解决方案是债务和权益的组合，那么什么是最佳的组合比例呢？此外，企业在生产经营过程中，由于经营环境的不断变化，企业会面临经营风险等不同的风险，能否评估这些风险、怎样评估？

资本结构（capital structure）是企业在一定时期采用各种筹资方式组合筹资的结果。资本结构是指企业各种资本的价值构成及其比例关系。

资本结构有广义和狭义之分。广义的资本结构是指企业全部资本的构成及其比例关系。企业一定时期的资本根据划分标准不同可分为债务资本和股权资本、短期资本和长期资本等。一般而言，广义的资本结构包括：债务资本与股权资本的结构、长期资本与短期资本的结构，以及债务资本的内部结构、长期资本的内部结构和股权资本的内部结构等。狭义的资本结构是指企业各种长期资本的构成及其比例关系，尤其是指长期债务资本与股权资本之间的构成及其比例关系。

第四章在讨论筹资时一直以“资金”为筹资主体讨论，第五章将以“资本”为主体进行论述。具体而言，资金与资本在很多领域并不加以区分。通常在财务管理领域，大家习惯将长期资金称为资本。因此在本章论述中，讨论资本，也是基于这样的一个理解与观念，即以狭义资本结构为论述主体。

什么样的资本结构才是最为合理的？在可行的筹资方式选择中，有两个方面的内容需要考虑，即杠杆效应和资本结构对企业的风险与收益的影响。

第一节　杠杆效应

自然界中的杠杆效应是指人们利用杠杆可以用很小的力量撬起和移动较重物体的现象。财务管理中也存在着类似的杠杆效应，即由于特定费用（如固定营业成本或固定财务费用）的存在而导致的，当某一财务变量以较小幅度变动时，另一相关的财务变量发生较大幅度的变动。合理运用杠杆原理，有助于企业合理规避风险，提高资金营运效率。

一、基本概念

财务管理中的杠杆有 3 种形式：经营杠杆（operating leverage）、财务杠杆（financial leverage）和联合杠杆（combined leverage）。要了解这些杠杆的运行原理，需要了解成本性态、边际贡献和息税前利润、税前利润、净利润、每股收益等概念。成本性态前面已介绍，参见第二章。

（一）息税前利润

息税前利润是指企业支付利息和缴纳所得税之前的利润。其计算公式为：

$$\begin{aligned}\text{息税前利润} &= \text{销售收入} - \text{变动成本} - \text{固定成本}\\ &= (\text{销售单价} - \text{单位变动成本}) \times \text{销售量} - \text{固定成本}\\ &= \text{边际贡献} - \text{固定成本}\end{aligned}$$

（二）税前利润

税前利润是指企业支付利息之后缴纳所得税之前的利润。其计算公式为：

$$\text{税前利润} = \text{息税前利润} - \text{债务利息}$$

即

$$\mathrm{EBT} = \mathrm{EBIT} - I$$

式中　EBT——税前利润；

EBIT——息税前利润；

I——债务利息。

（三）净利润

净利润是指企业缴纳所得税之后的利润。其计算公式为：

$$净利润 = 税前利润 - 所得税$$

即

$$EAT = (EBIT - I)(1 - T)$$

式中 EAT——税后利润；

T——所得税税率。

（四）每股收益

每股收益即普通股每股收益，也称每股利润或每股盈余，其计算公式为：

$$每股收益 = （净利润 - 优先股股利）÷ 普通股股数$$

即

$$EPS = \frac{EAT - D_P}{N} = \frac{(EBIT - 1)(1 - T) - D_P}{N}$$

不考虑优先股时，有

$$EPS = \frac{(EBIT - 1)(1 - T)}{N}$$

式中 EPS——每股收益；

D_P——优先股股利；

N——流通在外的平均普通股股数。

二、财务杠杆

（一）财务杠杆原理

财务杠杆是指由于负债筹资存在固定的筹资费用（利息及优先股股息），导致税后利润变动幅度大于息税前利润变动幅度的放大效应。

企业的全部长期资本是由权益资本和债务资本所构成的。债务资本成本可以在企业所得税前扣除，缴纳所得税之后的剩余利润才归属权益资本所有者。一定时期内的债务筹资费用是固定的，但每元息税前利润所承担的单位债务筹资费用则是变动的，也就是说，在息税前利润增加的情况下，每元息税前利润所承担的单位债务筹资费用会降低，从而导致所有者权益获得增加。以股份公司为代表，则表现为普通股每股收益率获得更大的增长，称为财务杠杆收益；反之，如果息税前利润下降，单位息税前利润负担的债务筹资费用相应增加，结果会造成普通股收益率发生更大幅度的下降，称为杠杆风险。因此，财务杠杆通常被称为“双刃剑”，既可以带来利益，也可以带来损失，需要慎用。一般来说，只要息税前收益率大于负债成本，财务杠杆的正作用可以使普通股每股收益增加。

【例 5-1】　大华公司 2012～2014 年的息税前利润分别为 200 万元、400 万元和 600 万元，每年的债务利息均为 150 万元，公司所得税税率为 25%。大华公司利润增长时的变化情况如表 5-1 所示。

表 5-1　大华公司利润增长时的变化情况

年　份	息税前利润/万元	息税前利润增长率	债务利息/万元	所得税税额/万元	（息）税后利润/万元	（息）税后利润增长率（%）
2012	200	—	150	12.5	37.5	—
2013	400	100%	150	62.5	187.5	400%
2014	600	50%	150	112.5	337.5	80%

由表 5-1 中的计算可以看出，随着息税前利润的增长，在债务利息保持不变的前提下，企业税后利润获得了更大幅度的增长。企业权益资本所有者获得了财务杠杆利益。

反之，若大华公司 2012～2014 年的息税前利润分别为 600 万元、400 万元和 200 万元时，即当企业息税前利润下降时，在债务利息保持不变的前提下，企业税后利润会下降得更快。企业权益资本所有者将遭受财务风险。大华公司利润下降时的变化情况如表 5-2 所示。

表 5-2　大华公司利润下降时的变化情况

年　份	息税前利润/万元	息税前利润增长率	债务利息/万元	所得税税额/万元	（息）税后利润/万元	（息）税后利润增长率
2012	600	—	150	112.5	337.5	—
2013	400	-33%	150	62.5	187.5	-45%
2014	200	-50%	150	12.5	37.5	-80%

（二）财务杠杆系数

财务杠杆反映的是息税前利润与税后利润之间的关系。税后利润通常用股份公司的普通股每股收益来描述。财务杠杆系数（degree of financial leverage，DFL）则用于衡量息税前收益变动对普通股每股收益变动的影响程度。

普通股每股收益与息税前收益的关系如下：

$$EPS=\frac{(EBIT-I)\times(1-T)-D_P}{N}$$

式中　EPS——普通股每股收益；

EBIT——息税前利润；

I——利息；

T——所得税税率；

D_P——优先股股利；

N——发行在外的普通股股数。

从上式可看出，普通股每股收益与息税前利润之间是一种线性关系，随着息税前利润的增加，普通股每股收益也在增加。为了反映息税前利润变动对普通股每股收益变动的影响程度，人们引入了财务杠杆系数，公式为：

$$DFL = \frac{\Delta EPS/EPS}{\Delta EBIT/EBIT}$$

或

$$DFL = \frac{EBIT}{EBIT - I}$$

财务杠杆系数是指企业息税后利润的变动率（当普通股股数不变时可用每股收益代替）相当于息税前利润变动率的倍数，它反映了财务杠杆的作用程度。从财务杠杆系数的计算公式中可看出，利息费用占息税前利润的比例增加，财务杠杆系数会增加。

【例5-2】 大华公司全部长期资本为8 000万元，债务资本比例为0.4，债务资本年利率为6%，公司所得税税率为25%，息税前利润为1 000万元。其财务杠杆系数计算如下：

$$DFL = \frac{1\ 000}{1\ 000 - (8\ 000 \times 0.4 \times 6\%)} = 1.24$$

上例中财务杠杆系数为1.24的含义是：当息税前利润增长1倍时，普通股每股收益将增长1.24倍；反之，当息税前收益下降50%时，普通股每股收益将下降62%。前种情形表现为财务杠杆利益，后种情形则表现为财务风险。一般而言，财务杠杆系数越大，企业的财务杠杆利益和财务风险就越高；财务杠杆系数越小，企业财务杠杆利益和财务风险就越低。

【例5-3】 假设有甲、乙、丙三个业务相同的公司，有关资料如表5-3所示。

表5-3 甲、乙、丙公司相关资料

单位：元

项目	甲公司	乙公司	丙公司
资本总额	2 000	2 000	2 000
普通股股本	2 000	1 500	1 000
普通股股数	200	150	100
债务资本	0	500	1000
息税前利润（EBIT）	200	200	200
债务利息（利率8%）	0	40	80
税前利润（EBT）	200	160	120

（续）

项　　目	甲 公 司	乙 公 司	丙 公 司
所得税（25%）	50	40	30
净利润	150	120	90
财务杠杆系数（DFL）	1	1.25	1.67
每股收益（EPS）	0.75	0.80	0.90
假设：息税前利润增长30%	200×(1+30%)=260	200×(1+30%)=260	200×（1+30%）=260
债务利息（利率8%）	0	40	80
税前利润（EBT）	260	220	180
所得税（25%）	65	55	45
净利润	195	165	135
增长后每股收益（EPS）	0.975	1.1	1.35
每股收益（EPS）增长率	(0.975−0.75)÷0.75×100%=30%	(1.1−0.80)÷0.8×100%=37.5%	(1.35−0.9)÷0.9×100%=50%

由表可知，丙公司的杠杆系数大于乙公司，乙公司的杠杆系数大于甲公司，当利润增加时，乙公司每股利润的增长幅度大于甲公司，丙公司大于甲、乙公司；当然减少时也会出现同样的情况。

（三）影响财务杠杆利益与财务杠杆风险的其他因素

影响企业财务杠杆系数，或者说影响企业财务杠杆利益与财务杠杆风险的因素，除了债务资本固定利息以外，还有许多其他因素。

（1）资本规模的变动。在其他因素不变的情况下，如果资本规模发生了变动，财务杠杆系数也将随之变动。

【例5−4】 接例5−2。假设大华公司资本总额为6 000万元，其他条件不变。则财务杠杆系数变为：

$$DFL=\frac{1\ 000}{1\ 000-6\ 000\times 0.4\times 6\%}$$
$$=1.17$$

（2）资本结构的变动。一般而言，在其他因素不变的条件下，资本结构发生变动，或者说债务资本比例发生变动，财务杠杆系数也会随之变动。

（3）债务利率的变动。在债务利率发生变动的情况下，即使其他因素不变，财务杠杆系数也会有所变动。

（4）息税前利润的变动。息税前利润的变动通常也会影响财务杠杆系数。

在上列因素发生变动的情况下，财务杠杆系数一般也会发生变动，从而产生不同程度的财务杠杆利益与财务杠杆风险。因此，财务杠杆系数是资本结构决策的一个重要因素。

（四）财务杠杆的应用

因为财务杠杆的双向性，所以企业要慎用。当息税前利润率高于负债（及优先股）加权平均资本成本时，将会产生财务杠杆的正作用，此时采用负债筹资是有利的；当息税前利润率低于负债（及优先股）加权平均资本成本时，将会产生财务杠杆的负作用，采用负债筹资是不利的。因此，企业要依据对未来收益情况的预测来恰当地使用财务杠杆。

（五）财务杠杆与财务风险

财务风险是指企业利用财务杠杆造成收益大幅波动和破产的风险。当财务杠杆发挥正向作用，带来息税前利润增加引起每股收益更大幅度地增加，会使财务风险降低；反之，息税前利润的减少则会引起每股收益更大幅度地减少，会使财务风险增加。

三、营业杠杆

（一）营业杠杆原理

营业杠杆（operating leverage）也称经营杠杆或营运杠杆，是指企业在经营活动中对营业成本中的固定成本的利用（这里的营业成本包括销售成本、价内销售税金、销售费用、管理费用等）。企业营业成本按其与营业总额的依存关系可分为变动成本和固定成本两部分。其中，变动成本是指随着营业总额的变动而变动的成本；固定成本是指在一定的营业规模内，不随营业总额的变动而变动，保持相对固定不变的成本。企业可以通过扩大营业额来降低单位营业额的固定成本，从而增加企业的营业利润，如此即形成了企业的营业杠杆。企业利用营业杠杆时，可能获得一定的营业杠杆利益，也可能承受相应的营业风险即遭受损失。可见，营业杠杆也是一把“双刃剑”。

【例5－5】　大华公司营业杠杆利益测算表如表5－4所示，假设变动成本率为60%，固定成本为800万元。

表5－4　大华公司营业杠杆利益测算表

年　份	营业总额/万元	营业总额增长率	固定成本/万元	变动成本/万元	息税前利润/万元	利润增长率
2012	2 500	—	800	1 500	200	—
2013	3 500	40%	800	2 100	600	200%
2014	5 000	43%	800	3 000	1 200	100%

由表5－4可知，大华公司在固定成本总额每年都是800万元（即保持不变）的

前提下，随着营业总额的增长，息税前利润以更快的速度增长，获得了较高的营业杠杆利益。并且随着固定成本在营业总额中所占比例的下降，这种杠杆效应更加明显。反之，当营业总额下降时，息税前利润会下降得更快，从而给企业带来营业风险。营业风险也称经营风险，是指与企业经营有关的风险，尤其是指企业在经营活动中利用营业杠杆而导致息税前利润下降的风险。

（二）营业杠杆系数

营业杠杆系数（degree of operating leverage，DOL）是指企业息税前利润的变动率相当于营业额变动率的倍数。它反映着营业杠杆的作用程度。为了反映营业杠杆的作用程度，估计营业杠杆利益的大小，评价营业风险的高低，需要测算营业杠杆系数。其测算公式为：

$$\mathrm{DOL} = \frac{\Delta \mathrm{EBIT}/\mathrm{EBIT}}{\Delta S/S}$$

或者

$$\mathrm{DOL}_Q = \frac{Q(p-v)}{Q(p-v)-F}$$

$$\mathrm{DOL}_s = \frac{S-C}{S-C-F}$$

式中 DOL——营业杠杆系数；
EBIT——息税前利润；
ΔEBIT——息税前利润的变动额；
S——营业额；
ΔS——营业额的变动额；
Q——销售量；
p——销售单价；
v——单位变动成本额；
F——固定成本总额；
C——变动成本总额。

【例5-6】 大华公司的产品销售量为40 000件，单位产品售价为1 000元，销售总额为4 000万元，固定成本总额为900万元，单位产品变动成本为600元，变动成本率为60%，变动成本总额为2 400万元。其营业杠杆系数为：

$$\mathrm{DOL} = \frac{40\,000 \times (1\,000-600)}{40\,000 \times (1\,000-600) - 9\,000\,000} = 2.29$$

或者

$$\mathrm{DOL} = \frac{40\,000\,000 - 24\,000\,000}{40\,000\,000 - 24\,000\,000 - 9\,000\,000} = 2.29$$

在此例中，营业杠杆系数为2.29的意义为：当企业销售增长1倍时，息税前利润将增长2.29倍；反之，当企业销售下降50%时，息税前利润将下降114.5%。前一种情形表现为营业杠杆利益，后一种情形则表现为营业风险。一般而言，企业的营业杠杆系数越大，营业杠杆利益和营业风险就越高；企业的营业杠杆系数越小，营业杠杆利益和营业风险就越低。

（三）影响营业杠杆利益与营业风险的其他因素

影响企业营业杠杆系数，或者说影响企业营业杠杆利益和营业风险的因素，除了固定成本以外，还有许多其他因素：

(1) 产品销量的变动。在其他因素不变的条件下，产品销量的变动会影响营业杠杆系数。

(2) 产品售价的变动。在其他因素不变的条件下，产品售价的变动会影响营业杠杆系数。

(3) 单位产品变动成本的变动。在其他因素不变的条件下，单位产品变动成本额或变动成本率的变动也会影响营业杠杆系数。

(4) 固定成本总额的变动。在一定的产销规模内，固定成本总额相对保持不变，但如果产销规模超出了一定的限度，固定成本总额也会发生一定的变动。

在上列因素发生变动的情况下，营业杠杆系数一般也会发生变动，从而产生不同程度的营业杠杆利益和营业风险。由于营业杠杆系数影响着企业的息税前利润，从而也就制约着企业的筹资能力和资本结构。因此，营业杠杆系数是资本结构决策的一个重要因素。

（四）营业杠杆的应用

随着营业额的增加，在总的固定成本不变的情况下，单位营业额所负担的固定成本会相对减少，从而给企业带来额外的利润。随着营业额的增加，这种效应会越发明显。因此，企业需要根据对未来销售状况的预测，来合理使用营业杠杆。当预测销售额不断增长时，可以考虑加大固定资产的投资，进一步获得营业杠杆利益，反之则应维持原固定资产规模或进行适度缩减以降低营业杠杆风险或损失。

（五）营业杠杆与营业风险

营业风险是指企业因经营上的原因而导致利润波动的风险。营业杠杆系数越高，企业营业风险越大，即营业利润的变化率超过营业额的变化率越多。当营业额增加时，营业利润会更大幅地增加，反之也会更大幅地下降。

四、联合杠杆

（一）联合杠杆原理

联合杠杆（combined leverage）也称总杠杆，是指营业杠杆和财务杠杆的综合。营业杠杆是利用企业经营成本中固定成本的作用而影响息税前利润，财务杠杆是利用企业资本成本中债务资本固定利息的作用而影响税后利润或普通股每股收益。营业杠杆和财务杠杆两者最终都影响到企业税后利润或普通股每股收益。因此，联合杠杆综合了营业杠杆和财务杠杆的共同影响作用，反映了税后利润或普通股每股利润变化相对于营业额的变化程度。一个企业同时利用营业杠杆和财务杠杆，这种影响作用会更大。

（二）联合杠杆系数的测算

营业杠杆和财务杠杆的综合影响程度的大小，可以用联合杠杆系数来反映。联合杠杆系数（degree of combined leverage，DCL）也称总杠杆系数（DTL），是指普通股每股收益变动率相当于营业总额（或营业总量）变动率的倍数。它是营业杠杆系数与财务杠杆系数的乘积。用公式表示如下：

$$DCL(\text{或 } DTL) = DOL \cdot DFL = \frac{\Delta EPS/EPS}{\Delta S/S}$$

或

$$DCL = \frac{S - C}{S - C - F - I}$$

式中 DCL——联合杠杆系数。

【例 5-7】 大华公司的营业杠杆系数为 2，财务杠杆系数为 1.5。该公司的联合杠杆系数为：

$$DCL = 2 \times 1.5 = 3$$

在此例中，联合杠杆系数为 3 的含义是：当公司营业总额或营业总量增长 1 倍时，普通股每股收益将增长 3 倍，具体反映为公司的联合杠杆利益；反之，当公司营业总额下降 50% 时，普通股每股收益将下降 150%，具体反映为公司的联合杠杆风险。

第二节 资本结构理论

一、资本结构的意义

企业的资本结构问题，主要是资本的权属结构的决策问题，即债务资本的比例安排问题。在企业的资本结构决策中，合理地利用债务筹资，科学地安排债务资本的比例，是企业筹资管理的一个核心问题。它对企业具有重要的意义。

（1）合理安排债务资本比例可以降低企业的综合资本成本。由于债务利息率通常低于股票股利率，而且债务利息在所得税前扣除，企业可享有所得税税收利益，从而债务资本成本率明显低于股权资本成本率。因此，在一定的限度内合理地提高债务资本的比例，可以降低企业的综合资本成本。

（2）合理安排债务资本比例可以获得财务杠杆利益。在一定的限度内合理地利用债务资本，可以发挥财务杠杆的作用，给企业所有者带来财务杠杆利益。

(3) 合理安排债务资本比例可以增加公司的价值。一般而言，一个公司的现实价值等于其债务资本的市场价值与权益资本的市场价值之和，用公式表示为：

$$V = B + S$$

式中 V——公司总价值，即公司总资本的市场价值；

B——公司债务资本的市场价值；

S——公司股权资本的市场价值。

上式表达了按资本的市场价值计量反映的资本权属结构与公司总价值的内在关系。公司的价值与公司的资本结构是紧密联系的，资本结构对公司的债务资本市场价值和股权资本市场价值产生影响，进而对公司总资本的市场价值即公司总价值具有重要的影响。因此，合理安排资本结构有利于增加公司的市场价值。

二、资本结构理论

资本结构理论研究的基点是资本结构与企业价值的关系，即资本结构是否影响企业价值。

资本结构理论包括净收益理论、营业收益理论、MM 理论及后期的一些理论。

1. 净收益理论

该理论认为，负债可以降低企业的资本成本，负债程度越高，企业价值越大。因为债务利息和权益资本成本均不受财务杠杆的影响，无论负债程度多高，债务资本和权益资本成本都不会变化。因此只要负债成本低于权益成本，那么负债越多，权益的加权平均资本成本就越低，权益的价值就越大。当负债比率为 100% 时，权益加权平均资本成本最低，权益价值将达到最大值。

2. 营业收益理论

该理论认为，资本结构与企业的价值无关，决定企业价值高低的关键要素是企业的净营业收益。企业利用财务杠杆时，尽管企业增加了成本较低的债务资金，但同时也加大了企业的风险，导致权益资本成本的提高，企业的综合资本成本仍保持不变。不论企业的财务杠杆程度如何，其整体的加权平均资本成本不变，企业的价值也就不受资本结构的影响，因而不存在最佳资本结构。

3. MM 理论

(1) MM 理论（不含税条件下的资本结构理论）。MM 理论于 1958 年 6 月提出：在不考虑公司所得税，且企业经营风险相同而资本结构不同时，公司的资本结构与公司的市场价值无关。或者说，当公司的债务比率由零升至 100 % 时，企业的资本总成本及总价值不会发生任何变动，即企业价值与企业是否负债无关，不存在最佳资本结构问题。

(2) 修正的 MM 理论（含税条件下的资本结构理论）。MM 理论于 1963 年发现，在考虑公司所得税的情况下，由于负债的利息是免税支出，可以降低综合资本成本，增加企业的价值。因此，公司只要通过财务杠杆利益的不断增加，而不断降低其资本成本，负债越多，杠杆作用越明显，公司价值越大。当债务成本在资本结构中趋于100%时，为最佳资本结构，此时企业价值达到最大。

最初的MM理论和修正的MM理论是资本结构理论中关于债务配置的两个极端看法。

除这些理论外，还出现了权衡理论、信息不对称理论、代理成本论。

4. 权衡理论

权衡理论认为，有负债的公司价值等于无负债的公司价值加上债务的节税价值，减去举债导致的财务拮据成本的限值。因此，债务边际节税价值与边际财务拮据成本相等时，公司价值达到最大。按照权衡理论的结论，为降低财务拮据成本，设计企业资本结构时应符合的规则为：①经营风险高的企业负债率应该低；②大量使用通用机械的企业比资产性能专一的企业能够承担较高的债务水平；③无形资产占总资产比重高的企业，资产负债率水平应该低；④竞争较为激烈的行业为避免破产应该减少负债。

5. 信息不对称理论

信息不对称理论解释了现实中很多美国大企业采用留存收益、债务、发行股票的优先顺序融资的现象。信息不对称理论认为，由于信息不对称，当公司拥有良好的投资机会时，如果发行股票筹集资本，往往被资本市场上的股东看作是利空的信号。因为在股东看来，证实拥有良好盈利前景的行动是举借债务，使用债务意味着控股股东对未来丰厚的剩余收益的独享。这样，当公司为拥有良好盈利前景的投资机会而发行股票融资时，就会造成公司股票难以出售或发生更高的融资成本。为避免股票融资的“投资不足”效应或付出更高的代价，公司最好的融资顺序是：①以留存收益融资积累企业的再借款的能力；②一旦出现良好的投资机会时，依靠积累的留存收益举借债务，抓住良好的投资机会；③迫不得已时再发行股票。按照信息不对称理论，能够避免信息不对称造成的“投资不足”效应的资本结构为最佳资本结构。因此盈利较高的公司应少负债、多留存，以增加财务的灵活度，扩张中的公司应储备再借款的能力。

6. 代理成本论

代理成本论认为，使用债务资本能够有效遏制经理人员利用自由现金净流量盲目投资扩充和用于非金钱利益消费的行为，有效降低股权代理成本，最佳资本结构应该能够使股权代理成本与债务代理成本之和达到最低。代理成本论还认为，生产耐用消费品的企业，为避免由于公司负债率高引发消费者担心公司破产而采取逃避行为发生的损失，应该低负债；对品牌进行了大量投资的企业，在品牌效应较好时，为避免股东产生的“赚足了钱让债权人收拾烂摊子”的机会主义行为，企业应该低负债；资产可塑性（即企业转移资产投资方向的能力）强的公司，意味着债务资本向期望报酬更高同时风险更高的投资项目转移的能力较强，对债权人利益发生损害的可能性较大，债权人为避免由于承担更高的破产风险而发生利益受损，对这类公司给予的负债水平要比资产可塑性低的公司低。也就是说，资产可塑性差的公司比资产可塑性强的公司，能够容纳更多的债务。

综上所述，由于债务具有抵减公司所得税、适度降低公司代理成本、传递公司良好发展前景的信号等良性作用，公司资本结构中应使用一部分债务。但是由于使用债务会增加公司的财务成本，增加企业破产的威胁，公司应适度举债。最后，由于信息的不对称，为避免股票融资的投资不足效应，公司应努力增加留存收益，在良好的投资机会出现后，以留存收益为基础举借债务，以便抓住良好的投资机会。

第三节 资本成本计算

资本成本是企业筹资管理的重要依据，也是企业资本结构决策的基本因素之一。

一、资本成本的概念

资本成本（capital cost）是企业筹集和使用资本而承付的代价，如筹资公司向银行支付的借款利息和向股东支付的股利等。这里的资本是指企业所筹集的长期资本，包括股权资本和长期债务资本。从投资者的角度看，资本成本也是投资者要求的必要报酬或最低报酬。在市场经济条件下，资本是一种特殊的商品，企业通过各种筹资渠道，采用各种筹资方式获得资本往往都是有偿的，需要承担一定的成本。

资本成本包括用资费用和筹资费用两部分。用资费用是指企业在生产经营和对外投资活动中，因使用资本而承付的费用，如向债权人支付的利息、向股东分配的股利等。用资费用是资本成本的主要内容。长期资本的用资费用是经常性的，并根据使用资本数量的多少和时期的长短而变动，因而属于变动性资本成本。筹资费用是指企业在筹集资本活动中为获得资本而付出的费用，如向银行支付的借款手续费，因发行股票、债券而支付的发行费用等。筹资费用与用资费用不同，它通常是在筹资时一次全部支付，在获得资本后的用资过程中不再发生，因而属于固定性的资本成本，可视为对筹资额的一项扣除。

二、个别资本成本的计算

个别资本成本是指每种筹资方式的资本成本。一般而言，个别资本成本是企业用资费用与有效筹资额的比率。基本计算公式如下：

$$K=\frac{D}{P-f}$$

式中 D——用资费用；

P——筹资额；

f——筹资费用额。

（一）长期债务成本

长期债务资本成本一般有长期借款资本成本和长期债券资本成本两种。根据企业所得税法的规定，企业债务的利息允许从税前利润中扣除，从而可以抵免企业所得税。因此，企业实际负担的债务资本成本应当考虑所得税因素。

1. 长期借款资本成本

$$K_l = \frac{I(1-T)}{L(1-F)}$$

式中 K_l——长期借款资本成本；

I——长期借款年利息额；

L——长期借款筹资额，即借款本金；

F——长期借款筹资费用融资率，即借款手续费率；

T——所得税税率。

【例5-8】 某公司欲从银行取得一笔长期借款2 000万元，手续费0.2%，年利率6%，期限3年，每年结息一次，到期一次还本。公司所得税税率为25%。这笔借款的资本成本为：

$$K_l = \frac{2\,000 \times 6\% \times (1-25\%)}{2\,000 \times (1-0.2\%)} = 4.51\%$$

在借款合同附加补偿性余额条款的情况下，企业可动用的借款筹资额应扣除补偿性余额，这时借款的实际利率和资本成本将会上升。

【例5-9】 接上例，某公司欲借款2 000万元，年利率6%，期限3年，每年结息一次，到期一次还本。银行要求补偿性余额为20%。公司所得税税率为25%。这笔借款的资本成本为：

$$K_l = \frac{2\,000 \times 6\% \times (1-25\%)}{2\,000 \times (1-20\%)} = 5.625\%$$

2. 长期债券资本成本

企业债券资本成本中的利息费用可在所得税前列支，但发行债券的筹资费用一般较高，应予以考虑。债券的筹资费用即发行费用，包括申请费、注册费、印刷费和上市费以及推销费等，其中有的费用是按一定的标准支付的。此外，债券有等价、溢价和折价发行等情况，与面值可能不一致。因此，债券的资本成本的测算与借款也有所不同。

在不考虑货币时间价值时，债券资本成本可按下列公式测算：

$$K_b = \frac{I_b(1-T)}{B(1-F_b)}$$

式中 K_b——债券资本成本；

B——债券筹资额，按发行价格确定；

F_b——债券筹资费用率。

【例5-10】 某公司拟等价发行面值1 000元，期限5年，票面利率10%的债券，每年结息一次。发行费用为发行价格的6%，公司所得税税率为25%。则该批债券的资本成本为：

$$K_b = \frac{1\,000 \times 10\% \times (1-25\%)}{1\,000 \times (1-6\%)} = 7.98\%$$

如果按溢价发行，发行价格为1 100元时，其资本成本为：

$$K_b = \frac{1\,000 \times 10\% \times (1-25\%)}{1\,100 \times (1-6\%)} = 7.25\%$$

如果按折价发行，发行价格为900元时，其资本成本为：

$$K_b = \frac{1\,000 \times 10\% \times (1-25\%)}{900 \times (1-6\%)} = 8.87\%$$

（二）股权资本成本

按照公司股权资本的构成，股权资本成本主要分为普通股资本成本、优先股资本成本和留存收益成本等。根据《所得税法》的规定，公司须以税后利润向股东分派股利，故股权资本成本没有抵税效应。

1. 普通股资本成本的测算

按照资本成本实质上是投资必要报酬率的思路可知，普通股的资本成本就是普通股投资的必要报酬率。其测算方法一般有以下3种：股利折现模型、资本资产定价模型和债券收益率加风险报酬率。

（1）股利折现模型。股利折现模型的基本表达式为：

$$P_c = \sum_{t=1}^{\infty} \frac{Dt}{(1+K_c)^t}$$

式中 P_c——普通股筹资净额，即发行价格扣除发行费用；

Dt——普通股第t年的股利；

K_c——普通股投资必要报酬率，即普通股资本成本。

如果公司实行固定股利政策，即每年分派现金股利D元，则资本成本可按下式测算：

$$K_c = \frac{D}{P_c}$$

【例5-11】 公司拟发行一批普通股，发行价格为12元/股，每股发行费用为2元，预定每年分派现金股利为每股1.5元。其资本成本为：

$$K_c = 1.5 \div (12 - 2) = 15\%$$

如果公司实行固定股利增长率的政策，股利固定增长率为 g，则资本成本需按下式测算：

$$K_c = \frac{D}{P_c} + g$$

【例 5－12】 某公司准备增发普通股，每股的发行价格为 12 元，发行费用为 2 元，预定第一年分派现金股利为每股 1.5 元，以后每年股利增长率为 5%。其资本成本为：

$$K_c = 1.5 \div (15 - 2) + 5\% = 16.5\%$$

（2）资本资产定价模型。资本资产定价模型可以简要地描述为：普通股投资的必报酬率等于无风险报酬率加上风险报酬率。用公式表示为：

$$K_c = R_f + \beta(R_m - R_f)$$

式中　R_f——无风险报酬率；

β——该股票的贝塔系数；

R_m——市场平均报酬率；

$(R_m - R_f)$——平均市场风险报酬率。

【例 5－13】 已知某股票的 β 值为 1.5，市场报酬率为 10%，无风险报酬率为 6%。该股票的资本成本为：

$$K_c = 6\% + 1.5 \times (10\% - 6\%) = 12\%$$

（3）债券投资报酬率加股票投资风险报酬率。一般而言，从投资者的角度，股票投资的风险高于债券，因此，股票投资的必要报酬率可以在债券利率的基础上加上股票投资高于债券投资的风险报酬率。

$$K_c = K_b + R_c$$

式中　K_b——债券风险报酬率；

R_c——风险报酬率。

【例 5－14】 公司已发行债券的投资报酬率为 8%。现准备发行一批股票，经分析，该股票高于债券的投资风险报酬率为 4%。则该股票的必要报酬率即资本成本为：

$$K_c = 8\% + 4\% = 12\%$$

2. 优先股资本成本的测算

优先股的股利通常是固定的，公司利用优先股筹资需花费发行费用，优先股资本成本的测算类似于普通股。测算公式为：

$$K_p = \frac{D_p}{P_p}$$

式中　K_p——优先股资本成本；

D_p——优先股每股年股利；

P_p ——优先股筹资净额，即发行价格扣除发行费用。

3. 留存收益成本

留存收益属于股东的再投资，要求的报酬率与普通股没有实质上的差别。因此，普通股资本成本的计算模型同样适用于留存收益成本的计算，只是按照股利折现模型计算时，留存收益筹资不会发生筹资费用。

三、加权平均资本成本（综合资本成本）

加权平均资本成本是企业全部长期资本的总成本。等于个别资本成本以各种资本占全部资本的比重为权数的加权平均数。其计算公式为：

$$K_w = \sum_{j=1}^{n} W_j \cdot K_j$$

式中 K_w ——加权平均资本成本；

W_j ——第 j 种资金占总资金的比重；

K_j ——第 j 种个别资本成本。

【例5－15】 某公司2014年12月31日账面长期资本共8 500万元，其中长期借款2 500万元，长期债券2 000万元，普通股3 500万元，留存收益500万元，它们的个别资本成本分别为5%、8.5%、14.15%和12%，则该公司的加权平均资本成本为：

$$K_w = (2\,500 \div 8\,500 \times 5\%) + (2\,000 \div 8\,500 \times 8.5\%) + (3\,500 \div 8\,500 \times 14.5\%) + (500 \div 8\,500 \times 12\%)$$

$$= 10\%$$

在计算加权平均资本成本时，每种资本占全部资本的比重有三个标准：

（1）账面价值权数，即以账面价值为计算依据。其优点是资料容易取得，反映企业历史的风险程度，缺点是其结果未反映当前的风险程度，会与资本市场现行实际筹资成本有较大的差距，从而贻误筹资决策。

（2）市场价值权数，即以市场价值为计算依据。市场价值权数是指以债券、股票市场价格确定权数，这样计算的加权平均资本成本能反映企业目前的风险程度，但不能反映未来企业的风险状况。

（3）目标价值权数，即以目标价值为计算依据。计算中以债券、股票预计的目标市场价值确定权数，这种权数能体现期望的资本结构，反映未来的风险程度，而不是像账面价值权数和市场价值权数那样只反映过去和现在的资本结构，所以按目标价值权数计算得出的加权平均资本成本更适用于企业筹措新资金。

企业加权平均资本成本的重要意义在于：加权平均资本成本是新的投资项目的必要报酬率，是企业价值估算的贴现率，是企业管理当局进行经营应实现的最低投资报酬率。

四、边际资本成本

边际资本成本（margin cost of capital）是指新筹集资本总额每增加一个单位而增加的加权平均资本成本。它表现为不同筹资总额范围内的加权平均资本成本。当企业增加新的筹资时将运用到资本的边际成本概念。企业各种资本的成本，是随时间的推移或筹资条件的变化而不断变化的，加权平均资本成本也不是一成不变的。一个企业进行投资，不能仅仅考虑目前所使用的资本的成本，还要考虑为投资项目新筹集的资本成本，这就需要计算边际资本成本。

计算资本的边际成本就是计算不同筹资总额范围内的加权平均资本成本。

【例5-16】　假设某公司打算筹集新的资本180万元，经分析认为公司的目标资本结构应界定为长期债券占40%，普通股占60%。对资金市场融资情况进行分析的结果表明：长期债券筹资0~40万元之内，长期债券资本成本为10%；如筹资数额在40万~80万元之内，长期债券资本成本为12%；如长期债券投资数额在80万元以上，长期债券资本成本为15%。普通股投资0~120万元时，资本成本为20%；普通股投资120万元以上，资本成本为22%。要求计算公司的资本边际成本并确定新增投资的必要报酬率。

(1) 确定筹资总额分界点及筹资总额范围。筹资总额分界点是指保持某一个别资本成本水平不变的全部资本筹措的最大限额。计算公式为：

$$筹资总额分界点=\frac{个别资本成本筹措该种资本的最大限额}{该种资本占全部资本的比重}$$

该公司筹资总额分界点及筹资范围计算表如表5-5所示。

表5-5　某公司筹资总额分界点及筹资范围计算表

单位：万元

类　别	资本结构	筹资范围	个别资本成本	筹资总额分界点	筹资总额范围
长期债券	40%	0~40	10%	100	0~100
		40~80	12%	200	100~200
		80以上	15%	—	200以上
普通股	60%	0~120	20%	200	0~200
		120以上	22%	—	200以上

(2) 计算不同筹资总额范围内的加权平均资本成本。

筹资总额范围0~100万元时：

$$K_w=40\%\times10\%+60\%\times20\%=16\%$$

筹资总额范围100万~200万元时：

$$K_w=40\%\times12\%+60\%\times20\%=16.8\%$$

筹资总额范围200万元以上时：

$K_w = 40\% \times 15\% + 60\% \times 22\% = 19.2\%$

新增筹资总额为180万元，介于100万~200万元之间，因此，新的投资项目的最低投资报酬率为16.8%。

第四节　资本结构决策方法

资本结构决策方法与企业财务管理目标相一致。不同的财务管理目标，可能会选择不同的方法确定最优资本结构。

一、资本成本比较法

资本成本比较法是以综合资本成本的高低为标准来衡量资本结构是否合理，即企业在做出融资决策之前，先拟定若干备选融资方案，并计算各方案的综合资本成本，以其中综合资本成本最低的融资方案所确定的资本结构为最佳的资本结构。这种方法的原理是：能使综合资本成本最低的资本结构就是合理的，反之就是不合理的。该方法与财务管理目标中的利润最大化目标更为一致。

【例5-17】　某公司拟融资2 000万元，采用发行普通股、优先股和长期借款方式筹集，现有3种方案可供选择。有关资料如表5-6所示。试确定该公司的最佳资本结构。

表5-6　3种方案的有关资料

项　目	长期借款		普通股		优先股	
	所占比例	资本成本	所占比例	资本成本	所占比例	资本成本
甲方案	50%	10%	40%	14%	10%	11%
乙方案	40%	8%	40%	14%	20%	12%
丙方案	30%	7%	50%	14%	20%	11%

根据上述资料，3种方案的综合资本成本计算分别如下：

甲方案：$K_w = 50\% \times 10\% + 40\% \times 14\% + 10\% \times 11\% = 11.7\%$

乙方案：$K_w = 40\% \times 8\% + 40\% \times 14\% + 20\% \times 12\% = 11.2\%$

丙方案：$K_w = 30\% \times 7\% + 50\% \times 15\% + 20\% \times 11\% = 11.8\%$

通过比较计算结果，乙方案的综合资本成本最低，可认为乙方案为最佳融资方案，其所确定的资本结构为最佳资本结构。

二、每股收益分析法

判断资本结构合理与否的另一种方法是分析每股收益的变化。这种方法假定能提高每股收益的资本结构是合理的；反之则不够合理。可以看出，此方法与财务管理目标中的股东财富最大化目标更为一致。因为按该目标，提高每股收益可以带来股价上升，从而实现股东财富增加。

由此前的分析可知，每股收益的高低不仅受资本结构（由长期负债融资和权益融资构成）的影响，还受到销售水平的影响，如何处理以上三者的关系，就需要运用每股收益分析法。

每股收益分析是利用每股收益的无差别点进行的。所谓每股收益的无差别点，是指每股收益不受融资方式影响的销售水平。根据每股收益无差别点，可以分析判断出在什么样的销售水平下适合采用何种筹资方式。每股收益无差别点可以通过计算得出。

每股收益 EPS 的计算为（不考虑优先股）：

$$EPS = \frac{(EBIT - I) \times (1 - T)}{N}$$

式中　T——所得税税率；

N——流通在外的普通股股数；

EBIT——息税前利润；

I——税前扣除的利息。

在每股收益无差别点上，无论是采用负债融资，还是采用权益融资，每股收益都是相等的。若以 EPS1 代表负债融资，以 EPS2 代表权益融资，在每股收益无差别点上，则有

$$EPS_1 = EPS_2$$

即

$$\frac{(EBIT_1 - I_1) \times (1 - T)}{N_1} = \frac{(EBIT_2 - I_2) \times (1 - T)}{N_2}$$

或

$$\frac{(S - C_1 - F_1 - I_1)(1 - T)}{N_1} = \frac{(S - C_2 - F_2 - I_2)(1 - T)}{N_2}$$

式中　S——销售额；

C——全部变动成本；

F——固定成本总额 。

能使得上述公式成立的销售额 S 为每股收益无差别点销售额。

【例 5－18】　某公司原有资本 900 万元，其中债务资本 300 万元（每年负担利息 24 万元），普通股资本 600 万元（发行普通股 40 万股，每股面值 15 元）。由于扩大业务，需追加筹资 300 万元，其筹资方式有两种：一是全部发行普通股，增发 20 万股，每股面值 15 元。二是全部筹借长期债务，债务利率为 9%，利息 27 万元。

公司的变动成本率为 60%，固定成本为 180 万元，所得税税率为 25%。

根据上述资料确定筹资方案。

$$\frac{(S - 0.6S - 180 - 24 - 27) \times (1 - 25\%)}{40} = \frac{(S - 0.6S - 180 - 24) \times (1 - 25\%)}{60}$$

由上式可得，$S=712.5$（万元）。

此时的每股收益额为：

$$\mathrm{EPS}=\frac{(712.5-0.6\times712.5-180-24-27)\times(1-25\%)}{40}$$

$$=1.0125(\text{元})$$

依据上述每股收益无差别点分析，可描绘如图 5－1 所示。

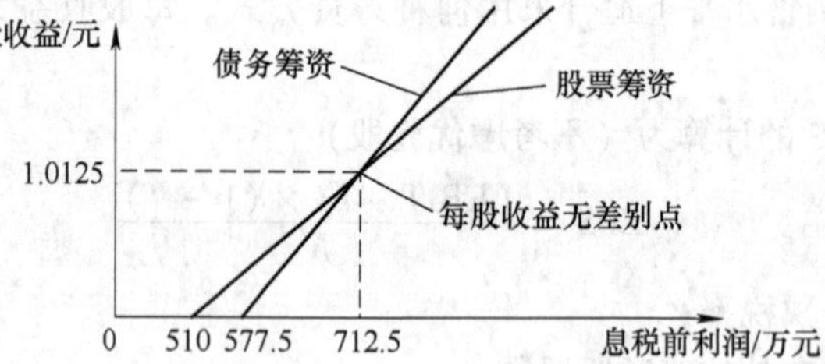

图 5－1　每股收益无差别点分析图

从图 5－1 中可以看出，当销售额高于 712.5 万元（每股收益无差别点的销售额）时，运用负债筹资可获得较高的每股收益；当销售额低于 712.5 万元时，运用权益筹资可获得较高的每股收益。

根据企业预计实现的息税前利润，与每股收益无差别点的息税前利润相对比，即可进行资本结构决策：

（1）若企业预计实现的息税前利润等于 EBIT，则两个备选融资方案等值，任选一个方案即可。

（2）若企业预计实现的息税前利润大于 EBIT，负债率高的资本结构将会导致每股收益最高，应选择负债率高的融资方案。

（3）若企业预计实现的息税前利润小于 EBIT，应选择负债率低的融资方案。

三、公司价值比较法

以每股收益的高低作为衡量标准对筹资方式进行选择时，能够将企业经营状况考虑进去，但是却没能充分考虑风险因素。因为只要息税前利润增长，使用的财务杠杆越大，企业每股收益就越高，风险也越大。从根本上讲，财务管理的目标在于追求公司价值的最大化。然而只有在风险不变的情况下，每股收益的增长才会直接导致股价的上升，实际上经常是随着每股收益的增长，风险也加大。如果每股收益的增长不足以补偿风险增加所需的报酬，尽管每股收益增加，股价仍然会下降。所以，公司的最佳资本结构应当是可使公司的总价值最高，而不一定是每股收益最大的资本结构。同时，在公司总价值最大的资本结构下，公司的资本成本也是最低的。

公司的市场总价值 V 应该等于其股票的总价值 S 加上债券的价值 B，即：

$$V = S + B$$

为简化计算，债券的价值按照面值计算，股票的价值往往采用零成长模型。假设：①公司每年的息税前利润永久性固定；②公司每年100%派发股利。每年的股利等于每年的税后净利，表现为永续年金。故股票的价值可以按照下式计算：

$$S = \frac{(\text{EBIT} - I)(1 - T)}{K_s}$$

股权资本成本 K_s 通常采用资本资产定价模型计算，即

$$K_s = R_f + \beta(R_m - R_f)$$

加权平均资本成本的计算公式为：

$$K_w = K_b\left(\frac{B}{V}\right)(1 - T) + K_s\left(\frac{S}{V}\right)$$

确定最优资本结构，就是在若干资本结构中，选取企业价值最大、加权平均资本成本最低的资本结构。

【例5－19】 某公司年税前盈余为500万元，资本全部由普通股构成，股票账面价值为2 000万元，所得税税率为25%。该公司认为目前的资本结构不够合理，准备用发行债券购回部分股票的办法予以调整。经咨询调查，目前的债务利率和权益资本的成本情况如表5－7所示。计算筹集不同金额的债务时的公司价值和综合资本成本。

表5－7　不同债务水平对公司债务成本和权益成本的影响

债券市场价值/百万元	税前债务成本	股票β	无风险利率	市场平均报酬率	权益成本
0	—	1.20	10%	14%	14.8%
2	10%	1.25	10%	14%	15.0%
4	10%	1.30	10%	14%	15.2%
6	12%	1.40	10%	14%	15.6%
8	14%	1.55	10%	14%	16.2%
10	16%	2.10	10%	14%	18.4%

根据表5－7的资料，运用公司价值分析法的有关公式，即可计算出发行不同金额的债券时公司总价值和资本成本的数据，计算结果如表5－8所示。

当债券为0时，股票的市场价值为：

$$K_s = 10\% + 1.20 \times (14\% - 10\%) = 14.8\%$$

$$S = \frac{(500 - 0)(1 - 40\%)}{14.8\%} = 20.27(\text{百万元})$$

依此类推。

表5-8 公司市场价值和资本成本

债券的市场价值/百万元	股票的市场价值/百万元	公司的市场价值/百万元	税前债务成本	权益成本	综合资本成本
0	20.27	20.27	—	14.8%	14.80%
2	19.20	21.20	10%	15.0%	14.15%
4	18.16	22.16	10%	15.2%	13.54%
6	16.46	22.46	12%	15.6%	13.36%
8	14.37	22.37	14%	16.2%	13.41%
10	11.09	21.09	16%	18.4%	14.23%

从表5-8中可以看到，在没有债务的情况下，公司价值就是其股票的市场价值。当公司用债务资本部分地替换权益资本时，一开始公司价值上升，综合资本成本下降；在债务达到600万元时，公司价值最高，综合资本成本最低；债务超过600万元后，公司价值开始下降，综合资本成本开始上升。因此，债务为600万元时的资本结构是该公司的最佳资本结构。

在企业资本结构决策中，虽然有不同的理论、不同的决策方法，以及不同指标来指导资本结构决策，但事实上，目前的理论仍难以准确地揭示出资本成本、财务杠杆、每股收益等指标与企业价值之间的确切关系，所以在一定程度上，更多的筹资决策还要依靠有关人员的经验和主观判断来完成。

【练习题】

1. 某股份公司普通股市价为每股12.5元，现准备增发6 000万股，预计筹资费用率为4%，第一年预计股利为1.2元，以后每年股利增长率为5%，试计算该公司本次增发普通股的资本成本。

2. 某公司按面值发行5年期的债券10亿元，票面年利率6%，每年付息一次，到期还本，发行费用率为3%，该公司所得税税率为25%，试计算其债券的资本成本。

3. 某企业今年年初有一个投资项目，需资金5 000万元，通过以下方式来筹集：发行债券1 200万元，资本成本为10%；取得长期借款800万元，资本成本为8%；发行普通股2 500万元，资本成本为15%；留存收益500万元，资本成本为14.5%。试计算其加权平均资本成本。

4. 某公司原有资本700万元，其中债务资本200万元（每年负担利息24万元），普通股资本500万元（发行普通股10万股，每股面值50元）。由于扩大业务，需追加筹资300万元，假设没有筹资费用。公司的变动成本率为60%，固定成本为180万元，所得税税率为25%。拟筹资方案有以下3个。

方案一：全部按面值发行普通股，增发6万股，每股发行价50元。

方案二：全部增加长期借款，借款年利率仍为12%，年利息36万元。

方案三：增发新股4万股，每股发行价47.5元，剩余部分用发行债券筹集，债券按10%

溢价发行，票面年利率为10%。

要求：使用每股收益无差别点法，计算公司应当采用的筹资方式。

5. 某公司目前发行在外普通股100万股（每股1元），已发行年利率10%的债券400万元。该公司打算为一个新的投资项目融资500万元，新项目投产后公司每年息税前利润将增加到200万元。现有两个方案：①按12%的利率发行债券；②按每股20元发行新股，公司适用所得税税率为25%。

要求：

（1）计算两个方案的每股收益。

（2）计算两个方案的每股收益无差别点息税前利润。

（3）计算两个方案的财务杠杆系数。

（4）判断哪个方案更好。

第六章

项目投资管理

学习目标

理解项目投资的特点、种类；熟悉项目投资决策的程序；掌握项目投资现金流量的预测方法；掌握净现值、现值指数、内部收益率等投资决策指标的计算与应用；了解项目投资的风险分析及决策方法。

案例导入

"租"与"购"的决策

洋洲旅游服务公司（旅行社性质）自成立以来，在业界的声誉日渐提高。目前已经开发的旅游产品主要有历史古迹游、民族特色游、风光游等。公司拟增加8辆大型旅游客车。现有两种方案可供选择：

(1) 用贷款购买方式从国内生产厂家购入国产客车。每辆预计价格为50万元，采取货到付款方式。全部付款依靠贷款，贷款期限为5年，贷款年利率为8%，年末付息，本金第五年年末归还，预计每辆车的使用年限为5年，每辆车净残值为5万元，按惯例采用直线法计提折旧。购入8辆客车后，每年营业收入（向游客收取的交通费、餐饮费、客房费、文娱费等）增加248万元，每年不包括利息的营业成本（客车成本、客房成本、餐饮成本、营业税等）增加120万元。

(2) 用经营租赁方式从国内租赁公司租入进口客车。每辆每年租金为25万元，租期4年，租金于每年年初支付，客车于租期结束后归还给租赁公司。进口客车与国产客车相比，发动机性能较好，车型较为美观，车内装潢较为豪华，对游客的吸引力较大，营业收入相对较高。租车与买车相比，许多费用（如随车出租的司机工资、客车发生的日常维修费等）由租赁公司承担，营业成本相对较低。租入8辆客车后，每年营业收入增加300万元，每年不包括租金的营业成本增加64万元。公司要求的投资报酬率为10%，所得税税率为25%。

面对这两种选择，企业应如何做出决策？

案例启示

企业在投资中会遇到各种选择，包括独立项目是否可行的选择、互斥项目的选择、择优项目的选择等，如何就这些项目做出选择，关系到资金是否能被合理、有效地使用。如何去衡量项目是否可行，是否可以继续使用以前的利润等指标，在投资决策过程中都会给出不同的思路——现金流量成为投资决策新的基础指标，时间价值观念、风险报酬观念也必须在投资中予以充分考虑。如以上案例，通过前面所讲的知识，我们知道不能简单计算两种方式下各年收益，就进行直接比较来得出结论。

第一节 投资概述

一、投资的意义

在市场经济条件下，企业能否把筹集到的资金投放到收益高、回收快、风险小的项目上去，对企业的生存和发展是十分重要的。

（一）投资是企业实现财务管理目标的基本前提

企业财务管理的目标是不断提高企业价值。为此，就要采取各种措施增加利润，降低风险。企业要想获得利润，就必须进行投资，在投资中获得效益。

（二）投资是企业发展生产的必要手段

在科学技术与社会经济迅速发展的今天，企业无论是维持简单再生产，还是实现扩大再生产，都必须进行一定的投资：要维持简单再生产的顺利进行，就必须及时对所使用的机器设备进行更新维护，对产品和生产工艺进行改革，不断提高职工的技术水平；要实现扩大再生产，就必须新建、扩建厂房，增添机器设备，增加职工数量，提高人员素质等。企业只有通过一系列投资活动，才能增强实力、广开财源。

（三）投资是企业降低风险的重要方法

企业把资金投向企业内部生产经营的关键环节或薄弱环节，可以使企业各种生产经营能力匹配、平衡，形成更大的综合生产能力；企业把资金投向企业外部或其他行业，实行多元化经营，则更能增加企业销售和盈余的稳定性。这些都是降低企业经营风险的重要方法。

二、投资的种类

（一）直接投资与间接投资

根据投资与企业生产经营的关系，企业投资可分为直接投资和间接投资。

直接投资是指把资金投放于生产经营性资产，以便获取利润的投资，在非金融性企业中，直接投资所占比重很大。间接投资又称证券投资，是指把资金投放于证券等金融资产，以便取得股利或利息收入的投资。随着我国金融市场的完善和多渠道筹资的形成，企业间接投资将越来越广泛。

（二）短期投资与长期投资

根据投资回收时间的长短，投资可分为短期投资和长期投资。

短期投资又称流动资产投资，是指能够在一年以内收回的投资，主要指对现金、应收账款、存货、交易型金融资产等的投资。长期投资则是指一年以上才能收回的投资，主要指对厂房、建筑物、机器设备等固定资产的投资，也包括对无形资产、长期有价证券等长期资产的投资。由于长期投资往往是以固定资产为中心的综合项目投资，所以长期投资有时就指固定资产项目投资。

（三）对内投资和对外投资

根据投资的方向，投资可分为对内投资和对外投资。

对内投资又称内部投资，是指把资金投在企业内部，购置各种生产经营用资产。对外投资是指企业以现金、实物、无形资产等方式或者以购买股票、债券等有价证券方式向其他企业的投资。对内投资都是直接投资，对外投资主要是间接投资，如股票、债券投资。随着企业横向经济联合的开展，对外投资越来越重要。

（四）战略性投资与战术性投资

根据投资对企业未来的影响程度，投资可分为战略性投资和战术性投资。

战略性投资是指对企业全局及未来有重大影响的投资，如对新产品投资、转产投资、建立分公司等。这种投资往往投资数量大、回收时间长、风险程度高，因此，要求从方案的提出、分析、决策和实施都要按严格的程序进行。战术性投资是指不影响企业全局和前途的投资，如更新设备、改善工作环境、提高生产效率等的投资，这种投资一般涉及的投资量不大、风险较低、见效较快，而且发生次数比较频繁，因此，一般由企业的部门经理经过研究分析后提出，经过批准即可实施，不必花很多的研究及分析费用。

（五）确定性投资与风险性投资

根据投资的风险程度，投资可分为确定性投资和风险性投资。

确定性投资是指风险较小、未来收益可以预测得比较准确的投资，在进行这种投资决策时，可以不考虑风险问题。风险性投资是指风险较大、未来收益难以准确预测的投资。战略性投资大多数属于风险性投资，在进行决策时，应考虑到投资的风险问题，采用一定的分析方法，以做出正确的投资决策。

第二节 项目投资

在经济活动非常发达的今天，企业投资活动相对比较丰富，不但有对内投资，也有对外投资；不但进行实物投资，也会进行证券类投资。不过，对大多数传统的生产企业来讲，按照对内投资和对外投资的分类，企业内部的实体性投资相对更为普遍或常见。另一方面，对外投资中广泛涉及的证券投资，因其理论有更加专业（证券投资学）的论述，而本课程篇幅所限，故难以详述。因此，本章所讲投资主要定位在对内投资，进一步讲，就是以企业内部固定资产项目投资为主要内容，其意义更多地归类于“项目投资”的内涵。

一、项目投资决策概述

（一）项目投资的特点

项目投资属于“资本支出”的范畴，投资产生的贡献会持续若干期间。它是企业为满足今后若干年经营发展需要而进行的投资。例如，企业对厂房、机器设备等大型固定资产的投资建设，对资源的开发利用，对新产品的试制开发等。项目投资的特点主要包括以下几个方面：

（1）金额多。项目投资实施需要投入大量的资金，少则几十万，多则成百上千万，这与短期经营所需要的资金有天壤之别，因此，项目投资所需的资金仅依靠企业自有资金是难以负担的，通常需要大量的外筹资金。

（2）时间长。项目投资决策一经实施，便会在较长时间内影响企业，一般的项目投资都需要几年甚至十几年才能收回。

（3）风险大。一方面，项目投资的对象主要是厂房和机器设备等固定资产，这些资产一经投资就会成为沉没成本，中途不易改变用途，出售困难，变现能力较差。另一方面，由于投资时间长，企业外部理财环境的变化会给投资带来许多不可预测的影响，其中的不利因素难免会造成企业重大损失。

综上所述，项目投资属于企业战略层面的投资，是不可逆转的投资，关系企业未来的发展，甚至对企业的命运都有着决定性的影响，必须进行要严谨的分析与科学的规划。

（二）项目投资的种类

1. 扩充型项目投资与重置型项目投资

根据投资在生产过程中的作用，项目投资可以分为扩充型投资与重置型投资。扩充型项目投资是指企业在原有生产能力的基础上，为扩大生产能力与生产规模所进行的投资。扩充型项目投资既可以带来现金流入量，也可以带来现金流出量。重置型项目投资是指对原有项目的更新改造，就是对技术上或经济上不宜继续使用的旧资产，用新的资产更换或对原来的资产进行局部改造，其目的在于通过固定资产改造维持原有的生产能力。重置型项目投资所引起的现金流量主要表现为现金流出量。

2. 独立项目与互斥项目

根据投资项目之间的关系，项目投资可以分为独立项目与互斥项目。独立项目是指该项目的决策不会对其他项目产生影响。互斥项目是指该项目的决策将对其他项目产生相反的影响。如果A、B项目是互斥项目，选择A就意味着拒绝B，反之亦然。例如，企业资金有限，在只能增加一条生产线的前提下，选择进口设备就意味着放弃国产设备，选择国产设备就意味着拒绝进口设备。

二、项目投资的取舍标准

无论是项目的可行性分析，还是项目最终的决策，都是以一定的评价标准作为选择依据的，常用的评价标准包括：时间标准、收益标准和风险标准。

1. 时间标准

投资回收时间是投资者首要考虑的问题。在激烈的市场竞争中，市场变幻莫测，不确定因素很多。项目的投资回收时间越久，企业承担的风险就会越大，因此投资者都希望能在较短的时间收回投资。

2. 收益标准

企业投资的最终目的就是获得收益。企业使用大额资金进行项目投资，目的就在于获得更丰厚的收益回报。收益是吸引投资者的最直接诱惑，同时也是项目评价最普遍的标准。收益标准具体表现为以下两种：相对数（报酬率、收益率等）标准和绝对数（报酬额、净现值等）标准。

3. 风险标准

根据风险与收益相均衡的原则，不同收益要求伴随着不同的风险。企业进行项目投资时，注入的投资金额大，回收时间长，目的是为了获得高额的报酬，但要求的报酬越高，面临的风险就会越大。因此，企业对项目进行评价时，往往会全面考虑项目的风险程度与报酬水平，合理确定项目的“风险价值”标准，以便项目的取舍。

上述 3 项标准是进行项目投资分析中最基本的评价尺度，但在具体项目的决策中，为保证决策的准确性、科学性，往往会综合使用这 3 项标准。而且，针对不同特征的投资项目，还要将其他因素（如年均成本、现值指数）也纳入评价标准体系。

第三节　项目投资现金流量的计量

一、现金流量的内涵

现金流量（cash flow）也称为现金流动量，是指一个投资项目引起的现金流入量与现金流出量的总称。现金流量中所使用的现金概念是指广义的现金，它不仅包括货币资金，而且还包括项目需要投入非货币资源的变现价值，如项目投入需要企业原有的旧设备，则相关的现金流量就是旧设备的变现价值，而不是账面价值。通常，现金流入量用“+”表示，现金流出量用“-”表示，某一时点的净现金流量是指此一时点的现金流入量与现金流出量的差，可能是净现金流入量，也可能是净现金流出量。

现金流量是项目投资决策的基础指标，也是计算项目投资决策评价指标的主要依据和重要信息。

二、项目决策中选用现金流量的原因

通常，在财务数据中，是以权责发生制产生的收入、成本、利润指标评价企业的经济效益。而项目投资决策要以按收付实现制计算的现金流量作为评价项目经济效益的基础。其主要原因是：

1. 项目决策中，现金流量有利于科学地考虑时间价值因素

通过资金时间价值的学习我们知道，不同时间的资金具有不同的价值，所以科学的投资决策必须考虑资金的时间价值，这就要求在决策时要弄清每笔预期收入和预期支出的具体时间。而利润的计算是以权责发生制为基础的，并不考虑资金收付的时间。利润与现金流量的确认差异主要表现在以下几个方面：①购置固定资产支付大量现金时，只记录相应资产的增加，而不计入成本；②将固定资产的价值以折旧或折耗的形式逐期计入成本或费用时，却又不需要支付现金；③销售成立时就确认当期的销售收入的增加，尽管其中有一部分并未于当期收到现金；④计算利润时不考虑垫支的流动资金的数量和回收的时间。

可见，要在投资决策中考虑时间价值的因素，就不能利用利润来衡量项目的优劣，而必须采用现金流量。

2. 采用现金流量可以使投资决策更符合客观实际情况

在项目投资决策中，应用现金流量能科学、客观地评价投资方案的优劣，而利润则明显地存在不科学、不客观的成分。这是因为：①利润的确定缺乏统一的标准，在一定程度上要受存货估价、费用分摊和折旧计提等不同会计方法的影响，这使得利润的计算比现金流量的计算有更大的主观随意性；②利润反映的是某一会计期间“应计”的现金流量，而不是实际的现金流量，如果以未实际收到的收入作为收益，具有较大风险，容易高估投资项目的经济效益，存在不科学、不合理的成分。

三、项目投资现金流量的构成

准确预计项目的现金流量是进行项目决策的前提基础。通常，投资项目的现金流量由以下3部分构成，即初始现金流量、营业现金流量和终结现金流量。

1. 初始现金流量

初始现金流量是指项目投资开始时（主要发生在项目的建设过程）发生的现金流量，一般表现为现金流出量，主要包括：

（1）固定资产的投资。固定资产的投资主要包括购置固定资产时发生的买价、运输费、安装调试费等。

（2）垫付的营运资金。营运资金是流动资金与流动负债的差。项目投资扩大了企业的生产能力，但有了厂房、机器设备，还不能产出产品，还必须为新增固定资产配置其所需的流动资产，主要包括对各种材料、在产品、产成品等的资金投入，即垫付流动资金。但由于流动负债会满足一部分流动资金的需求，所以只需投入所

需流动资金与流动负债的差，即营运资金即可。之所以说是“垫付”，原因在于：这一部分流动资金完全是满足新增固定资产的需求而投入的，当固定资产到期报废或被处置后，这部分资金自然就可以收回了。通常，营运资金的投放应该在项目建成投产的时点。

(3) 其他费用。其他费用主要是指与固定资产投资有关但前面没有提到的资金投入，如为使职工熟练使用固定资产而发生的培训费、资料费、咨询费等。

需要说明的是，在项目重置投资的初始现金流量分析中，还应考虑以下项目：①被更新的原有固定资产变价后的现金净流量；②原有固定资产变价收入引起的所得税影响（多交所得税视为现金流出量，形成节税的部分视为现金流入量）。

2. 营业现金流量

营业现金流量是指投资项目投入使用以后，每期生产经营所产生的现金流入量与现金流出量的差额，也叫作净现金流量（NCF），一般以年为计算期间。具体有以下3种计算方式：

(1) 根据营业现金流量定义计算。

营业现金流量(NCF) = 年营业现金流入 - 年营业现金流出量

(2) 根据年末营业成果计算。

分析上式，每年营业现金流入量就是每年的营业现金收入，主要指用现金实现的销售收入。每年营业现金流出量就是营业现金支出与缴纳的税金，而营业现金支出指的是成本费用中用现金支付的部分，也叫作付现成本，它是成本费用与非付现成本的差。所以每年营业现金流量又可以表示为：

营业现金流量(NCF) = 年营业收入 - 年付现成本 - 所得税
= 年营业收入 - (年营业成本 - 年非付现成本) - 所得税
= 年营业收入 - 年营业成本 - 所得税 + 年非付现成本
= 净利润 + 年非付现成本

其中，非付现成本是指不会引起现金流量变化的成本费用，如固定资产累计折旧、长期待摊费用的摊销等。在实际工作中，非付现成本多表现为折旧。

在实际工作中通常会使用营业现金流量表计算各期的净现金流量，如表6-1所示。

表6-1 营业现金流量表

单位：万元

项目	营业现金流量			
	第一年	第二年	…	第 n 年
营业收入	100	100		100
减：付现成本	30	30		30
折旧	20	20		20

（续）

项　　目	营业现金流量			
	第一年	第二年	…	第 n 年
税前利润	50	50		50
减：所得税	12.5	12.5		12.5
税后净利	37.5	37.5		37.5
加：折旧	20	20		20
营业现金流量	57.5	57.5		57.5

（3）根据所得税对营业收入、营业成本及非付现成本的影响计算。

营业现金流量（NCF）＝净利润＋年非付现成本

＝(年营业收入－年营业成本）×（1－所得税税率）＋年非付现成本

＝[年营业收入－（年付现成本＋年非付现成本)]×(1－所得税税率）＋年非付现成本

＝年营业收入×（1－所得税税率）－年付现成本×（1－所得税税率）＋年非付现成本×所得税税率

＝年营业收入×（1－所得税税率）－年付现成本×（1－所得税税率）＋年非付现成本抵税

以上3种计算方法的计算结果是一致的。

3. 终结现金流量

终结现金流量是指投资项目完结时发生的现金流量，主要包括：固定资产清理费用、固定资产的残值收入和变价收入、收回垫支营运资金。

四、项目投资现金流量估算的基本问题

现金流量的估算是投资决策中的重要环节。此时的现金流量的确定完全建立在估算基础上，因而估算的科学性和准确性会影响最终的决策。其中，为了防止多估或漏估，以下几个问题需要注意：

1. 估算现金流量的有关假设

为了便于确定现金流量，简化现金流量的估算过程，特作如下假设：

（1）财务可行性。假设项目投资是从企业决策者的立场出发，决策者确定现金流量是为了对项目进行财务可行性分析，该项目已经具备技术可行性和国民经济可行性。

（2）资本统一化。在确定项目现金流量时，假定只考虑全部投资的运动情况，而不区分自有资本和借入资本。即使存在借入资本，也将其视为自有资本。

（3）年限一致化。在确定项目现金流量时，假定主要固定资产的使用寿命与经营期相同，也就是说，固定资产的折旧计算以经营期为基础。

(4) 指标时点化。在确定项目现金流量时，假定所涉及的指标，均按时点指标处理。例如，建设投资在建设期内有关年度的年初或年末确认，营运资本投资在建设期期末确认，经营期内各年收入、成本、折旧、摊销、利润、税金等均在年末确认，项目最终报废或清理均在终结点确认。

2. 确定现金流量的难点

确定项目现金流量，是在收付实现制的基础上，预计并反映现实资本在项目寿命内未来各年中的收支情况。在现实财务活动中，了解一个项目的现金流量包括的内容并反映其具体数量，并在此基础确定其现金流量，不是一件容易的事情，必须视特定的决策角度和现实的时空条件而定。影响项目现金流量的因素较多，概括起来包括以下几个方面：

(1) 不同项目的差异。在财务管理中，不同项目在类型、资本构成、项目寿命构成、投入方式和投资主体等方面均存在较大差异，不同情况的组合，就可能有不同组合形式的现金流量，其内容千差万别。

(2) 不同时期的差异。由于项目寿命不同，各阶段上的现金流量的内容也可能不同，不同现金流入或现金流出在其发生时间上也存在不同特征，如有的发生在年初，有的发生在年末；有的属于时点指标，有的属于时期指标。此外，固定资产的折旧年限与经营期长短也可能出现差异。

(3) 相关因素的差异。由于与项目相关的投入物和产出物价格、数量等受到未来市场环境等诸多不确定因素的影响，不可能完全预测出它们的未来变动趋势和发展水平，这就必然影响现金流量估算的准确性。

3. 估算现金流量的关注事项

在估算现金流量时，为了防止多算或漏算，需要注意以下几个问题：

(1) 必须考虑相关现金流量。无论是现金流入还是现金流出，只有增量现金流量才是与项目相关的现金流量。所谓增量现金流量，是指接受或拒绝某个方案后，现金流量因此发生的变动。只有那些由于采纳某项目后引起的现金支出增加额，才是该项目的现金流出；只有那些由于采纳某项目后引起的现金流入增加额，才是该项目的现金流入。

(2) 尽量利用现有会计数据。在估算现金流量时，尽管不直接用会计利润来代替现金流量，但由于在会计报表中比较容易获得利润资料和其他会计数据，应在会计利润的基础上进行一些必要的调整，使之转化为净现金流量。

(3) 彻底去掉沉没成本（sunk cost）。沉没成本是指已经发生的不能收回的历史成本，属于与决策无关的成本。对于一个正在评估的项目，无论采纳与否，沉没成本（如其前期的研发费用）早已发生，其数额不会影响投资决策。

(4) 充分关注机会成本。机会成本是指采纳一个方案而放弃其他方案所丧失的最大潜在收益。一笔资本用在一个项目上，就必然不能同时用在另一个项目上。因此，采纳一个项目的收益往往建立在放弃另一个项目的收益的基础之上。尽管放弃的项目的收益并不构成企业的真实现金流出，也无须作为账面成本，但必须作为采纳的项目的成本加以考虑。否则，就无法正确判断一个项目的优劣。

在项目决策中，必须将已经放弃的方案也许可以得到的潜在收益，与已经采纳方案能够得到的期望收益比较，如果前者大于后者，则说明决策是失误的。

（5）考虑有关因素的相互影响。在采纳一个项目之后，必须考虑系统风险对项目的影响、通货膨胀对项目的影响、税收政策和折旧政策对项目的影响等。除此以外，也要考虑对企业其他部门产生的影响，如决定开设第二家销售点，很可能会减少已有销售点的销售量。因此，在进行项目决策时，必须将这些影响因素视为项目的成本或收入，否则，不能正确评价项目对公司整体产生的影响。

五、项目投资现金流量分析

【例6－1】　新胜公司计划新建一条生产线，建设投资为400万元，一年后建成，建成后使用期是5年，该公司固定资产采用直线法计提折旧，预计残值是原值的10%。另外，项目开工投产时，需追加营运资金投资200万元，生产线投产以后预计每年可取得现金收入600万元，第一年的付现成本250万元，以后逐年增加修理费20万元，所得税税率为25%，要求：分析项目的现金流量状况。

（1）分析项目初始现金流量。

已知生产线投资建设期是一年，即第二年年初才会投产，所以：

$NCF_0 = -400$ 万元

$NCF_1 = -200$ 万元

（2）分析项目营业现金流量。

生产线投产后每年折旧费为：

$$\frac{400 \times (1 - 10\%)}{5} = 72(\text{万元})$$

营业现金流量表如表6－2所示。

表6－2　营业现金流量表

项　目	营业现金流量/万元				
	第2年	第3年	第4年	第5年	第6年
销售收入	600	600	600	600	600
付现成本	250	270	290	310	330
折旧费	72	72	72	72	72
税前利润	278	258	238	218	198
所得税	69.5	64.5	59.5	54.5	49.5
税后利润	208.5	193.5	178.5	163.5	148.5
营业现金流量	280.5	265.5	250.5	235.5	220.5

(3) 分析终结现金流量。

已知固定资产残值是40万元（400×10%），收回垫支的营运资金是200万元。即 $NCF_6=200+40=240$（万元）

【例6-2】 方宏公司准备租用其他公司一处旧厂房开办一个旅游品制造厂，项目寿命期为5年，旧厂房租金为4 000元/年，第一年年初设备投资60 000元，当年建成投产，公司按直线法计提折旧，5年后净残值为4 000元。第一年年初还垫支营运资金10 000元。此项目第一年的现金收入80 000元，除租金外的付现成本为40 000元，以后每年可获现金收入150 000元，每年除租金外的付现成本为60 000元，企业所得税税率为25%，要求：分析项目的现金流量。

(1) 初始现金流量。

$NCF_0=-60\ 000-10\ 000=-70\ 000$(元)

(2) 各年营业现金流量。

年折旧额 =（60 000-4 000）÷5 = 11 200（元）

营业现金流量表如表6-3所示。

表6-3 营业现金流量表

项　目	营业现金流量/元	
	第1年	第2年~第5年
销售收入	80 000	150 000
减：付现成本	40 000	60 000
租金	4 000	4 000
折旧	11 200	11 200
税前利润	24 800	74 800
减：所得税	6 200	18 700
税后净利	18 600	56 100
营业现金流量	29 800	67 300

(3) 终结现金流量。

$NCF_5=10\ 000+4\ 000=14\ 000$（元）

六、分析项目投资现金流量时需注意的问题

1. 考虑增量现金净流量

在确定项目投资方案的相关现金流量时，只有增量现金流量才是项目投资方案的相关现金流量。所谓增量现金流量，是指接受或拒绝某个项目投资方案所引起的企业总现金流量的净变动额。

2. 区分相关成本与非相关成本

在估计项目投资引起的现金净流量时，要注意区分相关成本和非相关成本。所

谓相关成本，是指与项目投资决策有关的，在分析评价其财务可行性时必须考虑的成本，如差额成本、机会成本、未来成本、重置成本等都是相关成本。非相关成本是与项目投资决策无关的、在分析评价时不必考虑的成本，如历史成本、账面成本、沉没成本等。例如，某公司2年前，拟扩建一个分厂，并请一家咨询公司做过扩建项目的可行性研究，支付了咨询费5万元。后因种种原因，该项目被搁置下来，这笔咨询费已作为期间费用纳入了当期业务进行核算。2年后，公司重新研究这个扩建项目方案，这笔咨询费是否应该计入该项目投资决策分析的现金流量中？答案是否定的。因为这笔支出早已发生，属于沉没成本，不管公司是否扩建分厂，都不可能收回。它与本次是否扩建分厂的决策已无关，也与公司未来的增量现金流量无关。

3. 关注机会成本对项目投资的影响

机会成本在投资决策中是非常重要的。所谓机会成本，是指因为选择最优方案而放弃次优方案而丧失的潜在收益。例如，上述公司扩建分厂的投资方案，需要使用公司拥有土地使用权的一块土地。在进行投资分析时，因为公司不必动用现金去取得土地使用权，是否可以不计入扩建项目的现金流量中？答案是否定的。因为该公司若不利用这块土地来扩建分厂，则可将这块土地移作他用，并取得一定的收入。只是由于要扩建分厂才放弃了这笔收入。这笔收入代表扩建分厂使用土地的机会成本。假设现在转让这块土地的使用权可得到50万元，它就是扩建分厂的一项机会成本。需要注意的是，无论公司当初是以何种价格取得这块土地的使用权的，都应以现行市价作为这块土地的机会成本。

4. 全面考虑投资方案对企业的影响

当企业采纳一个新的投资项目后，可能对企业其他部门产生有利或不利影响。因此，企业在进行决策分析时，要全面考虑采用该投资方案对其他部门产生的影响。例如，上述公司扩建分厂投产后，新产品的上市可能会使公司其他部门原有产品的销售额下降，因此，在进行现金流量分析时，不应将分厂的营业收入直接作为增量现金流入来处理，而应扣除其他部门因此减少的营业收入。当然，也可能新产品的上市会促进其他部门原有产品的销售增长。这要看扩建项目的产品与其他部门的产品是竞争关系还是互补关系。尽管做出上述具体的分析比较困难，但决策者在进行现金流量分析时仍应将其考虑在内。

5. 正确对待利息支出与其他融资现金流

用于项目投资的资金来源虽然是通过负债或发行股票取得的，但是在项目投资决策中，并不把资金使用过程中向债权人支付的利息当作现金流出量。原因在于项目投资决策的全投资假设，即假设投资所需资金全部来自权益资金。再者，项目决策时，选用的期望报酬率已隐含了融资成本，如果再考虑利息及其他投资项目融资现金流量则会造成重复计算。

第四节　项目投资决策基本方法

项目投资决策的基本方法有以下两类：一类是贴现现金流量法，即考虑资金时间价值与风险价值因素的评价方法，包括净现值法、现值指数法、内含报酬率法和年均成本法；另一类是非贴现现金流量法，即不考虑资金时间价值与风险价值因素的评价方法，包括投资回收期法和平均报酬率法。

一、贴现现金流量法

（一）净现值法

净现值法是根据投资方案的净现值指标评价投资方案的方法。净现值（net present value，NPV）是指项目投资方案在整个建设与使用期内未来现金流入量现值与现金流出量现值的差，也就是各年现金净流量现值的和。净现值的经济意义在于：它是投资项目投产后所获得的净现金流量扣除按预定折现率计算的资本成本（即投资者的必要收益），再扣除原始投资的现值（即投资的本钱），在建设起点上所能实现的净收益或净损失。

1. 净现值的计算

$$NPV = \sum_{t=m+1}^{n} \frac{NCF_t}{(1+i)^t} - \sum_{t=0}^{m} \frac{I_t}{(1+i)^t}$$

式中　NCF_t——第 t 期的现金净流量；

n——预计项目寿命期；

I_t——代表第 t 期的投资额；

m——项目的投资期限；

i——贴现率。

为简化计算，假设各年投资者要求的投资报酬率或企业资本成本不变。

【例6-3】　新胜公司计划新建一条生产线，建设投资需要400万元，一年后建成，建成后使用期为5年。公司采用直线法计提折旧，预计净残值是原值的10%，另外，为项目开工做准备，项目建成投产时需要追加流动资金200万元。生产线投产后预计每年可取得现金收入600万元，第1年的付现成本是250万元，以后逐年增加修理费20万元，企业所得税税率为25%。假设公司的资金成本是10%。

(1) 分析项目各年现金流量。

现金流量表如表6-4所示。

表6-4　现金流量表

单位：万元

项　目	第0年	第1年	第2年	第3年	第4年	第5年	第6年
初始投资	-400						

（续）

项　　目	第0年	第1年	第2年	第3年	第4年	第5年	第6年
垫支流动资产		-200					
销售收入			600	600	600	600	600
减：付现成本			250	270	290	310	330
折旧			72	72	72	72	72
税前利润			278	258	238	218	198
减：所得税			69.5	64.5	59.5	54.5	49.5
税后利润			208.5	193.5	178.5	163.5	148.5
营业现金流量			280.5	265.5	250.5	235.5	220.5
收回垫支资产							200
残值							40
现金净流量	-400	-200	280.5	265.5	250.5	235.5	460.5

其中：年折旧额 =400×（1-10%）/5 =72（万元）

（2）计算项目的净现值。

$$NPV = 280.5 \times PVIF_{(10\%,2)} + 265.5 \times PVIF_{(10\%,3)} + 250.5 \times PVIF_{(10\%,4)} + 235.5 \times PVIF_{(10\%,5)} + 460.5 \times PVIF_{(10\%,6)} - 400 - 200 \times PVIF_{(10\%,1)}$$

$$= 280.5 \times 0.826 + 265.5 \times 0.751 + 250.5 \times 0.683 + 235.5 \times 0.621 + 460.5 \times 0.564 - 400 - 200 \times 0.909$$

$$= 426.3425\text{(万元)}$$

2. 净现值法的决策规则

计算投资项目的净现值，如果项目 NPV≥0，说明投资项目本身的投资报酬率大于或等于贴现率，所以项目可行；如果方案 NPV<0，说明投资项目本身的报酬率低于贴现率，项目不可行。在多个可行性项目的互斥决策中，选择 NPV 值最大的方案为最优项目。

3. 净现值法的特点

净现值法可以充分考虑资金时间价值、风险价值和项目生命期全部的现金流量，能够客观地反映投资项目的收益。净现值法的不足之处在于：①确定贴现率比较困难；②对于生命期不等的项目，用净现值法难以评估其优劣；③由于净现值是绝对数，只能反映获利数量，无法反映获利程度，不便于对初始投资不一致的项目进行优劣比较；④净现值法无法揭示项目自身的实际收益情况。

（二）现值指数法

现值指数法是利用现值指数评价投资项目的方法。现值指数（profitability index）又叫获利指数，是投资项目未来报酬的总现值与初始投资额的现值之比，可以理解为净现值的相对数，通常用 PI 表示。

1. 现值指数的计算

$$PI = \frac{\sum 未来现金流入量现值}{\sum 未来现金流出量现值}$$

$$= \frac{\sum_{t=m+1}^{n} \frac{NCF_t}{(1+i)^t}}{\sum_{t=0}^{m} \frac{I_t}{(1+i)^t}}$$

为简化计算，假设各年投资者要求的投资报酬率或企业资本成本不变。

【例 6-4】 依据例 6-3 的资料，计算项目的现值指数。

$$PI = [280.5 \times PVIF_{(10\%,2)} + 265.5 \times PVIF_{(10\%,3)} + 250.5 \times PVIF_{(10\%,4)} + 235.5 \times PVIF_{(10\%,5)} + 460.5 \times PVIF_{(10\%,6)}] \div [400 + 200 \times PVIF_{(10\%,1)}] +$$

$$= [280.5 \times 0.826 + 265.5 \times 0.751 + 250.5 \times 0.683 + 235.5 \times 0.621 + 460.5 \times 0.564] \div [400 + 200 \times 0.909]$$

$$= 1\,008.142\,5 \div 581.8$$

$$= 1.73$$

2. 现值指数法的决策规则

计算投资项目的现值指数，如果 PI≥1，说明投资项目本身的投资报酬率大于或等于贴现率，所以项目可行；如果 PI<1，说明投资项目本身的报酬率低于贴现率，则项目不可行。

3. 现值指数法的特点

利用现值指数法进行项目决策时充分考虑了资金的时间价值，真实反映了投资项目的获利程度。而且由于现值指数是相对数，所以便于初始投资规模不一致的项目比较优劣。现值指数法与净现值法有共同的缺点，那就是它们都无法反映项目自身的实际收益率。

（三）内含报酬率法

内含报酬率法是利用内含报酬率进行投资项目决策的方法。内含报酬率（internal rate of return）又称为内部报酬率，是投资项目真实的报酬率，是使投资项目净现值为零的报酬率，通常用 IRR 表示。

1. 内含报酬率的计算

$$\sum_{t=m+1}^{n} \frac{NCF_t}{(1+IRR)^t} - \sum_{t=0}^{m} \frac{I_t}{(1+IRR)^t} = 0$$

式中 IRR——投资项目的内含报酬率。

内含报酬率一般采用测试法求解：首先，估计一个贴现率，并以此贴现率计算投资项目的净现值，如果计算出的净现值为正（NPV>0），表示估计的贴现率小于方案的内含报酬率，则提高贴现率进行测试；如果计算出的净现值为负（$NPV<0$），表示估计的贴现大于方案的内部报酬率，则需降低贴现率，再进行测算。经过反复测算，找到使项目的净现值由正到负并且接近于0的两个贴现率。其次，利用上述两个贴现率和与其对应的净现值，使用测试法计算内含报酬率。需要注意的是：为保证结果尽可能精确，每次测算时，贴现率之间的差异应一致且不宜超过5%。

【例6-5】　依据例6-3的资料，计算项目的内含报酬率。

（1）当$i=25\%$时：

$$\begin{aligned}NPV &= 280.5\times PVIF_{(25\%,2)}+265.5\times PVIF_{(25\%,3)}+250.5\times PVIF_{(25\%,4)}+\\&\quad 235.5\times PVIF_{(25\%,5)}+460.5\times PVIF_{(25\%,6)}-400-200\times PVIF_{(25\%,1)}\\&=280.5\times 0.64+265.5\times 0.512+250.5\times 0.41+235.5\times 0.32+\\&\quad 460.5\times 0.262-400-200\times 0.8\\&=54.172(\text{万元})\end{aligned}$$

（2）提高贴现率再测试，当$i=30\%$时：

$$\begin{aligned}NPV &= 280.5\times PVIF_{(30\%,2)}+265.5\times PVIF_{(30\%,3)}+250.5\times PVIF_{(30\%,4)}+\\&\quad 235.5\times PVIF_{(30\%,5)}+460.5\times PVIF_{(30\%,6)}-400-200\times PVIF_{(30\%,1)}\\&=280.5\times 0.592+265.5\times 0.455+250.5\times 0.35+235.5\times 0.269+\\&\quad 460.5\times 0.207-400-200\times 0.769\\&=-20.5935(\text{万元})\end{aligned}$$

（3）利用测试法计算项目的内含报酬率。

$$\frac{IRR-25\%}{30\%\sim 25\%}=\frac{-54.172}{-20.5935-54.172}$$

则

$$IRR=28.62\%$$

2. 内含报酬率法的决策规则

计算出投资项目的内含报酬率，与企业综合资本成本或必要报酬率比较，如果IRR<综合资本成本率，说明投资项目的报酬不足以弥补筹资成本，所以项目不可行；如果IRR≥综合资本成本率，说明投资项目报酬预计会超过筹资成本，则项目可行。在若干个可行方案的互斥决策中，选择IRR最大的方案为最优方案。

【例6-6】　宏盛公司为更新旧机器购入一台价值40 000元的新设备，预计可使用5年，期末无残值，公司采用直线方法计提折旧。使用新设备后每年可增加收入12 000元，同时，出售废旧设备取得现金3 000元。如果公司的资本成本是14%，所得税税率为25%，要求：分析此购置方案是否可行。

（1）分析项目的现金流量。

$$NCF_0=40\,000-3\,000=37\,000(\text{元})$$

$$\text{年折旧}=\frac{40\,000}{5}=8\,000(\text{元})$$

$$NCF_{1\sim5} = (12\ 000 - 8\ 000) \times (1 - 25\%) + 8\ 000 = 11\ 000(\text{元})$$

(2) 利用测试法计算项目内含报酬率。

$$NPV = 11\ 000 \times PVIFA_{(i,5)} - 37\ 000$$

逐步测试：

当 $i = 12\%$ 时，$NPV = 11\ 000 \times 3.605 - 37\ 000 = 2\ 655$（元）

当 $i = 14\%$ 时，$NPV = 11\ 000 \times 3.433 - 37\ 000 = 763$（元）

当 $i = 16\%$ 时，$NPV = 11\ 000 \times 3.274 - 37\ 000 = -986$（元）

$$\left.\begin{array}{l}\left.\begin{array}{l}14\%\\ \text{IRR}\end{array}\right\}\text{IRR}-14\%\\ 16\%\end{array}\right\}2\% \qquad \left.\begin{array}{l}\left.\begin{array}{l}763\\ 0\end{array}\right\}-763\\ -986\end{array}\right\}-1\ 749$$

则

$$\frac{\text{IRR} - 14\%}{2\%} = \frac{-763}{-174\ 9}$$

$$\text{IRR} = 14.87\%$$

由于 $14.87\% > 14\%$，所以，购置方案是可行的方案。

(四) 年均成本法

大部分的投资项目都会涉及两个或两个以上项目的选择问题，如果这些项目的寿命周期相同、现金流量分布正常，则仍然可以采用前面所介绍的这些方法进行评价。而当这些项目的寿命周期不相同、现金流量分布不均衡时，就无法直接应用净现值法、内含报酬率法和现值指数法进行比较。

比较典型的就是重置型项目投资决策。重置型项目投资是指项目的更新改造，就是对技术上或经济上不宜继续使用的旧资产，用新的资产更换或对原来的资产进行局部改造，目的在于通过资产改造维持原有的资产的生产能力。正因为是维持原有生产能力，所以项目更新改造引起的现金流量与原有的现金流量相比变化不大。其中，流入量主要是原固定资产的变价或残值收入，但非常有限，甚至没有；流出量主要是为维持原有生产能力，而发生的现金支出增量。再者，重置型项目投资决策就是在继续使用原资产与更新原资产之间做出选择，显然两个备选项目的寿命周期也不同。基于以上的分析，之前介绍的决策方法不适于重置型项目投资决策。通常在进行重置型项目投资决策中使用的方法是年均成本法。年均成本法也叫年均净现值法，就是利用年均成本指标进行项目更新改造决策的方法。

1. 年均成本的计算

年均成本是指项目更新改造引起的现金净流出量的年平均值，如果有少量的现金流入量，可以看作现金流出量的递减部分。

$$\text{年均成本} = \frac{\sum \text{现金流出量现值}}{\text{年金现值系数}}$$

$$= \frac{\sum_{t=0}^{n} \frac{I_t}{(1+i)^t}}{\text{PVIFA}_{(i,t)}}$$

式中　I_t——第 t 期的现金净流出量；

i——贴现率，投资者要求的投资报酬率或企业综合资本成本；

n——预计年限。

【例 6-7】　宏胜公司有一台旧设备原价为 40 万元，估计还可使用 6 年，假设期满报废时净残值为 4 万元。公司按直线法计提折旧，该设备已提折旧 16 万元，账面净值 24 万元。如果继续使用该设备每年付现成本为 50 万元。现公司准备购置一台新设备以降低操作成本，购买新设备需要 60 万元，预计可使用 10 年，期满无残值。新旧设备的年生产能力相同，生产的产品质量也相同，但使用新设备每年的付现成本仅为 35 万元。如果使用新设备，旧设备可作价 24 万元。假设公司的该产品会长期生产下去，公司所要求的最低投资报酬率为 12%。要求：分析决策是否需要更新固定资产。

(1) 分析项目的现金流量。项目现金流量如表 6-5 所示。

表 6-5　项目现金流量表

单位：万元

项　目	售　价	每年维修及操作成本							净残值
		1	2	…	6	…	9	10	
新设备	60	35	35	35	35	35	35	35	0
旧设备	24	50	50	50	50				4

分析现金流量时值得注意的是，旧设备未来尚可使用 6 年，如果继续使用旧设备，则放弃了旧设备 24 万元的变价收入，因此，24 万元是继续使用旧设备的机会成本，应作为相关成本加以考虑。

(2) 计算新旧设备的总成本现值。

$$\begin{aligned}\text{新设备的成本现值} &= \sum \text{现金流出量现值} \\ &= 60 + 35 \times \text{PVIFA}_{(12\%,10)} \\ &= 60 + 35 \times 5.65 \\ &= 257.75(\text{万元})\end{aligned}$$

$$\begin{aligned}\text{旧设备的成本现值} &= \sum \text{现金流出量现值} \\ &= 24 + 50 \times \text{PVIFA}_{(12\%,6)} - 4 \times \text{PVIF}_{(12\%,6)} \\ &= 24 + 50 \times 4.111 - 4 \times 0.507 \\ &= 227.522(\text{万元})\end{aligned}$$

(3) 计算新旧设备的年均成本。

$$使用新设备的年均成本 = \frac{257.75}{5.65} = 45.619\,5(万元)$$

$$继续使用旧设备的年均成本 = \frac{227.522}{4.111} = 55.344\,7(万元)$$

2. 年均成本决策规则

在利用年均成本指标进行决策时，年均成本越低，说明生产能力不改变前提下，企业维持生产的成本越低，对企业越有利；反之，则不利。依例 6-8，使用新设备的年均成本是 45.619 5 万元，使用旧设备的年均成本是 55.344 7 万元，可见，企业应更新旧设备。

3. 年均成本的特点

年均成本法适合于多个寿命期不同、现金流量分布不均匀的项目决策。值得注意的是，使用年均成本法在项目决策时，假设将来设备期满更换时依然可以按更新方案中的年均成本找到新设备，即依例 6-8，当新设备使用期满后依旧可以按 45.619 5 万元的年均成本找到可更新设备。但如果预测设备期满后，可替代设备的年均成本高于现成本，则需要全面考虑期满后更新设备的成本，这不仅会加大决策的难度，而且会因为未来远期数据估计的主观性降低决策的准确性。

二、非贴现现金流量法

(一) 投资回收期法

投资回收期法是利用投资回收期评价投资项目的方法。投资回收期（payback period，PP）就是指收回全部投资所需的时间，一般以年为单位。从投资者的角度来看，投资回收期越短，未来不能收回投资的风险越小，对其越有利。

1. 投资回收期的计算

(1) 如果各期营业现金流量一致，则投资回收期的计算公式为：

$$PP = \frac{初始投资额}{每期现金净流量}$$

(2) 如果各期营业现金流量不一致，那么就应该根据各期期末尚未收回投资额确定投资回收期。

【例 6-8】 宏图公司拟增加一条生产线，有甲、乙两个项目可供选择，有关资料如表 6-6 所示。

表 6-6 项目现金流量表

单位：元

时 间	第 0 年	第 1 年	第 2 年	第 3 年	第 4 年	第 5 年
甲方案的 NCF	-200 000	60 000	60 000	60 000	60 000	60 000
乙方案的 NCF	-200 000	20 000	40 000	60 000	120 000	200 000

计算甲方案的投资回收期是：

$$PP_{甲} = \frac{200\ 000}{60\ 000} = 3.33(年)$$

根据各期期末尚未收回投资额确定乙方案的投资回收期，如表6－7所示。

表6－7　项目投资回收期计算表

单位：元

时　间	第0年	第1年	第2年	第3年	第4年	第5年
乙方案的NCF	－200 000	20 000	40 000	60 000	120 000	200 000
尚未收回的投资额	180 000	140 000	80 000			

$$PP_{乙} = 3 + \frac{80\ 000}{120\ 000} = 3.75(年)$$

2. 投资回收期法的决策规则

计算项目的投资回收期，将其与投资者期望的投资回收期比较：如果项目投资回收期PP＞投资者期望的投资回收期，方案不可行；如果项目投资回收期PP≤投资者期望的投资回收期，则项目可行。在若干个可行性方案的互斥选择中，PP值最短的项目为最佳项目。

例6－9中，如果投资者期望的投资回收期是4年，显然甲、乙方案都属于可行性方案。但相比较而言，甲方案的投资回收期更短，那么收回投资的风险会更小。

3. 投资回收期法的特点

投资回收期法计算简便，容易理解，曾经是一种使用比较广泛的投资决策方法。但投资回收期法有天生的缺陷：①由于只重视投资回收期内的收益，未顾及投资回收期以后的收益，可能致使决策结果发生偏差。如例6－9，如果只以投资回收期作为选择依据，那么就会选择甲方案，但这样无疑会丧失乙方案第5年20万元的现金流入量。②投资回收期法没有考虑资金的时间价值。因此，投资回收期只能作为一个辅助决策指标，必须与其他决策指标相结合，才可以对项目进行合理、科学的决策。

需要说明的是：投资回收期也可以在考虑资金时间价值前提下产生，即贴现投资回收期（discounted payback period，DPP），也叫动态投资回收期，其计算公式为：

$$\sum_{t=1}^{n} \frac{NCF_t}{(1+i)^t} = C$$

式中　NCF_t——第t期的现金净流量；

　　n——投资回收期；

　　i——贴现率；

　　C——初始投资额。

【例6－9】　以宏图公司甲、乙两个项目为例，分别计算两方案的贴现投资回收期。如表6－8和表6－9所示。

表 6-8 甲项目贴现投资回收期计算表

单位：元

时　　间	第0年	第1年	第2年	第3年	第4年	第5年
NCF	-200 000	60 000	60 000	60 000	60 000	60 000
现值系数	1	0.909	0.826	0.751	0.683	0.621
现值	-200 000	54 540	49 560	45 060	40 980	37 260
累计现值	-200 000	-145 460	-95 900	-50 840	9 860	

$$DPP_{甲} = 4 + \frac{9\ 860}{37\ 260} = 4.26(年)$$

表 6-9 乙项目贴现投资回收期计算表

单位：元

时　间	第0年	第1年	第2年	第3年	第4年	第5年
NCF	-200 000	20 000	40 000	80 000	120 000	200 000
现值系数	1	0.909	0.826	0.751	0.683	0.621
现值	-200 000	18 180	33 040	60 080	81 960	124 200
累计现值	-200 000	-181 820	-148 780	-88 700	-6 740	

$$DPP_{乙} = 4 + \frac{6\ 740}{124\ 200} = 4.05(年)$$

贴现投资回收期法的决策规则与投资回收期法的相同。从以上计算结果可以看出，乙项目的贴现投资回收期小于甲项目的，所以乙项目较优。

虽然贴现投资回收期考虑了资金时间价值，但依旧没有考虑投资回收期以外的现金流量，而且计算的原理与净现值法一致，因此不如直接用净现值法进行项目决策。

（二）平均报酬率法

平均报酬率法是根据项目投资平均报酬率的高低评价投资项目的一种方法。平均报酬率（average rate of return on investment）是指投资项目生命期内平均的投资报酬率，一般指年报酬率。平均投资报酬率越高，说明投资回报越大，则对投资者越有利。

1. 平均报酬率的计算

$$平均报酬率 = \frac{平均现金流量}{初始投资额} \times 100\%$$

【例 6-10】 根据例 6-9 的资料计算两个方案的平均报酬率。

$$平均报酬率_{甲} = \frac{60\ 000}{200\ 000} = 30\%$$

$$平均报酬率_{乙} = \frac{(20\ 000 + 40\ 000 + 80\ 000 + 120\ 000 + 200\ 000) \div 5}{200\ 000} = 46\%$$

需要说明的是：平均报酬率与平均会计收益率是非常相似的指标，平均会计收益率是使用会计报表上的数据与普通会计收益和成本概念计算取得，通常用 ARR 表示。

$$ARR = \frac{平均净利润}{初始投资额} \times 100\%$$

2. 平均报酬率法的决策规则

计算平均报酬率，比较项目的投资报酬率与投资者的期望报酬率，如果投资项目 ARR≥投资者的期望报酬率，项目可行；如果投资项目 ARR＜投资者的期望报酬率，则项目不可行。在若干个可行性方案的互斥选择中，选择 ARR 最大的方案为最佳项目。

假如投资者期望的投资报酬率是35%，可见只有乙项目是可行性方案。

3. 平均报酬率法的特点

平均报酬率法兼顾项目整体收益期，全面考虑收益，弥补了投资回收期法只考虑投资期内收益的缺陷；但由于没有考虑资金时间价值，项目收益率确定不准确，可能会误导决策。通常，平均报酬率法只能作为辅助方法来进行投资项目决策。

三、项目决策指标的比较

在项目投资决策方法中，如何客观、准确地应用项目投资决策指标对项目进行决策至关重要。前面介绍了贴现现金流量指标（贴现指标）和非贴现现金流量指标（非贴现指标）两大类决策指标，下面对这些指标做一些比较分析。

（一）贴现指标与非贴现指标的比较

20 世纪 50 年代，投资决策方法比较简单，投资回收期法作为评价企业投资效益的主流方法在实践中被普遍使用。但随着经济的日益发展、企业管理人员水平的不断提高和电子计算机技术的推广应用，贴现指标的使用越来越广泛，尤其是在 20 世纪 70 年代以后，基于时间价值原理基础上建立起来的贴现指标，在投资决策指标体系中逐渐占据主导地位，并形成了以贴现指标为主，以投资回收期等非贴现指标为辅的多种指标并存的指标体系。

在项目投资决策中，相比非贴现指标，贴现指标的优越性比较明显：

（1）非贴现指标因为不考虑资金的时间价值因素，所以将不同时点上的现金流入与现金流出进行同样的对比分析，这显然是不符合价值原理的；而贴现指标则是通过将不同时点上的现金流入量与流出量按统一的贴现率折算到同一时点上，使不同时点的现金具有可比性，这样做出的投资决策才更加切合实际。

（2）投资的主要目标是要获得收益，而收益是收入与成本的差量值，贴现指标中的净现值反映的恰恰是投资方案的贴现后的净收益。而非贴现指标中的投资回收期只能反映投资的回收速度，不能反映实际的收益情况。

（3）对于投资额、资金投入时间和提供收益的时间都不相同的投资方案，非贴现指标相对缺乏分辨能力；而贴现指标则可以通过净现值、内部报酬率和获利指数等指标，并且可以结合净现值的年均方法进行综合分析，从而做出正确合理的决策。

（二）贴现指标的比较

通过以上分析可以看出，贴现指标是比较科学、合理的投资决策指标。而贴现指标包括净现值、现值指数、内含报酬率和年均成本法4个具体指标，它们在项目投资决策中各有特点。

1. 净现值和现值指数的比较

净现值和现值指数均为贴现指标，均反映投资的效果。净现值是一个绝对数指标，而获利指数则是一个相对数指标，它们使用的是相同的信息。因此，在评价投资项目的优劣时，其结果往往是一致的。一般来说，如果项目的净现值大于等于0，其获利指数必然大于等于1，则项目可行；如果项目的净现值小于0，其获利指数必然小于1，则表明该项目不可行。但是，在有些情况下，利用净现值法和获利指数法对项目进行评价时，得到的结果有可能会产生不一致。

【例6－11】 甲、乙两个项目的寿命周期均为3年，企业的资本成本为10%，其相关情况如表6－10所示。

表6－10 项目现金流量表

	现金流量/元	
	甲项目	乙项目
第0年	-200 000	20 000
第1年	90 000	12 000
第2年	90 000	12 000
第3年	90 000	12 000
净现值	23 830	9 844
现值指数	1.119	1.492
内部报酬率	16.65%	36.31%

从上表可以看出，如果仅从净现值指标来进行比较，甲项目的净现值很显然要大于乙项目，则甲项目要优于乙项目。然而如果从现指指数指标来进行比较，则甲项目的现值指数很显然要小于乙项目，则乙项目要优于甲项目。这两种决策方法得到的结果是不一致的。

这种不一致的结果其实并不矛盾。实际上，如果两个项目的初始投资额相同，就不可能出现这种不一致的结果。而只有当初始投资不同时，净现值和现值指数的评价结果才会出现差异。因为净现值是用各期净现金流量的现值减去初始投资，而现值指数是用净现金流量现值除以初始投资额。净现值越高，说明企业的绝对收益越大，而现值指数只是反映投资回收的程度。一般来讲，在没有资本限量的情况下的互斥方案选择决策中，应选用净现值较大的投资项目，而在资金总量有限的情况下，一般先选择现值指数最大的项目，然后，剩余的资金再按照现值指数的大小依次安排。

2. 净现值与内部报酬率的比较

大多数情况下，运用净现值法与内含报酬率法得到的项目投资决策结论是相同的。但当项目初始投资额不一致、项目各期现金流入不均衡时，两种方法的决策结果也会产生差异。究其原因，造成这种差异的主要原因在于净现值法与内含报酬率法在投资利率的假设上不同。在净现值法中，假设产生的现金流量重新投入使用后会产生相当于企业资本成本的利润率；而在内含报酬率法中，我们假设产生的现金流量重新投入使用后产生的利润率与此项目的内部报酬率相同。

沿用例 6－9 中的甲、乙两个项目的数据，计算不同贴现率下甲、乙项目的净现值，如表 6－11 所示。

表 6－11　项目净现值计算表

贴现率（%）	0	5	10	14. 39	15	25	35
$NPV_{甲}$/元	70 000	45 800	23 830	7 587	5 470	－24 320	－47 360
$NPV_{乙}$/元	16 000	12 676	9 844	7 678	7 396	3 424	352

分析甲乙项目，如果计算资本成本为 10% 时的净现值，甲项目的净现值要大于乙项目的净现值，而从内含报酬率的角度看，甲项目却远低于乙项目。显然，两者的决策结果不一致。这是因为，在利用净现值法时，我们假设两个项目产生现金流量时的再投资报酬率是企业的资本成本 10%；而在利用内含报酬率法时，假设甲项目中前期的现金流入用于再投资时，可以得到与项目内含报酬率 16. 65% 相同的报酬率；而乙项目再投资的报酬率为 36. 31%。

分析表 6－11 中的数据，当贴现率等于 14. 39% 时，甲项目的净现值几乎等于乙项目的净现值，通常，我们将使两个项目净现值相等的贴现率称为净现值无差别点；当企业资本成本小于 14. 39% 时，甲项目的净现值大于乙项目，甲项目相对较优；当资本成本率大于 14. 39% 时，甲项目的净现值小于乙项目的净现值，则乙项目较优。因此，当企业资本成本是 10% 时，并假定企业资金充足的前提下，甲项目可以给企业带来较多的财富，是比较优的项目；当资本成本大于 14. 39% 时，无论用净现值法还是内含报酬率法，都会得出乙项目优于甲项目的结论。也就是说，净现值法的决策总是对的，而内含报酬率法有时会导致错误的决策。所以，在资金充分的前提下，净现值法仍是比较好的方法。

值得说明的是，投资决策时可能会遇到非常规项目。所谓非常规项目，是指项目未来现金流量的正负值交替出现两次或两次以上情况的项目。如采矿项目，前期大量的初始投资会形成现金流出量；项目投产后会产生大量的现金流入量；当矿产资源枯竭时，又需要大量的资金恢复原有矿区生态环境，此时的现金流量又表现为流出量。在非常规项目的决策上，净现值法与内含报酬率法的决策结果往往会不一致。

【例6-12】 迅达公司要投资一个项目，预估现金流量如表6-12所示。

表6-12 项目现金流量表

单位：万元

时间	第0年	第1年	第2年	第3年	第4年
NCF	1 000	-2 100	-1 500	2 000	1 000

要求：计算该项目的内含报酬率IRR。

$$NPV = -1\ 000 - \frac{2\ 100}{(1+IRR)^1} - \frac{1\ 500}{(1+IRR)^2} + \frac{2\ 000}{(1+IRR)^3} + \frac{1\ 000}{(1+IRR)^4} = 0$$

解得符合要求的IRR有两个值：$IRR_1 = 11\%$ 和 $IRR_2 = 129\%$。

显然，在这种情况下，内含报酬率法的决策规则已失效，如果盲目地使用内含报酬率法进行项目决策，则会造成决策失误。而此时，如果使用净现值法进行项目评价，就不会出现多个解的现象，也就不会产生困惑了。

综上所述，评价项目投资的多种方法有时会得到不一致的结果。但是，在这些方法中，净现值法是最佳、应用最广泛的一种。

第五节 项目投资决策方法应用

一、独立项目投资决策

独立项目（independent project）是指一组相互独立、互不排斥的项目。在独立项目中，选择某一项目，不会对其他项目产生影响。独立项目投资决策就是对其做出最终采纳与否的决策，项目的取舍只取决于项目本身的经济价值，不受其他项目采纳与实施的影响。

基于本章第三节对于投资项目决策基本方法的学习，对于独立项目的决策，我们可以运用净现值法、现值指数法、内含报酬率法、投资回收期法、平均报酬率法等方法中任何一种方法进行分析，决定项目的采纳与否。但通过项目决策指标的比较分析可知，利用贴现现金流量指标进行项目评价更符合现代财务管理中“价值管理”的要求，因此，实务中常用的决策指标是净现值、现值指数和内含报酬率。

再者，对于同一个项目，净现值、现值指数和内含报酬率指标之间存在以下数量关系：

当净现值大于零时，现值指数大于1，内含报酬率大于贴现率。

当净现值等于零时，现值指数等于1，内含报酬率等于贴现率。

当净现值小于零时，现值指数小于1，内含报酬率小于贴现率。

可见，这3个项目决策指标对同一个投资项目进行评价决策时，不会得出矛盾的结论。

【例6－13】　参看本章例6－4中新胜公司计划新建一条生产线的决策项目有关资料如表6－13所示。

表6－13　新胜公司项目决策指标

决策指标	第0年	第1年	第2年	第3年	第4年	第5年	第6年
NCF/万元	-400	-200	280.5	265.5	250.5	235.5	460.5
资金成本	10%						
净现值（NPV）	426.342 5万元						
现值指数（PI）	1.73						
内含报酬率（IRR）	28.62%						

分析新胜公司新建生产线的项目决策指标发现，使用单一决策指标进行项目决策时：

NPV＝426.342 5万元，NPV ＞ 0，项目可行。

PI＝1.73，PI ＞ 1，项目可行。

IRR＝28.62%，IRR ＞ 10%，项目可行。

可见，对于独立项目，利用净现值、现值指数、内含报酬率指标都可以做出正确的决策。

二、互斥项目投资决策

互斥项目（mutually exclusive investments）是指当一组项目中，采用其中某一个项目就意味着放弃其他项目，这一组项目被称为互斥项目。互斥项目投资决策是在每一个入选方案已具备财务可行性的前提下，利用具体决策方法比较各个方案的优劣，从中选出最优方案的过程。在这里，我们主要讨论资本无限量条件下互斥方案的比较决策。因为，在资本限量的情况下，有些方案即使本身具有财务可行性，但可能受制于资本限制，无法付诸实施。

在本章上面内容中我们曾得到一个结论：在没有资金限制的互斥方案决策中，净现值既符合企业对财富的要求，又适用于非常规项目的决策，所以与现值指数、内含报酬率相比是更合理的项目决策指标。而多个互斥项目决策的基本原理是实现整个企业的净现值最大化。

项目计算期相同的互斥项目投资决策

在项目计算期相同的情况下，可运用直接比较法或差量分析法进行互斥项目投资决策。

1. 直接比较法

直接比较法是指通过比较净现值的大小，从互斥方案中选择最优方案的方法。在此方法下，净现值最大的方案为最优。需要说明的是：无论投资项目原始投资是否相同，由于项目是互斥的，在无资本限量的情况下，选择净现值大的方案符合企业的最大利益。在投资方案原始投资相同的情况下，也可以比较现值指数的大小。

【例 6-14】 宏运公司正考虑以一台技术更先进、效率更高的新设备来代替现有的旧设备。有关资料如下：

旧设备原购置成本 10 万元，已使用 5 年，估计还可以使用 5 年，已计提折旧 5 万元，假定使用期满无残值，如果现在出售可得价款 4 万元，每年付现成本 6 万元；新设备的购置成本是 12 万元，预计使用 5 年，期满后残值为 1 万元，使用新设备每年的付现成本是 5 万元。公司采用直线法计提折旧，所得税税率为 25%，资本成本 15%，无论使用新设备还是旧设备，公司收入保持不变。

1. 分析新旧设备的现金流量

(1) 新设备的现金流量。新设备的现金流量分析如表 6-14 所示。

表 6-14 新设备的现金流量表

单位：元

项　　目	第 0 年	第 1~4 年	第 5 年
设备购置支出	-120 000		
旧设备处置收入	40 000		
旧设备变现损失减税	2 500		
税后付现成本		-37 500	-37 500
折旧抵税		5 500	5 500
营业现金流量		-32 000	-32 000
残值			10 000
现金净流量	-77 500	-32 000	-22 000

在本项目的决策分析中，新旧设备的选择属于互斥项目，新设备的使用则意味着旧设备的变现。显然，旧设备变现收入则可以看作使用新设备引起的现金流入量。同时，旧设备原值变现时，其账面价值为 50 000 元 ($\frac{100\,000}{10}\times 5$)，而变现价值是40 000 元，财务损失为 10 000 元，即损失造成的所得税减少额为 2 500 元（10 000 ×25%）。

$$新设备的年折旧=\frac{120\,000-10\,000}{5}=22\,000(元)$$

$$NCF_{1\sim5}=年营业收入\times(1-所得税税率)-年付现成本\times(1-所得税税率)+年非付现成本抵税$$

$$= -50\,000 \times (1-25\%) + 22\,000 \times 25\%$$
$$= -32\,000(\text{元})$$

（2）旧设备的现金流量。旧设备的现金流量分析如表 6－15 所示。

表 6－15　旧设备的现金流量表

单位：元

项　　目	第 0 年	第 1～5 年
设备购置支出	0	
旧设备处置收入	0	
旧设备变现损失减税	0	
税后付现成本		－45 000
折旧抵税		2 500
营业现金流量		－42 500
残值		
现金净流量	0	－42 500

2. 计算新旧设备的净现值

（1）新设备的净现值。

$$NPV_{新设备} = -77\,500 - 32\,000 \times PVIFA_{(15\%,5)} + 10\,000 \times PVIF_{(15\%,5)}$$
$$= -77\,500 - 32\,000 \times 3.352 + 10\,000 \times 0.497$$
$$= -179\,794(\text{元})$$

（2）旧设备的净现值。

$$NPV_{旧设备} = -42\,500 \times PVIFA_{(15\%,5)}$$
$$= -42\,500 \times 3.352$$
$$= -142\,460(\text{元})$$

计算结果表明：继续使用旧设备可以节约费用现值 37 334 元（179 794－142 460），故应继续使用旧设备。

2. 差量分析法

差量分析法是指根据两个投资项目差量的净现金流量（ΔNCF）计算差量净现值（ΔNPV）或差额内含报酬率（ΔIRR），从而判断方案优劣的方法。

差量分析法的基本原理是：假设有 A 和 B 两个投资项目，A 项目的投资额大，B 项目的投资额小。我们可以把 A 项目看成是 B 项目和 C 项目的和。C 项目的投资是 A 项目的投资额与 B 项目投资额之差。C 项目的净现金流量等于 A 项目的净现金流量减去 B 项目的净现金流量形成的差量净现金流量。根据差量净现金流量计算的差量净现值，或差额内含报酬率，实质上就是 C 项目的净现值或内含报酬率。如果差量净现值大于零或差额投资内含报酬率大于资本成本，C 方案具有可行性，意味着 A 方案优于 B 方案；反之，B 方案为优。

【例 6－15】 参照例 6－14 的项目资料，利用差量分析法进行项目更新决策。

(1) 分析设备更新后产生的增量现金流量。比较继续使用旧设备，更新设备后产生的增量现金流量如表 6－16 所示。

表 6－16 增量现金流量表

单位：元

项目	第 0 年	第 1～4 年	第 5 年
新设备现金净流量	－77 500	－32 000	－22 000
旧设备现金流量	0	－42 500	－42 500
增量现金流量	－77 500	10 500	20 500

(2) 利用增量现金流量计算差量净现值。

$$
\begin{aligned}
\Delta NPV &= 10\,500 \times PVIFA_{(15\%,5)} + 20\,500 \times PVIF_{(15\%,5)} - 77\,500 \\
&= 10\,500 \times 2.855 + 20\,500 \times 0.497 - 77\,500 \\
&= 37\,334(\text{元})
\end{aligned}
$$

计算结果表明：比较继续使用旧设备，更新设备产生的现金流量将减少 37 334 元的现值，故应选择继续使用旧设备。其决策结果与直接比较法相同。

三、多个项目投资组合决策

如果企业可以选择的投资项目较多，并且各项目之间不是相互排斥的关系，企业可以在这些项目中任意组合，这就形成了多个投资项目的组合决策问题。

(一) 投资规模与资本限额

投资规模是指企业在一定时期用于项目投资的资本总量。一般是根据边际分析的基本原理确定的最佳投资规模，即企业边际投资收益率与边际资本成本相等时的投资额，此时的投资规模可使企业价值达到最大。

资本限额是指企业可以用于投资的最高资本限额。如果企业资本限额超过可投资项目的投资总额，即可以认为投资项目无资金限制，那么面对多个可获利项目，企业决策的重点应是投资实施时项目先后顺序的排列；如果企业资本限额低于可投资项目的投资总额，即企业无法进行所有可获利项目的全部投资，此时项目投资决策的重点应是在资本限额的前提下，选择使企业价值最大化的项目组合。实务中，由于资金的稀缺性及资本市场的种种限制，企业面临的往往是有资本限额的投资决策。

(二) 无资本限额的投资组合决策

在资金总额无限制的条件下，面对多个可获利投资项目，企业不用为资金焦虑，只需考虑项目的投资优先顺序。无资本限额的投资组合决策一般分两个步骤进行：第一步，评价每个项目的财务可行性，选出所有可行性的项目；第二步，将选出的项目按净现值的大小排队，确定项目优先顺序。

【例 6－16】　光明公司现有 A、B、C、D、E 共 5 个可供选择的投资项目。其中，A 项目初始投资额 100 万元，净现值 50 万元，现值指数 1.5；B 项目初始投资额 200 万元，净现值 110 万元，现值指数 1.55；C 项目初始投资额 50 万元，净现值 20 万元，现值指数 1.4；D 项目初始投资额 150 万元，净现值 80 万元，现值指数 1.53；E 项目初始投资额 100 万元，净现值 70 万元，现值指数 1.7。假设光明公司资金充分、无资本限制。

（1）评价每个项目的财务可行性，选出所有可行性的项目。

根据项目资料，编制项目投资额、净现值与现值指数表如表 6－17 所示。

表 6－17　项目投资额、净现值与现值指数表

投资项目	投资额/万元	净现值/万元	现值指数
A	100	50	1.5
B	200	110	1.55
C	50	20	1.4
D	150	80	1.53
E	100	70	1.7

由表中信息可知：A、B、C、D、E 项目均属于可行性项目。

（2）将选出的项目按净现值的大小排队，确定项目优先顺序，如表 6－18 所示。

表 6－18　项目投资额、净现值与现值指数表

投资项目	投资额/万元	净现值/万元	现值指数
B	200	110	1.55
D	150	80	1.53
E	100	70	1.7
A	100	50	1.5
C	50	20	1.4

由表中的排列顺序可知：光明公司最佳的项目投资顺序依次为 B、D、E、A、C。

（三）有资本限额的投资组合决策

在资金有限量的情况下，为了使有限的资金获得最大的使用效率，我们不能仅依据单个项目的净现值进行排序，而必须考虑各个项目的初始投资，并关注反映项目投资效果的现值指数。

常用的决策方法是项目组合法。这种方法是指把待选项目组合成相互排斥的项目组，并依次找出满足约束条件的一个最好的项目组，力求在这样的项目组合下，项目组的净现值与平均现值指数都达到最大，或者使其中一项指标达到最大。具体步骤为：

(1) 计算所有项目的净现值与现值指数，筛选出可行性方案。

(2) 在资本限额条件下，对所有项目进行可能的组合，并列出每个项目组合的净现值与平均现值指数。

(3) 比较项目组的净现值与平均现值指数，选择最优组合。

【例6-17】 参考例6-16的项目资料，假设光明公司的资本限额是250万元。

(1) 计算所有项目的净现值与现值指数，筛选出可行性方案。依据已有项目资料可知：A、B、C、D、E项目均属于可行性项目。

(2) 在资本限额条件下，对所有项目进行可能的组合，并列出每个项目组合的净现值与平均现值指数。

① 在250万元的资本限额下，进行所有项目的组合，具体包括A+C+E、A+D、B+C、D+E共4种组合。

② 计算各项目组合的净现值与平均现值指数。

$$NPV_{(A+C+E)} = 50 + 20 + 70 = 140(\text{万元})$$

$$NPV_{(A+D)} = 130(\text{万元})$$

$$NPV_{(B+C)} = 130(\text{万元})$$

$$NPV_{(D+E)} = 150(\text{万元})$$

$$PI_{(A+C+E)} = \frac{100}{250} \times 1.5 + \frac{50}{250} \times 1.4 + \frac{100}{250} \times 1.7 = 1.56$$

$$PI_{(A+D)} = \frac{100}{250} \times 1.5 + \frac{150}{250} \times 1.53 = 1.518$$

$$PI_{(B+C)} = \frac{200}{250} \times 1.55 + \frac{50}{250} \times 1.4 = 1.52$$

$$PI_{(D+E)} = \frac{150}{250} \times 1.53 + \frac{100}{250} \times 1.7 = 1.598$$

综合计算结果，并将净现值与平均现值指数大小排序，如表6-19所示。

表6-19 投资项目组合的净现值指数

投资项目组合	项目组合投资额/万元	项目组合净现值/万元	项目组合平均现值指数
D+E	250	150	1.598
A+C+E	250	140	1.56
B+C	250	130	1.52
A+D	250	130	1.518

(3) 比较项目组的净现值与平均现值指数，选择最优组合。

比较分析，D+E项目组合的净现值与现值指数在所有项目组合中都最大，因此，D+E项目组合是在250万元资本限量条件下的最佳项目组合。

第六节　项目投资决策风险分析

前面我们讨论项目投资决策时，都是在假设未来现金流量确定的条件下进行的，即可以预知未来现金收支的金额和发生时间。而实际上，这种假设是不能成立的，因为在投资活动中时时都充满了不确定性。因此，在投资决策中，还是要充分考虑到其他风险因素。

一、投资项目的风险分析

（一）投资者的风险偏好

面对收益相同、风险不同的投资项目，由于投资者对风险的态度不一致，会得到不同的决策结果，因此对方案进行评价时，只了解风险水平本身是不够的，还需要考虑投资者对风险的态度。一般来讲，根据对待风险的态度可将投资者分为以下3种情况：

1. 风险爱好投资者

这些投资者喜欢冒风险，当对两个预期收益相同但风险水平不同的项目进行选择时，风险爱好者会选择较高风险的项目。

2. 风险中立投资者

这些投资者对风险持无所谓的态度。当对两个预期收益相同但风险水平不同的项目进行选择时，对风险中立者而言，选择哪一个都是一样的。

3. 风险厌恶投资者

这些投资者不喜欢风险。当对两个预期收益相同但风险水平不同的项目进行选择时，风险厌恶者会选择低风险的项目。

需要说明的是：投资者厌恶风险并不意味着他不准备进行风险投资，而是表明投资者对高风险的项目要求有高收益作为回报。虽然不排除有风险爱好投资者和风险中立投资者，但是事实表明绝大部分投资者都是厌恶风险的。

（二）投资项目的敏感性分析

敏感分析是投资决策中常用的一种重要分析方法。它是用来衡量当投资方案中某个因素发生了变动时，对该方案预期结果的影响程度。如果某个因素在较小范围内发生了变动，就会影响原定方案的经济效果，即表明该因素的敏感性强；如果某个因素在较大范围内变动，才会影响原定方案的经济效果，即表明该因素的敏感性弱。敏感分析有助于企业领导了解在执行决策方案时应注意的问题，从而可以预先考虑措施与对策，避免决策上的失误。

在项目投资决策中，敏感分析通常用来研究有关投资方案的现金净流量或固定资产寿命发生变动时，对该方案的净现值和内部收益率的影响程度。同时，它也可以用来研究有关投资方面的内部收益率发生变动时，对该方案的现金净流量或使用年限的影响程度。下面举例说明投资决策的敏感分析。

【例 6-18】 A公司准备建造一个生产车间，投资额为200 300元，建成后预计可用8年，期末无残值，每年可收回的现金净流入量为50 000元，企业资本成本为10%。要求：计算项目的净现值和内含报酬率。

(1) 计算项目的净现值。

$$\begin{aligned}NPV &= 50\,000 \times PVIFA_{(10\%,8)} - 200\,300\\ &= 50\,000 \times 5.335 - 200\,300\\ &= 66\,450(\text{元})\end{aligned}$$

(2) 计算项目的内含报酬率。

$$200\,300 = 50\,000 \times PVIFA_{(i,8)}$$

$$PVIFA_{(i,8)} = 4.006$$

利用测试法：

$$\left.\begin{matrix}\left.\begin{matrix}18\%\\ IRR\end{matrix}\right\}IRR-18\%\\ 19\%\end{matrix}\right\}1\% \qquad \left.\begin{matrix}\left.\begin{matrix}4.078\\ 4.006\end{matrix}\right\}-0.072\\ 3.954\end{matrix}\right\}-0.124$$

则

$$\frac{IRR-18\%}{1\%} = \frac{-0.072}{-0.124}$$

$$IRR = 18.58\%$$

1. *以净现值为基础的敏感性分析*

例6-18中，项目的净现值为66 450元，说明该项目是可行的。但是这种可行性是有条件的，也就是要看影响净现值的两个主要因素：①每年的现金流量50 000元是否可靠；②8年的项目寿命期是否准确。如果这两个因素发生变化，将会直接影响到方案的可行性。为了了解这两个因素在多大范围内时才能使得投资项目的投资报酬率不低于10%，就需要进行敏感性分析。

(1) 假设项目寿命期不变，确定每年现金净流量的下限。

$$NPV = NCF \times PVIFA_{(10\%,8)} - 200\,300 = 0$$

$$200\,300 = NCF \times 5.335$$

$$NCF = 37\,544.52(\text{元})$$

计算结果表明，该投资项目在使用年限不变的情况下，每年的净现金流入量由50 000元下降到37 544.52元时，该项目的净现值下降为零。也就是说，当项目投资收益率为10%时，如果每年的净现金流入量低于37 544.52元，则净现值就会出现负数，该项目就变得不可行了。

(2) 假设项目使用年限内的现金流量保持不变，确定项目使用年限的下限。

$$NPV = 50\,000 \times PVIFA_{(10\%,n)} - 200\,300 = 0$$

$$PVIFA_{(10\%,n)} = 4.006$$

利用测试法：

$$\left.\begin{array}{l}\left.\begin{array}{l}5\\n\end{array}\right\}n-5\\6\end{array}\right\}1 \qquad \left.\begin{array}{l}\left.\begin{array}{l}3.791\\4.006\end{array}\right\}0.215\\4.355\end{array}\right\}0.564$$

则

$$\frac{n-5}{1} = \frac{0.215}{0.564}$$

$$n = 5.38(年)$$

由此可见，假定该项目方案每年的净现金流量仍然是50 000元保持不变，则其使用寿命期至少要达到5.38年，项目才是可行的。如果低于5.38年，净现值就会出现负数，则原项目就变得不可行。

通过上述分析可以看出，这个方案的现金流入量和项目的寿命期允许变动的范围是比较大的，说明项目对这两个变量的敏感性较弱。此类方案投产经营后，盈利的机会较大，亏损的风险较小。

2. *以内含报酬率为基础的敏感性分析*

如果用内含报酬率作为项目投资决策的评价指标，其评价项目可行的基本起点就是企业的资本成本，当内含报酬率等于资本成本是，项目处于保本状态。

例6－18中，企业的资本成本是10%，利用测试法计算出该项目的内部收益率为18.58%。也就是说，当内含报酬率为18.58%时，8年中，项目每年可以获得50 000元的净现金流量。但如果项目的内含报酬率变化，则会引起其每年的净现金流量或使用年限的相应变化。

（1）假设项目寿命期不变，内含报酬率下降到资本成本时对每年现金流量的影响。

① 当内含报酬率是10%时，计算项目的各年现金流量：

$$NCF \times PVIFA_{(10\%,8)} - 200\ 300 = 0$$

$$200\ 300 = NCF \times 5.335$$

$$NCF = 37\ 544.52(元)$$

② 根据例6－18中的计算，当内含报酬率是18.58%时，项目各年的现金流量等于50 000元。

③ 当内含报酬率由18.58%下降到10%时，计算对各年的现金流量的影响。

$$50\ 000 - 37\ 544.52 = 12\ 455.48(元)$$

计算结果表明，该投资项目在使用寿命期不变的情况下，若内含报酬率降低8.58%（18.58%－10%），会使得每年的现金净流量减少12 455.48元。

（2）假设项目各年现金流量不变，内含报酬率下降到资本成本时对项目寿命期的影响。

由例6－18中可知当内含报酬率是10%时，项目的寿命期是5.38年，也就是说，该投资项目在各年现金流量不变的情况下，若内含报酬率降低 8.58%（18.58% - 10%），会使得项目寿命期减少 2.62 年（8 - 5.38）。

基于以内含报酬率为基础的敏感性分析，我们可以得到相同的结论：这个项目的现金流入量和项目的寿命期允许变动的范围是比较大的，说明项目对这两个变量的敏感性较弱。此类项目投产经营后，盈利的机会较大，亏损的风险较小。

二、投资项目的风险调整

由于未来的不确定性，因此人们在项目投资决策时，需要对相关投资决策的参数进行适当的调整，以便管理者将决策建立在稳健的基础之上。投资决策中，项目风险的调整的方法主要有以下两种：风险调整贴现率法和风险调整现金流量法。前者调整的是项目的贴现率，即净现值模型中的分母；后者调整的是净现值模型中的分子。

（一）风险调整贴现率法

从投资者风险偏好分析中可以看出，风险厌恶投资者之所以进行风险投资是因为他们想通过冒风险来获得相应的风险投资报酬，也就是项目的风险越大，所要求的报酬就越高。风险调整贴现率法（risk - adjusted discount rate）就是基于这样的原理，其基本思想是：对于高风险的项目及其现金流量，采用较高的贴现率去计算净现值；而对于风险较小的项目及其现金流量，贴现率可以相对较小，然后再根据净现值法的规则来选择项目。这种方法的关键在于根据风险的大小来确定风险因素的贴现率，即风险调整贴现率。因为这个方法简单明了，易于理解，因此在实际工作中被人们广泛采用。

由以往的知识，我们可知一项投资的总报酬可以分为无风险报酬与风险报酬两部分：

$$K = R_f + bV$$

那么，特定项目的风险调整贴现率就是：

$$K_i = R_f + b_i V_i$$

式中 K_i ——i 项目的风险调整贴现率；

R_f ——无风险报酬率；

b_i ——i 项目的风险系数；

V_i ——i 项目的标准离差率。

风险系数 b 的高低反映风险对投资报酬率的影响程度：b 越大，风险变化对投资报酬率的影响越大；b 越小，风险变化对投资报酬率的影响越小。其值一般为经验数据，可根据历史资料用高低点法或回归直线法求出。而且该值的大小与企业对待风险的态度有关，比较稳健的企业，b 值可定得高些；敢于冒风险的企业，b 值可定得低一些。

【例 6-19】　正大公司现有两个投资项目可供选择，其投资额与各年净现金流量及风险概率如表 6-20 所示，公司无风险报酬率为 8%，风险系数是 0.1。

表 6-20　方案现金流量及风险概率表

年份	甲方案		乙方案	
	NCF/元	概率	NCF/元	概率
第 0 年	-6 000	1	-10 000	1
第 1 年				
第 2 年				
第 3 年	15 000	0.25	12 000	0.2
	9 000	0.5	15 000	0.6
	6 000	0.25	21 000	0.2

（1）计算甲方案的净现值。

① 计算甲方案各年的现金流入量的期望值。

$$NCF_3 = 15\ 000 \times 0.25 + 9\ 000 \times 0.5 + 6\ 000 \times 0.25 = 9\ 750\ （元）$$

② 计算甲方案各年现金流量的标准离差。

$$\sigma_{甲} = \sqrt{(15\ 000 - 9\ 750)^2 \times 0.25 + (9\ 000 - 9\ 750)^2 \times 0.5 + (6\ 000 - 9\ 750)^2 \times 0.25} = 3\ 269.2(元)$$

③ 计算甲方案的标准离差率。

$$V_{甲} = \frac{3\ 269.2}{9\ 750} = 0.34$$

④ 计算甲方案风险调整后的贴现率。

$$K_{甲} = 8\% + 0.1 \times 0.34 = 11.4\%$$

⑤ 计算甲方案的净现值。

$$\begin{aligned} NPV_{甲} &= 9\ 750 \times PVIF_{(11.4\%,3)} - 6\ 000 \\ &= 9\ 750 \times 0.731 - 6\ 000 \\ &= 1\ 127.25(元) \end{aligned}$$

（2）计算乙方案的净现值。

① 计算乙方案各年的现金流入量的期望值。

$$NCF_3 = 12\ 000 \times 0.2 + 15\ 000 \times 0.6 + 21\ 000 \times 0.2 = 15\ 600\ （元）$$

② 计算乙方案标准离差。

$$\delta_{乙} = \sqrt{(12\,000-15\,600)^2\times0.2+(15\,000-15\,600)^2\times0.6+(21\,000-15\,600)^2\times0.2}$$
$$=2\,939.39(元)$$

③ 计算乙方案的标准离差率。

$$V_{乙}=\frac{2\,939.39}{15\,600}=0.188$$

④ 计算乙方案风险调整后的贴现率。

$$K_{乙}=8\%+0.1\times0.188=9.88\%$$

⑤ 计算乙方案的净现值。

$$\begin{aligned}NPV_{乙}&=15\,600\times PVIF_{(9.88\%,3)}-10\,000\\&=15\,600\times0.754-10\,000\\&=1\,762.4(元)\end{aligned}$$

因为甲方案净现值小于乙方案净现值，所以乙方案优于甲方案。

风险调整贴现率法比较符合逻辑，并且使用广泛。但是，把时间价值和风险价值混在一起，并据此对现金流量进行贴现，意味着风险随着时间的推移而加大，有时与事实不符。

(二) 风险调整现金流量法

由于项目中必然会存在风险，因而使得项目每年的现金流量变得不确定，也就是说每年的现金流量存在一定的风险。在风险调整贴现率法中，我们可以对不同风险的现金流量采用不同的贴现率来进行带有风险的投资项目的投资决策。而从另一个角度来看，我们也可以根据风险程度对现金流量进行调整，把有风险的现金流量调整为无风险的现金流量，然后用无风险贴现率计算项目的净现值，以净现值的评价标准进行投资决策，这就是风险调整现金流量法（risk - adjusted cash flow）。具体调整的方法有很多种，最常见的是肯定当量系数法。利用肯定当量系数法调整现金流量的净现值的计算公式为：

$$NPV=\sum_{t=1}^{n}\frac{a_t\times 现金流量期望值}{(1+无风险报酬率)^t}$$

式中 a_t——第 t 年现金流量的肯定当量系数，它在 0 ~ 1。

肯定当量系数法应用的最大困难是要确定合理的当量系数。肯定当量系数是指不肯定的一元现金流量期望值相当于使投资者满意的、肯定的金额的系数。肯定当量系数可以把各年不肯定的现金流量换算为肯定的现金流量。由于现金流量中已消除了全部风险，相应的折现率应当是无风险的报酬率。肯定当量系数是一个主观性很强的概念，因此，它的选用需要由经验丰富的财务分析人员来确定，也可以借助表 6 - 21 的内容对照确定。肯定当量系数的高低可能会因人而异，它与公司管理当局对待风险的好恶程度有关。

表 6-21 标准离差率与肯定当量系数的经验对照

标准离差率	肯定当量系数
0.01～0.07	1
0.08～0.15	0.9
0.16～0.23	0.8
0.24～0.32	0.7
0.33～0.42	0.6
0.43～0.54	0.5
0.55～0.70	0.4
⋮	⋮

【例 6-20】 根据【例 6-19】资料，用肯定当量法进行甲乙方案的决策。

1. 计算甲方案的净现值

（1）计算甲方案各年的标准离差率。

$$V_{甲} = \frac{3\ 269.2}{9\ 750} = 0.33$$

查表可知：$a_{甲} = 0.6$

（2）计算甲方案的净现值。

$$\begin{aligned} NPV_{甲} &= 0.6 \times 9\ 750 \times PVIF_{(8\%,3)} - 6\ 000 \\ &= 0.6 \times 9\ 750 \times 0.681 - 6\ 000 \\ &= -2\ 016.15(元) \end{aligned}$$

2. 计算乙项目的净现值

（1）计算乙方案的标准离差率。

$$V_{乙} = \frac{2\ 939.39}{15\ 600} = 0.188$$

查表可知：$a_{乙} = 0.8$。

（2）计算乙方案的净现值。

$$\begin{aligned} NPV_{乙} &= 0.8 \times 15\ 600 \times PVIF_{(8\%,3)} - 10\ 000 \\ &= 0.8 \times 15\ 600 \times 0.681 - 10\ 000 \\ &= -1\ 501.12(元) \end{aligned}$$

因为乙方案的净现值大于甲方案的净现值，所以乙方案优于甲方案。此结果与风险调整贴现率法的结果相比，恰好相反。其原因在于乙方案的远期收益较大，而风险调整贴现率法正是对远期收益调整较大的缘故。

利用肯定当量法对现金流量进行调整，克服了风险调整贴现率法调整贴现率时夸大远期风险的缺陷，但获得准确、合理的肯定当量系数是非常困难的。

【练习题】

1. 某企业准备购入一台设备以扩大生产能力。现有甲、乙两个方案可供选择。甲方案需投资20 000元，使用寿命5年，采用直线法折旧，5年后无残值，5年中每年销售收入为15 000元，每年付现成本为5 000元。乙方案需投资30 000元，采用直线法折旧，使用寿命也是5年，5年后有残值收入4 000元，5年中每年销售收入为17 000元，付现成本第一年为5 000元，以后逐年增加修理费200元，另需垫支营运资金3 000元。假设所得税率为40%，资金成本为12%。

要求：

(1) 计算两个方案的现金流量。

(2) 计算两个方案的净现值。

(3) 计算两个方案的现值指数。

(4) 计算两个方案的内含报酬率。

(5) 试判断应采用哪一个方案。

2. 某公司要进行一项投资，投资期为3年，每年年初投资200万元，第四年年初开始投产，投产时需垫支50万元营运资本，项目寿命期为5年，5年中会使企业增加销售收入360万元，每年增加付现成本120万元，假设该企业所得税税率为30%，资本成本为10%，固定资产残值忽略不计。试计算该项目投资回收期、净现值及内部收益率。

3. 某公司正考虑两个互斥的投资项目，有关这两个项目的数据如表6－22所示。

表6－22　投资项目净现金流量

单位：元

各年净现金流量	项目1	项目2
第0年	－100 000	－60 000
第1年	40 000	20 000
第2年	40 000	25 000
第3年	40 000	29 000
残值	3 000	1 000

假定该公司的资本成本为10%。

要求：请为企业做出是否更新设备的决策。

4. 某公司拟投产一新产品，需要购置一套专用设备，预计价款为900 000元，追加流动资金为150 000元。公司的会计政策与税法规定相同，设备按5年采用直线法计提折旧，净残值为零。该新产品预计销售单价为20元/件，单位变动成本为12元/件，每年固定付现成本为500 000元，年销售量预计为120 000件。假设该公司企业所得税税率为40%，最低投资报酬率为10%。

要求：分别采用净现值法、现值指数法、内含报酬率法对该项目进行评价。

5. 某公司于3年前购置设备一台，购置价为260 000元，估计使用寿命为13年，期满无残值，采用直线法计提折旧，目前该设备的账面价值为 200 000 元，市场价值为 160 000 元。现有一新设备，价格为 300 000 元，可使用 10 年，期满无残值，采用直线法计提折旧。假定使用旧设备的每年维护成本为 10 000 元，新设备为 6 000 元，公司企业所得税税率为 30%，企业要求的最低报酬率为 12%。

要求：请为企业做出是否更新设备的决策。

第七章

营运资金管理

学习目标

了解营运资金的概念，了解资产与资金的组合策略，明确流动资产的管理特点；熟悉持有现金、应收账款、存货的最佳需求量的预测方法；熟悉流动负债的特点和不同短期融资方式的利弊。

案例导入

格兰仕的低成本管理之路

作为中国成长最快的企业之一，格兰仕的销售额从2000年的29.6亿元升至2005年的130亿元，仅仅用了6年的时间。并且在国内空调业业绩普遍下滑的2006年，格兰仕不降反升，上半年销售额已经达到123亿元，其中空调内销增长19.28%，外销增长76.67%。格兰仕销售额连续多年来高增长的背后，一定有着许多原因，其中低成本战略成为最主要的原因之一。而低成本战略中首当其冲的一个策略就是良好的存货管理。

为了实施低成本的存货管理，早在1996年，格兰仕就开始在集团内部引入了信息化这个概念，到了2003年6月，格兰仕的信息化系统已经覆盖了财务管理、仓库管理、制造管理、营销管理、客户关系、电子商务等领域，并逐步地建立起"零库存"管理模式。已能够实现对库存进行数字化管理，具体到每个型号的产品在工厂有多少库存、经销商仓库里有多少库存、每个时期的产品库存周转率，都有准确的统计数据。这使得企业流动资金的管理效率大为提高。零库存管理给格兰仕低成本战略以有力支持。

案例启示

企业的经营活动中，除了会涉及长期资金的筹集和使用之外，日常经营中资金的筹集与使用也是企业不可忽视的一个重要内容。特别是流动资产中的重要组成部分：现金、应收账款、存货的合理规划与使用，也会给企业带来重要影响。实际中，多数情况下企业所面临危机的起因都源于流动资金周转不畅或资金链断裂。因此，营运资金作为企业日常经营活动中的一项重要项目，它的管理效果对企业产生着重要影响。尽管它看似平常，但就是这些看似平常的经营活动或资金运动，往往却会给企业带来生机或引入深渊。

营运资金管理是对企业流动资产及流动负债的管理。一个企业要维持正常的运转就必须要拥有适量的营运资金，因此，营运资金管理是企业财务管理的重要组成部分。据调查，公司财务经理有 60% 的工作时间都用于营运资金管理。要做好营运资金管理，必须解决好流动资产和流动负债两个方面的问题，换句话说，就是下面两个问题：

（1）企业应该投资多少在流动资产上，即资金运用的管理，主要包括现金管理、应收账款管理和存货管理。

（2）企业应该怎样来进行流动资产的融资，即资金筹措的管理，包括银行短期借款的管理和商业信用的管理。

因此，营运资金管理的核心内容就是对资金运用和资金筹措的管理。

第一节　营运资金管理概述

一、营运资金的概念

营运资金，从会计的角度看，是指流动资产与流动负债的比较差额。如果流动资产等于流动负债，则占用在流动资产上的资金是由流动负债融资；如果流动资产大于流动负债，则与此相对应的“净流动资产”要以长期负债或所有者权益的一定份额为其资金来源。会计上不强调流动资产与流动负债的关系，而只是用它们的差额来反映一个企业的偿债能力。在这种情况下，不利于财务人员对营运资金的管理和认识。从财务角度看营运资金应该是流动资产与流动负债关系的总和，在这里“总和”不是数额的加总，而是关系的反映，这有利于财务人员意识到，对营运资金的管理要注意流动资产与流动负债这两个方面的问题。具体而言，营运资金是指一个企业维持日常经营所需要的资金，包括购买原材料，支付职工薪酬，支付水电费、租金、保险费等杂费，购买短期持有的有价证券所需要的资金等。通过对营运资金的分析，可以了解企业资产的流动性、流动资产的变现能力、盈利能力和短期偿债能力。

1. 营运资金的构成

营运资金的金额大小等于流动资产减去流动负债。流动资产中扣除准备用来偿还流动负债之外剩下的资金，用来维持企业的日常生产经营的需要。为了更好地理解营运资金，需要先理解流动资产和流动负债。

（1）流动资产。流动资产按其实物形态分类，可分为现金、交易性金融资产、应收预付款项、存货等。

① 现金。现金是指广义的现金，包括库存现金、银行存款和其他货币资金。也就是会计上讲的货币资金。它的特点是随时可以用来支付，它的流动性在所有的资产里是最强的，收益性是最弱的，接近于零。

② 交易性金融资产。交易性金融资产是指企业持有的短期有价证券，企业持有短期有价证券是为了获得一定的收益，同时在企业现金短缺的时候，可以及时地变

卖短期有价证券以获得现金，满足日常经营的需要，尽可能降低企业现金的短缺成本。

③ 应收预付款项。应收预付款项是指企业在销售商品时采用赊销的方式下客户拖欠企业的商品款，或者企业在采购物资过程中采用提前付款的方式支付的物资款。应收预付款包括应收账款、应收票据、预付账款、其他应收款。应收款项存在的原因是因为赊销方式有利于扩大企业的销售，提高企业产品的竞争力。应收预付款项比现金和交易性金融资产的流动性弱一些，当现金短缺的时候，把应收预付款收回以弥补现金不足，满足生产经营的需要，因为这一过程需要一定的时间，所以应收预付款项的流动性也就是变现能力比现金和交易性金融资产稍差一些。

④ 存货。存货是指企业在日常活动中持有以备出售的产成品或商品、处在生产过程中的在产品、在生产过程或提供劳务过程中耗用的材料、物料等。存货跟固定资产的区别在于存货的价值比较小（通常小于5 000元），使用年限比较短，通常≤1年。

（2）流动负债。负债是企业过去的交易或事项形成的，预期会导致经济利益流出企业的现实义务。

流动负债主要包括的内容有短期借款、应付预收款项、应交税费、应付职工薪酬、应付股利、应付利息等。

① 短期借款。短期借款是指企业用来维持正常的生产经营活动所需的资金而向银行或其他金融机构借入的、还款期限在一年或超过一年的一个经营周期内的各种借款。

② 应付预收款项。应付预收款项是指因购买材料、商品或接受劳务供应等而发生的债务或者企业销售商品、提供劳务等而提前收到的款项。这是买卖双方在购销活动中由于取得物资与支付贷款在时间上不一致而产生的负债。包括应付账款、应付票据、其他应付款、预收账款等。

③ 应交税费。企业必须按照国家规定履行纳税义务，对其经营所得依法缴纳各种税费。这些应缴税费应按照权责发生制原则进行确认、计提，在尚未缴纳之前暂时留在企业，形成一项负债（应该上缴国家暂未上缴国家的税费）。企业应通过"应交税费"科目，总括反映各种税费的缴纳情况，并按照应交税费项目进行明细核算。

④ 应付职工薪酬。应付职工薪酬是指企业根据有关规定应付给职工的各种薪酬，按照"工资、奖金、津贴、补贴""职工福利""社会保险费""住房公积金""工会经费""职工教育经费""解除职工劳动关系补偿""非货币性福利""其他与获得职工提供的服务相关的支出"等应付职工薪酬项目进行明细核算。

⑤ 应付股利。应付股利是指企业经董事会或股东大会，或类似机构决议确定分配的现金股利或利润。获得投资收益是出资者对企业进行投资的初衷。企业在宣告给投资者分配股利或利润时，一方面将冲减企业的所有者权益，另一方面也形成

“应付股利”这样一笔负债，随着企业向投资者实际支付利润，该项负债即行消失。

⑥ 应付利息。应付利息是指企业按照合同约定应支付的利息，包括吸收存款、分期付息到期还本的长期借款、企业债券等应支付的利息。

二、营运资金的特点

营运资金的特点需要从流动资产和流动负债两个方面予以说明。

1. 流动资产的特点

流动资产又称经营性投资，与长期投资、固定资产、无形资产、递延资产等各种非流动资产相比，流动资产具有以下特点：

（1）投资回收期短。投资于流动资产的资金一般在一年或一个营业周期内收回，对企业影响的时间比较短。因此，流动资产投资所需要的资金一般可通过商业信用、短期银行借款等加以解决。

（2）流动性强。流动资产在循环周转过程中，经过供产销 3 个阶段，其占用形态不断变化，按现金→在产品→产成品→应收账款→现金的顺序转化，这种转化循环往复，川流不息。流动性使流动资产的变现能力较强，如遇意外情况，可迅速变卖流动资产，以获取现金。这对于财务上满足临时性资金需求具有重要意义。

（3）各种形态并存。在流动资产的周转过程中，每天不断有资金流入，也有资金流出。资金流入和流出总要占用一定的时间，从供产销的某一瞬间看，各种不同形态的流动资产同时存在。因此，流动资产上的投资并非一个常数，随着供产销的变化，其资金占用时高时低，起伏不定，季节性企业如此，非季节性企业也如此。随着流动资产占用量的变动，流动负债的数量也会相应变化。

（4）财务风险小。由于流动资产回收期短、流动性强，企业拥有较多的流动资产可在一定程度上降低财务风险。

2. 流动负债的特点

流动负债又叫短期融资，与长期负债融资相比，流动负债具有以下特点：

（1）速度快。申请短期借款往往比申请长期借款更容易、更便捷，通常在较短时间内便可获得。长期借款的借款时间长，贷方风险大，贷款人需要对企业的财务状况进行评估后才能做出决定。因此，当企业急需资金时，往往首先寻求短期借款。

（2）弹性大。与长期借款相比，短期借款给债务人更大的灵活性。长期借款债权人为了保护自己的利益，往往要在长期借款合同中对债务人的行为加以种种限制，使债务人丧失某些经营决策权。而短期借款合同中的限制条款比较少，使企业有更大的行动自由。对于季节性企业，短期借款比长期借款具有更大的灵活性。

（3）成本低。在正常情况下，短期借款筹资所发生的利息支出低于长期借款筹资的利息支出。而某些“自然融资”（如应付税费等）则没有利息负担。

（4）风险大。一方面，短期负债的借款利率随市场利率的变化而变化，时高时低，使企业难以适应。另一方面，如果企业过多筹措短期负债，当债务到期时，企业不得不在短期内筹措大量资金还债，这很容易导致企业财务状况恶化，甚至会使企业因无法及时还债而破产。

三、营运资金管理的原则

1. 兼顾风险、收益与成本

营运资金作为流动资产的有机组成部分，是企业短期偿债能力强弱的重要标志。一般情况下，营运资金数额越大，短期偿债能力越强；反之，越弱。因此，增加营运资金的投资，是降低企业偿债风险的重要保障。然而，营运资金投资的增加，要求企业必须以更多的长期资金来源占用于流动资产之上，这样企业虽然降低了偿债风险，但同时却增加了资本成本，从而影响了企业的获利能力。反之，营运资金减少后的高偿债风险则会因资本成本的降低和获利能力的提高而削弱。因此，合理的营运资金规模，应该是风险、收益与成本三者相适宜的结果。

2. 满足生产经营要求，节约使用资金

在营运资金管理中，必须正确处理保证生产经营需要和节约使用资金两者之间的关系。这是因为，如果营运资金数量太多，就会造成企业资金闲置，资本成本增加；如果营运资金数量太少，又会造成生产短缺。因此，企业财务人员要在保证生产经营需要的前提下，合理、节约地使用资金。

3. 加速资金周转，提高资金利用效率

当企业的生产经营规模一定时，流动资产的周转速度与流动资金的需要量成反向变化，适度加快存货的周转，缩短应收账款的收款期，延长应付账款的付款期，可以减少营运资金的需求量，从而提高资金的利用效率。

4. 合理确定流动资产和流动负债的比例，保障短期偿债能力

企业的流动负债主要是用流动资产来偿付的，当企业的流动资产相对流动负债过少时，一旦流动负债到期，而企业又无法通过其他途径筹措到流动资产时，就容易出现到期无法偿债的情况，因此企业要合理确定流动资产和流动负债的比例，从而保证有足够的资金偿还短期债务。

第二节 营运资金政策

营运资金政策包括营运资金持有政策和营运资金融资政策，它们分别研究如何确定营运资金持有量和如何筹集营运资金这两个方面的问题。

一、营运资金持有政策

1. 企业资产组合

企业资产按其在生产经营中的性质和存在形态，可分为流动资产和非流动资产，其中流动资产包括现金、应收账款、存货等；非流动资产包括固定资产、长期股权

投资、无形资产等。企业资产的这些组合也称资产结构，它是指流动资产与非流动资产在企业资产总额中的比重关系，优化资产组合即资产结构是营运资金管理的重要内容。

企业要优化资产结构主要受制于以下影响因素：

(1) 风险与报酬。一般而言，持有大量的流动资产可以降低企业的风险，因为企业出现不能及时清偿债务时，流动资产可以迅速地转化为现金，而固定资产的变现能力则较差。因而，在筹资组合不变的情况下，较多地投资于流动资产，可以减少企业的风险。但是，如果流动资产太多，大部分资金都投放在流动资产上，以致库存积压，就会影响企业资产的周转，进而降低投资报酬率。所以要对风险和报酬进行权衡，选择最佳的资产组合。

(2) 行业。不同行业的经营范围不同，资产组合也有较大的差异。流动资产中大部分是应收账款和存货，而这两种资产的占用水平主要取决于生产经营所处的行业。

(3) 经营规模。企业规模对资产组合也有重要影响。随着企业经营规模的扩大，流动资产的比重相对下降，这是因为：大企业与小企业相比，有较强的筹资能力，当企业出现不能偿付的风险时，可以迅速筹集资金，因而能承担较大风险。所以，大企业可以只使用较少的流动资产而使用更多的固定资产。此外，大企业因实力雄厚，机械设备的自动化水平较高，所以在固定资产上要进行比较多的投资。

(4) 利息率。一般而言，在利息率比较高的情况下，企业为了减少利息支出，会千方百计地减少对流动资产的投资，这便会减少流动资产在总资产中的比重；反之，当利息率下降时，则会呈现相反方向的变化。

2. 营运资金持有政策类别

根据营运资金和销售额之间的数量关系，企业的营运资金持有政策可以分为以下3种：

(1) 宽松的持有政策。宽松的持有政策要求企业在一定的销售水平上保持较多的流动资产，这种政策的特点是收益低、风险低，该政策下企业拥有较多的现金、短期有价证券和存货，能按期支付到期债务，并且为应付不确定情况对资金的需要保留了大量资金，使风险大大减少了。但是由于现金、短期有价证券投资收益较低，同时存货占用资金使资金营运效率降低了，这些都将降低企业的收益水平。

(2) 适中的持有政策。适中的持有政策要求企业在一定的销售水平上保持适中的流动资产，既不过高又不过低，流入的现金恰好能满足现金支付的需要，存货也恰好满足生产和销售的需要。这种政策的特点是收益和风险平衡。在企业能够比较准确地预测未来各种经济情况时，可采用该政策。

(3) 紧缩的持有政策。紧缩的持有政策要求企业在一定的销售水平上保持较低的流动资产，这种政策的特点是收益高、风险大。此时企业的现金、短期有价证券、存货和应收账款等流动资产降低到最低限度，这样可降低资金占用的成本，增加企业的收益，但同时也可能由于资金不足造成拖欠货款或不能偿还到期债务等状况，会加剧企业的财务风险。在外部环境相对稳定，企业能非常准确地预测未来的情况时，可采用该政策。企业资产组合策略如图 7－1 所示。

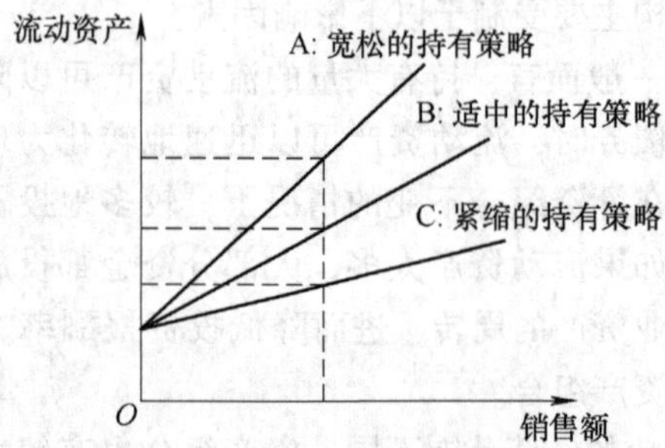

图 7－1　企业资产组合策略

从理论上来讲，如果企业面对的所有内外情况，如销售额、订货时间、付款时间等都是一定的，那么企业只需要持有能够满足需要的最低数量的流动资产即可。超过这个最低数量的流动资产不会增加企业的利润，而且还会使企业发生筹资费用，而低于这个最低数量的流动资产会使企业出现存货短缺、支付困难或者必须制定过于严格的应收账款管理政策等。但是，实际经济生活中往往存在许多难以预计的不确定性。营运资金的占用水平是由企业的内外条件等多种因素共同作用形成的结果，这些因素都是不断变化的，所以很难恰当地对适中政策的营运资金持有量加以量化。在财务管理的实际工作中，企业应当根据自身的具体情况和环境条件，对未来进行合理的预测，将流动资产与流动负债尽量相匹配，确定一个对企业来说较为适当的营运资金持有量。

二、营运资金融资政策

1. 流动资产和流动负债分析

流动资产，如果按照用途再做区分，则可分为临时性流动资产和永久性流动资产。临时性的流动资产是指那些受季节性、周期性影响的流动资产，如季节性存货、销售和经营旺季（如零售企业在春节期间）的应收账款。永久性的流动资产是指那些即使企业处于经营低谷也仍然要保留的、用于满足企业长期稳定需要的流动资产。永久性流动资产既类似于固定资产，也不同于固定资产，类似之处在于：①占用时间的长期性；②正常情况下，均会随时间的递延而增长。区别之处在于：永久性流动资产的实物形态不断变化，而固定资产的实物形态在其寿命周期内保持不变。

流动负债按照用途可再划分为临时性流动负债和自发性流动负债。临时性流动负债是为了满足临时性流动资金需要所发生的负债，如零售企业在春节之前、食品制造企业为季节性生产而发生的借款。自发性的流动负债是指直接生产与企业持续经营中的负债，如商业信用融资和日常运营中产生的其他应付款、应付职工薪酬、应付利息等（通常将其视同长期负债性质考虑）。

2. 营运资金融资政策类别

营运资金融资政策，主要是就如何安排临时性的流动资产和永久性的流动资产的来源而言的，一般分为以下 3 种政策：

（1）配合型融资政策。配合型融资政策的特点是对于临时性的流动资产用临时性的流动负债筹集资金来满足其需要；对于永久性的流动资产和固定资产用长期负债、自发性的流动负债和权益资金筹集。配合性融资政策要求企业临时负债融资计划严密，实现现金流动与预期安排一致。配合型融资政策如图 7－2 所示。

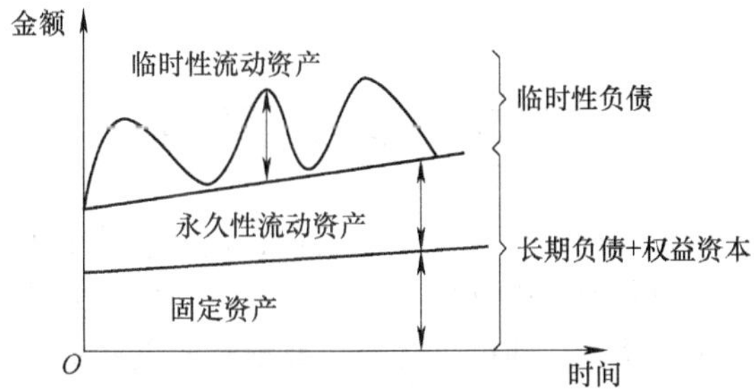

图 7－2　配合型融资政策

（2）稳健型融资政策。稳健型融资政策的特点是临时性负债只融通部分临时性的流动资产的资金需要，另一部分临时性的流动资产和永久性的流动资产和固定资产则由长期负债、自发性的流动负债和权益资本作为资金来源。稳健型融资政策如图 7－3 所示。

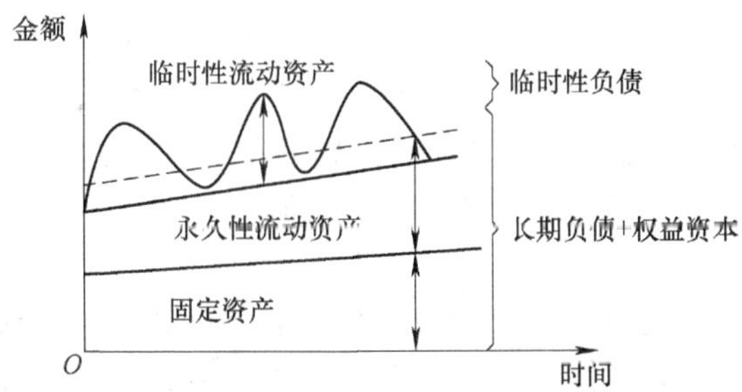

图 7－3　稳健型融资政策

（3）激进型融资政策。激进型融资政策的特点是临时性负债不但融通临时性的流动资产的资金需要，还解决部分永久性的流动资产和固定资产的资金需要。激进型融资政策如图 7－4 所示。

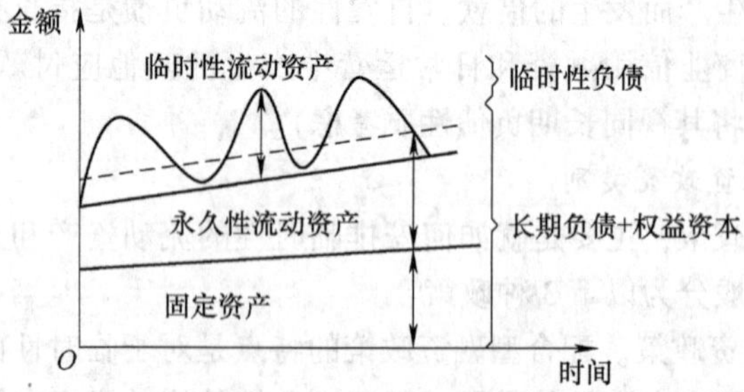

图 7-4 激进型融资政策

一般来说，企业如果驾驭资金的时候，采用收益和风险配合得较为适中的配合型融资政策是有利的。

第三节 现金管理

现金是指企业占用在各种货币形态上的资产，包括企业的库存现金、银行存款和银行本票、银行汇票等其他货币资金。现金是可以立即投入流动的交换媒介，它的首要特点是普遍的可接受性，即可以立即有效地用来购买商品、货物、劳务或偿还债务。因此，现金是企业中流动性最强的资产。其次，现金的收益性最弱，接近于零。现金管理的过程就是管理人员在现金的流动性与收益性之间进行权衡选择的过程，既要保持适度的流动性，又要尽可能提高其收益性。现金管理对一个公司的生存与发展具有重要意义。

一、持有现金的目的

现金是企业流动资产中的重要内容。企业持有过量的现金，可以提高企业的支付能力，降低财务风险，但同时企业的收益也会降低；企业现金缺少，会影响企业的日常生产经营活动。因此，企业现金管理的目标就是在保证生产经营所需要现金的同时，尽可能减少现金的持有量，而将闲置的现金用于投资以获取一定的投资收益。企业持有现金的目的是满足下列 4 个方面的需要：

1. 交易性需要

交易性需要是指企业为了应付日常生产经营活动的需要而持有现金，包括购买材料、支付工资、支付管理费用、支付税金和股利等需要。尽管企业会经常取得销售收入，但不可能总是在时间上和数量上恰好符合支出的需要。如果没有适当的现金余额，企业的生产经营活动就不可能正常运转下去。一般来说，企业为满足交易性需要所持有的现金余额主要取决于企业的销售水平和收回应收账款的能力。

2. 补偿性需要

银行为企业提供服务时，往往需要企业在银行中保留存款的余额来补偿服务费用。同时，银行贷款给企业也需要企业在银行中有存款，以保证银行的资金安全。这种保留的存款叫补偿性余额。补偿性余额有助于银行降低贷款风险，补偿其可能遭受的风险。对借款企业来说，补偿性余额则提高了借款的实际利率，加重了企业的利息负担。这种出于银行要求而保留在企业银行账户中的存款就是满足补偿性需要的。

3. 预防性需要

预防性需要是指企业需要持有现金用于防止意外事件的发生。企业在日常生产经营活动中的现金持有数量会由于市场行情的瞬息万变和其他各种不测因素等的存在使现金收支失去平衡，因此企业现金的收支预测通常不可能做到准确无误，这使得企业不得不置存一定现金余额以防不测。预防性需要现金多少，取决于现金收支预测的准确程度、企业的临时借款能力和企业愿意承担风险的程度 3 个方面的因素。

4. 投机性需要

投机性需要是指企业置存现金，用于不同寻常的购买机会。如遇到廉价物资供应机会，以便适时购入；又如在适当时机购入价格有利的短期有价证券等。这种为了投机性需要而保留的现金，其目的在于增加企业收益。投机性需要只是企业确定现金余额时所需要考虑的次要因素，其持有量的大小往往与企业在金融市场上的投机机会及其对待风险的态度有关。

二、持有现金成本

企业持有现金的成本通常由以下 4 个部分组成：

1. 机会成本

机会成本是指企业持有一定量的现金，而失去的投资于其他方面的最大收益，如失去的投资其他项目的收益、失去投资有价证券的收益等。机会成本的大小与现金持有量的多少、机会成本率呈正向变动。机会成本率一定时，现金持有量越多，失去的投资收益越大，机会成本越大；现金持有量一定时，机会成本率越高，机会成本越大。机会成本率通常用有价证券利率来代替。现金持有量过多造成的机会成本大幅提高，对企业是极为不利的。机会成本的计算公式为：

$$机会成本 = 现金持有量 \times 机会成本率$$

2. 管理成本

管理成本是指企业因持有一定数量的现金而发生的管理费用，如管理人员的工资、安全措施费用等。这些费用是现金的管理成本。管理成本是一种固定成本，在一定范围内与现金持有量之间无明显的比例关系。在最佳现金持有量决策中，通常把管理成本看成是与决策无关的成本，而不予考虑。

3. 短缺成本

短缺成本是指因现金持有量不足，无法满足生产经营的需要，又无法及时通过交易性金融资产变现加以补充而使企业遭受的直接损失和间接损失。如丧失购买机会，甚至因材料供应不足造成停工损失，不能按期交货造成信用损失和不能提前偿还货款而得不到现金折扣的好处等。现金短缺成本随着现金持有量的增加而下降，随现金持有量的减少而上升，即与现金持有量负相关。短缺成本的确切数据因其受多方因素影响而不方便计算，只能根据以往经验来估计。

4. 转换成本

转换成本是指企业用现金购买交易性金融资产以及出售交易性金融资产获取现金时付出的交易费用，即现金同交易性金融资产之间相互转换的成本，如委托买卖佣金、委托手续费、证券过户费、印花税、实物交割等。转换成本可以分两类：固定成本和变动成本。转化过程中，相关的费用如委托买卖佣金和印花税等通常是按照委托成交金额计算的，会随委托成交金额发生变化，但是如果企业在一定时期内委托成交总金额固定，则这部分转换成本是一个常数，则归属于固定成本。因为这部分成本跟转换次数无关，因此属于决策无关成本。变动成本是与委托金额无关，只与转换次数有关的费用，如委托手续费、过户费等。为了方便计算，假定每次的转换成本不变，是个常数，则总的转换成本跟转换次数呈正相关变化，转换次数越多，转换成本越大，属于决策相关成本。

理解与现金有关的成本及其各自的特性，有助于从使总成本最低的角度出发确定最佳现金持有量。

三、最佳现金持有量确定

现金是变现能力最强的资产，可以用来满足企业生产经营开支的各种需要，还可以用于企业偿还债务和履行纳税义务。因此，拥有足够的现金对于降低企业的风险、增强资产的流动性和偿债能力有着重要的意义。然而，现金是非盈利性资产，即使是银行存款，其利率也非常低。现金持有量过多，会降低企业的收益水平。现金持有量过少，则不能满足企业的各项需要。因此，企业必须合理确定现金持有量，使现金不但在数量上，而且在时间上相互衔接，以保证满足企业正常生产经营活动的同时，尽量减少企业闲置的现金数量，提高现金使用效率。确定最佳现金持有量的方法目前主要有以下4种常用的模式：

1. 成本分析模式

成本分析模式是通过分析持有现金的有关成本费用，寻找使总成本最低的现金持有量。这种方法假定企业持有一定量的现金，考虑由此产生的机会成本、管理成本及短缺成本，而不考虑转换成本，也就是如果现金短缺会产生短缺成本，但是不考虑把短期有价证券变现，所以转换成本为零不必考虑。这3种成本费用合计数即为总成本，总成本最小时的现金持有量，就是最佳现金持有量。其实因为管理成本是固定成本，在一定范围内是固定不变的，所以管理成本虽然不是零，是总成本的组成部分，但是对决策并没有什么影响，是决策无关成本。而机会成本和短缺成本是决策相关成本，该模式也可以考虑使相关总成本即机会成本加上短缺成本达到最小时的现金持有量即是最佳现金持有量。两种处理的结论是一致的。

其计算公式为：

最佳现金持有量 = 总成本最小值 = 管理成本 + 机会成本 + 短缺成本

或

最佳现金持有量 = 相关总成本最小值 = 机会成本 + 短缺成本

机会成本、管理成本和短缺成本同现金持有量之间的关系，如图 7 – 5 所示。

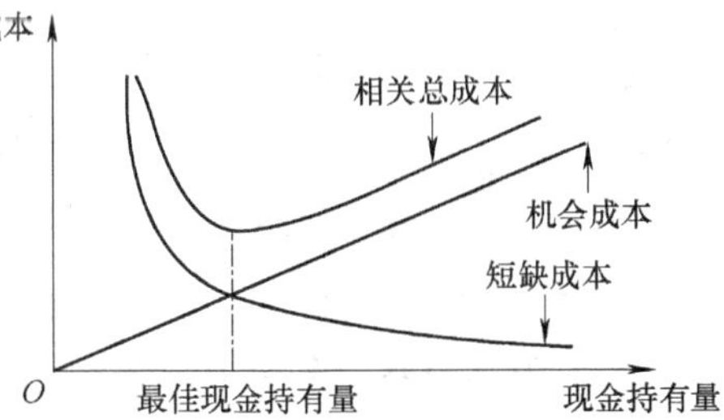

图 7 – 5 成本分析模式示意图

从图 7 – 5 可以看出，机会成本的曲线为向右上方倾斜，短缺成本的图形为向右下方倾斜，由于各项成本同现金持有量的变动关系不同，使得总成本曲线呈抛物线形状，该抛物线的最低点是持有现金的最低总成本，它所对应的横坐标轴上的点就是最佳现金持有量。在采用数据进行过程分析时，应依数理及成本分析模式本身的内在规定，重新进行数据设计，以使其更加合理。

成本分析模式正是运用上述原理确定最佳现金持有量的，在实际工作中运用该模式确定最佳现金持有量的具体步骤如下：

（1）根据不同现金持有量测算并确定有关成本数值。

（2）按照不同现金持有量及其有关成本资料编制最佳现金持有量测算表。

（3）在最佳现金持有量测算表中找出总成本最低时对应的现金持有量，即为最佳现金持有量。

下面举例说明如何采用成本分析模式确定最佳现金持有量。

【例 7 – 1】 某企业有甲、乙、丙、丁 4 种现金持有方案，有关成本费用资料如表 7 – 1 所示。

表 7 – 1 现金持有量备选方案表

单位：元

方案	甲	乙	丙	丁
现金持有量	10 000	20 000	30 000	40 000
机会成本率	10%	10%	10%	10%
管理成本	2 000	2 000	2 000	2 000
短缺成本	5 500	4 000	2 500	2 000

根据表7－1资料编制总成本最低的企业最佳现金持有量测算表1，如表7－2所示。

表7－2 企业最佳现金持有量测算表1

单位：元

方案	甲	乙	丙	丁
现金持有量	10 000	20 000	30 000	40 000
机会成本率	10%	10%	10%	10%
管理成本	2 000	2 000	2 000	2 000
短缺成本	5 500	4 000	2 500	2 000
机会成本	1 000	2 000	3 000	4 000
总成本	8 500	8 000	7 500	8 000

或者根据表7－1编制相关总成本最低的最佳现金持有量测算表2，如表7－3所示。

表7－3 企业最佳现金持有量测算表2

单位：元

方案	甲	乙	丙	丁
现金持有量	10 000	20 000	30 000	40 000
机会成本率	10%	10%	10%	10%
短缺成本	5 500	4 000	2 500	2 000
机会成本	1 000	2 000	3 000	4 000
相关总成本	6 500	6 000	5 500	6 000

通过分析比较各方案的总成本可知，丙方案的总成本和相关总成本最低，所以该企业的最佳现金持有量为30 000元。

在实际工作中，由于现金持有量、机会成本和短缺成本取值呈非连续性，所以采用逐步逼近的测试方法必然能够找到较适宜的现金持有量。

2. 存货模式

存货模式是将存货经济进货批量模型原理用于确定最佳现金持有量，其着眼点也是持有现金的相关总成本最低。这一模式最早由美国学者鲍默尔（W. J. Baumol）于1952年提出，所以又叫鲍默尔模型。这种模式假设不存在现金短缺，因此，短缺成本属于无关成本，也不考虑管理成本。这种模式下的最佳现金持有量，是持有现金的机会成本与有价证券变现的转换成本相等时的现金持有量。

持有现金的机会成本与现金持有量成正比，持有现金越多，持有现金的机会成本就越高，有价证券转换次数就越少，转换成本越小。当持有现金的机会成本与转换成本相等时，持有现金的总成本最低，对应的现金持有量即为最佳现金持有量。

如图 7－6 所示。

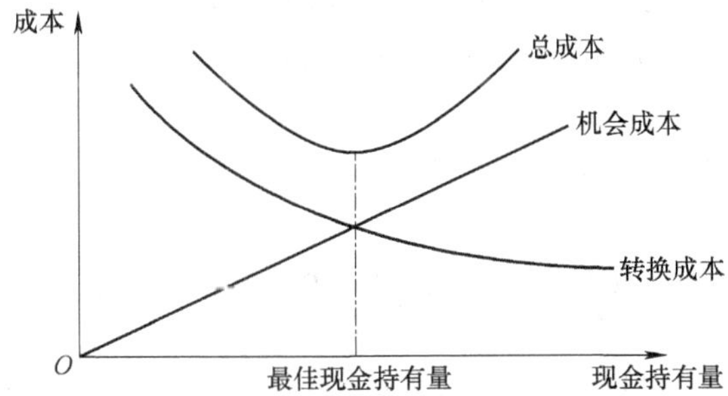

图 7－6　存货模式确定最佳现金持有量

运用存货模式确定最佳现金持有量需要遵循一定的假设：

（1）企业所需要的现金可通过证券变现取得，且证券变现的不确定性很小。

（2）企业预算内现金流入量稳定并且可以比较准确地预测其数量。

（3）现金的支出过程比较稳定，波动较小，而且每当现金余额降至零时，可通过部分证券变现得以补足所需要的现金，即没有短缺成本。

（4）证券的利率或报酬率及每次的固定性交易费用可以获悉。

（5）管理成本是决策无关成本。

如果这些条件基本得到满足，企业便可以利用存货模式来确定现金的最佳持有量。

利用存货模式确定最佳现金持有量的模型为：

$$\mathrm{TC} = \frac{Q}{2}K + \frac{T}{Q}F$$

式中　T——一定时期内现金需要总量；

F——每次转换有价证券的固定成本；

K——有价证券利息率；

TC——持有现金的相关总成本；

Q——现金持有量。

当机会成本 = 转换成本时，即 $\frac{Q}{2}K = \frac{T}{Q}F$，对应的现金持有量是最佳现金持有量。

$$Q^* = \sqrt{\frac{2TF}{K}}$$

式中　Q^*——最佳现金持有量。

此时的相关总成本最低，最低相关总成本 $\mathrm{TC}_{(Q^*)} = \sqrt{2TFK}$，有价证券转换次数 $N = \frac{T}{Q}$，交易间隔期 $t = \frac{360}{N}$。

【例7-2】 某企业现金收支状况比较稳定，预计全年（按360天计算）需要现金300 000元，现金与有价证券的转换成本为每次600元，有价证券的年利率为10%。请用存货模式计算最佳现金持有量、最低相关总成本、有价证券转换次数、有价证券交易间隔期。

已知：$T=300\ 000$（元），$F=600$（元），$K=10\%$

则

$$Q^{*}=\sqrt{\frac{2TF}{K}}=\sqrt{\frac{2\times 300\ 000\times 600}{10\%}}=60\ 000(\text{元})$$

$$\mathrm{TC}_{(Q*)}=\sqrt{2TFK}=\sqrt{2\times 300\ 000\times 600\times 10\%}=6000(\text{元})$$

$$N=\frac{T}{Q}=\frac{30\ 000}{6\ 000}=5(\text{次})$$

$$t=\frac{360}{N}=\frac{360}{5}=72(\text{天})$$

通过上述计算可知，机会成本与持有成本相等时，持有现金的相关总成本最低，现金持有量为最佳现金持有量。

存货模式是一种简单、直观的模型。它的缺点是假设现金流出量稳定不变，即每次转换数量一定，不存在淡旺季现金需求量变动的影响。

3. 现金周转模式

现金周转期是指从现金投入生产经营开始，到最终转化为现金的过程。现金周转模式是根据现金周转期来确定最佳现金持有量的方法。它大致包括以下3个方面：

(1) 存货周转期是指将原材料转化为产成品并出售所需要的时间。

(2) 应收账款周转期是指将应收账款转换为现金所需要的时间，即从产品销售到收回现金的时间。

(3) 应付账款周转期是指从收到尚未付款的原材料到现金支出所用的时间。

可见，经营周期是指从购买存货到收到现金的所需要的时间，现金周转期就是现金周转一次所需要的天数，即

现金周转期 = 存货周转期 + 应收账款周转期 - 应付账款周转期

$$\text{现金周转率}=\frac{360}{\text{现金周转期}}$$

$$\text{最佳现金持有量}=\frac{\text{企业年现金需求总量}}{\text{现金周转率}}$$

【例7-3】 某公司材料采购和产品销售都采用赊销方式，应收账款周转期为40天，存货周转期为55天，应付账款周转期为35天，预计2015年的现金需求总量为720万元。请用现金周转模式计算2015年企业的现金需求量。

现金周转期 = 存货周转期 + 应收账款周转期 - 应付账款周转期

= 40 + 55 - 35 = 60（天）

现金周转率 = 360 ÷ 60 = 6（次）

最佳现金持有量 = 720 ÷ 6 = 120（万元）

现金周转模式简单明了，便于理解、计算，但这种方法假定材料采购与销售产品都采用赊销的方式，而且采购材料所需要的现金和销售商品可获得的现金数量上相等，企业的生产经营在全年持续稳定地进行，即现金供求没有不确定因素。而在企业的生产实践中，采购材料需要的现金和销售商品获得的现金数量往往是不一致的。

4. 随机模式

随机模式是在现金需求量难以预测的情况下进行现金持有量控制的方法。在企业的生产实践中，现金需求量往往是波动较大的，但是企业可以根据以往的经验和现实的需要，估计出现金需要量的范围，即可以制定出现金持有量的上限和下限，将现金持有量控制在上、下限之内。当现金持有量达到控制上限时，用现金购买有价证券，使现金持有量下降；当现金持有量达到控制的下限时，出售有价证券换回现金，使现金持有量回升。若现金持有量在控制的上、下限之内，便不必进行现金与有价证券的转换，保持他们各自的现有存量。这种对现金持有量的控制，如图 7 -7所示。

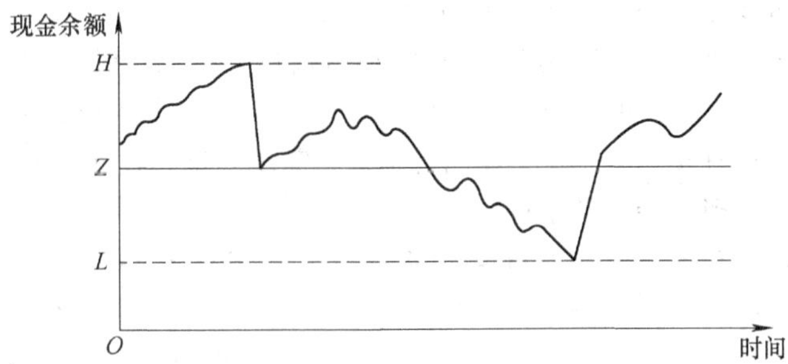

图 7 -7 随机模式确定最佳现金持有量

在图 7 -7 中，H 为现金持有量的上限，Z 为最优现金返回线。从图 7 -7 中可以看出，企业的现金持有量（表现为现金每日余额）是随机波动的，当其达到 H 线时，即达到了现金持有量控制的上限，企业应用现金购买有价证券，使现金持有量回落到现金返回线 Z 的水平；当现金持有量降至 L 线时，即达到了现金持有量控制的下限，企业应该转让有价证券换回现金，使其存量回升至现金返回线 Z 的水平。现金持有量在上下限之间的波动属控制范围内的变化，是合理的，不予理会。以上关系中的上限 H、现金返回线 Z 可按下列公式计算：

$$Z = \sqrt[3]{\frac{3b\delta^2}{4i}} + L$$

$$H = 3Z - 2L$$

式中 b——有价证券每次的固定转换成本；

i——有价证券的日利息率；

δ——预期每日现金余额变化的标准差（可根据历史资料测算）。

而下限 L 的确定，则要受到企业每日的最低现金需要、管理人员的风险承受倾向等因素的影响。

【例7-4】 假定某企业持有的有价证券日利率为0.16%，每次固定转换成本为80元，企业认为任何时候其银行活期存款及现金余额均不能低于1 000元，又根据以往经验测算出现金余额波动的标准差为300元，则计算现金返回线 Z 和现金控制上限 H。

已知：$i=0.16\%$，$b=80$（元/次），$L=1\ 000$（元），$\delta=30$（元），

则

$$Z=\sqrt[3]{\frac{3b\delta^2}{4i}}+L=\sqrt[3]{\frac{3\times80\times300\times300}{4\times0.16\%}}+1\ 000=2\ 500(\text{元})$$

$$H=3Z-2L=3\times2\ 500-2\times1\ 000=5\ 500(\text{元})$$

这样，当企业的现金余额达到5 500元时，即应以3 000元的现金投资于有价证券，使现金持有量回落为2 500元；当企业的现金余额降至1 000元时，则应转让1 500元的有价证券，使现金持有量回升至2 500元。

一方面，按随机模式求得现金的最佳持有量符合随机思想，即企业现金支出是随机的。收入是无法预知的，所以，随机模型适用于所有企业现金最佳持有量的测算。另一方面，随机模式建立在企业的现金未来需求总量和收支不可预测的前提下，因此，计算出来的现金持有量比较保守。

上述4种模式分别从不同角度来计算企业的最佳现金持有量，由于各种模式有各自的优缺点，计算结果也会存在差异，有时甚至误差会很大，在实际工作中。可将这4种模式结合起来应用。此外，各种模式基本上都是根据数学原理主观推算的，而现实的经济生活复杂得多，现金持有量是受很多种因素综合作用的结果，数学模型并不能把各种因素都考虑进去，所以，在大多数情况下，还需要财务管理人员结合企业的实际情况对所测算出来的数字予以适当调整，确定最佳现金持有量。

四、现金日常管理

企业在确定最佳现金持有量时，进行现金收支预算后，还应采取各种措施，加强现金的日常管理，在保证现金安全和完整的基础上，加速现金的周转速度，提高现金的使用效率。现金日常管理的基本内容包括以下几个方面：

1. 加速货款回收

为了最大限度地发挥现金的使用效能，企业要尽量加速款项的回收。一般来讲，企业款项的回收包括客户开出票据、企业收到票据和银行清算票据3个阶段。那么，企业款项的回收时间包括票据邮寄时间、票据在企业的停留的时间及银行结算票据的时间。票据在企业停留可以由企业本身通过建立规章制度、奖惩激励机制等方法来控制。票据邮寄时间和银行结算票据的时间仅仅靠企业自身的力量是远远不够的，

这些时间的长短，不但与客户、企业、银行之间的距离有关，而且与收款的效率有关，企业必须采取措施充分调动客户和银行的积极性，才能实现有效控制。

2. 推迟付款时间

与现金收入管理相反，现金支出管理是尽可能控制现金支出的时间，当然控制企业现金流出的时间必须是合法的，而且不影响企业的信誉。通常控制企业支付账款的时间的方法主要有以下几种：

（1）推迟支付应付账款法。一般情况下，供应商向企业收取账款时，都会给企业预留一定的信用期限，企业可以在不影响信誉的前提下，尽量推迟支付账款的时间，充分利用供货方提供的商业信用。例如，企业在支付采购款项时，应选择在信用期最后一天付款，并尽可能利用给予的现金折扣。如遇公司急需现金，甚至可以放弃供货方的折扣优惠，在信用期限的最后一天支付款项。当然，这要权衡折扣优惠与急需现金之间的利弊得失而定。对于企业的各种应付债务，包括应付职工薪酬、应付税费等，一般应安排在最后到期日支付，做到既不提早偿还也不拖账。此外，还应合理使用汇票付款方式，以充分利用汇票的承兑和付款时间差，达到延缓现金支付的目的。

（2）汇票付款法。这种方法是在支付账款时，可以采用汇票付款的尽量使用汇票，而不采用支票或银行本票，更不直接支付现金。因为，在使用汇票时，只要不是“见票即付”的付款方式，在持票人将汇票送达银行后，银行还要将汇票交给承兑人承兑，并由付款人将一笔款项相当于汇票金额的资金存入银行，银行才会付款给收款人，这样就有可能合法地延期付款。而在使用支票或银行本票时，只要收款人将支票或本票交给银行，付款人就必须无条件付款。

（3）合理利用浮游量。现金浮游量是指企业账户上现金余额与银行账户上实际存款余额的差额。企业开出的有些支票，企业账上已经作了现金减少处理，但是，客户尚未到银行兑现，这就形成了银行账户上现金余额大于企业账户上的现金余额的现金浮游量，如果能正确预测现金浮游量并加以利用，可以节约大量资金。在使用现金浮游量时，一定要控制好使用时间，否则会发生银行存款的透支。现金浮游的时间包括以下几个方面：①邮寄时间，是收款和付款过程中支票处于邮政系统的时间；②处理延迟时间，是支票接收方处理付款和将支票存入银行准备收款时间；③到账延迟时间，是支票接收方处理付款和将支票存入银行准备收款的时间；④到账延迟时间，是支票在银行系统内部进行清算所花费的时间。一般来讲，企业使用现金浮游量主要取决于两个因素：①企业收到客户交来的票据时，加速收款的能力；②企业在开出票据后，延期付款的能力。

（4）分期付款法。对企业而言，无论是谁都不能保证每一笔企业都能做到按时足额付款。因为，企业与客户是一种长期往来关系，彼此间已经建立了一定的信用，那么在出现现金周转困难时，适当地采取分期付款的方法，客户是可以理解的。但拒绝支付又不加以说明，或每一笔业务无论金额大小都采用分期付款法则会使企业的信用度大大降低。因此，大额账款时可采用分期付款法，小额账款时应该按时足额支付。另外，对于采用分期付款方法时候，一定要妥善拟订分期付款计划，并将计划告知客户，且必须确保按计划履行付款义务，这样才能维护企业的信用。

3. 遵守现金管理原则

现金管理应遵守下列原则：

（1）钱账分管，会计、出纳分开。要实行“管钱的不管账，管账的不管钱”。出纳和会计相互牵制，互相配合，相互监督，可以保证少出差错，堵塞漏洞。

（2）建立现金交接手续，坚持查库制度。凡有现金收付，必须坚持复核。在款项转移或出纳调换时，必须办理交接手续，做到责任清楚。要经常检查库存现金与账面记录是否一致，以保证现金安全。

（3）遵守国家规定的现金使用范围。

（4）遵守库存现金限额。为了控制现金使用，有计划地组织货币流通，企业的库存现金数额，由开户银行根据企业规模的大小，每日现金收付金额的多少，以及企业距离银行的远近，同各企业协商确定，一般以不超过3~5天的零星开支的正常需要为限额，距离银行较远或交通不便的可以多余5天，但一般不超过7天零星开支的正常需要。核定的限额必须遵守，对超过库存限额的现金，出纳应及时送存银行。需要增减库存现金限额的，应向开户银行提出申请，由开户银行核定。

（5）严格现金存取手续，不得坐支现金。开户单位收入的现金应于当日送存开户银行。当日送存确有困难的，由开户银行确定送存时间。有关现金的支出，除了限额内的零星开支可以以库存现金支付外，其余的开支必须从银行提取，不得从本单位现金收入中直接支付即不得坐支现金。因特殊情况需要坐支现金的，应事先报开户银行审查批准，由开户银行核定坐支范围和限额。坐支单位应定期向开户银行报送坐支金额和使用情况。企业不得将单位收入的现金以个人名义存入储蓄账户。

4. 充分利用闲置资金

企业在生产经营过程中，会产生大量的现金，这些现金在用于资本投资或其他业务活动之前，通常会闲置一段时间。这些现金可以用于短期证券投资以获取利息收入或资本利得，而当企业现金短缺的时候，又可以通过出售各种证券获取现金。因此，如果闲置现金管理得当，可为企业增加相当客观的净收益。

企业现金管理的目的首先是保证主要经营业务的现金需求，其次才是现金获得较多的收益。这两个目的要求企业把闲置的资金能投入到流动性高、风险较低、交易间隔期短的金融工具中，以期在容易变现的条件下获得较多的收入。

5. 力争现金流出与现金流入同步

企业应尽量使现金流出与现金流入同步，这样，就可以降低交易性现金余额，同时可以减少有价证券转换为现金的次数，提高现金的利用效率，节约转换成本。企业应认真编制现金预算，从而有效地组织销售及其他现金流入，合理安排采购材料等现金支出，使现金流入与现金流出基本同步。

第四节　应收账款管理

应收账款是指因对外销售产品、材料、供应劳务及其他原因，应向客户或接受劳务的单位收取的款项，包括应收销售款、其他应收款、应收票据等。它是企业采取信用销售而形成的债权性资产，是企业流动资产的重要组成部分。

形成应收账款的直接原因是赊销。虽然大多数公司希望现销而不愿赊销，但是面对竞争，为了稳定自己的销售渠道、扩大商品销路、开拓并占领市场，降低商品的仓储费用、管理费用、增加收入，不得不面向客户采用信用政策，提供信用业务。公司采用赊销，虽能给公司带来以上好处，但也要付出一定代价，给公司带来风险。如果客户拖欠货款，应收账款收回难度会越来越大，甚至收不回。所以，应收账款管理是一个企业管理的重中之重。因而对应收账款的管理实质上是对信用的管理。

应收账款管理的目标，是要制定科学合理的应收账款信用政策，并在这种信用政策所增加的销售盈利和采用这种政策预计要担负的成本之间做出权衡。只有当所增加的销售盈利超过运用此政策所增加的成本时，才能实施和推行使用这种信用政策。同时，应收账款管理还包括企业未来销售前景和市场情况的预测和判断，及对应收账款安全性的调查。如果企业销售前景良好，应收账款安全性高，则可进一步放宽其收款信用政策，扩大赊销量，获取更大利润，相反，则应相应严格其信用政策，或对不同客户的信用程度进行适当调整，确保企业在获取最大收入的情况下，又使可能的损失降到最低点。

企业应收账款管理的重点，就是根据企业的实际经营情况和客户的信誉情况制定企业合理的信用政策，这是企业财务管理的一个重要组成部分，也是企业为达到应收账款管理目的必须合理制定的方针策略。

一、应收账款的功能与成本

1. 应收账款的功能

应收账款在企业的生产经营过程中，具有以下两个方面的功能：

（1）扩大销售。在市场竞争日益激烈的情况下，赊销是促进销售的一种重要方式。企业赊销实际上是向顾客提供了两项交易，即向顾客销售产品以及在一个有限的时期内向顾客提供资金。赊购对顾客来说是十分有利的，所以顾客在一般情况下都选择赊购。赊购具有比较明显的促销作用，对企业销售新产品、开拓新市场具有更重要的意义。

（2）减少存货。在企业的生产经营过程中，当商品存货较多时，企业可以采用较为优惠的信用条件进行赊销，尽快地实现商品存货向销售收入的转化，变持有存货为持有应收账款，以降低商品的管理费、仓储费和保险费等支出。

2. 应收账款的成本

企业在采用赊销方式促进销售的同时，也会由于持有应收账款而付出一定的代价，这种代价就是应收账款的成本，主要包括：

(1) 机会成本。应收账款的机会成本是指企业将资金投放在应收账款上被客户占用而丧失的其他收入，如投资收益。应收账款机会成本的大小与企业维持赊销业务所需要的资金数量、资金成本率呈正向变动。

机会成本的计算公式为：

$$应收账款周转率=\frac{360}{应收账款周转期}$$

$$应收账款平均余额=\frac{赊销收入净额}{应收账款周转率}$$

$$维持赊销业务所需要的资金=应收账款平均余额\times变动成本率$$

$$\begin{aligned}应收账款机会成本&=维持赊销业务所需要的资金\times资金成本率\\&=\frac{赊销收入净额\times变动成本率\times资金成本率\times360}{应收账款周转期}\end{aligned}$$

(2) 管理成本。应收账款的管理成本是指与应收账款管理有关的费用，包括调查客户信用情况的费用、收集各种信息的费用、账簿记录费用和收账费用等。因为收账费用在整个管理成本中所占的比重很大，而且数据比较容易取得，管理成本一般用收账费用来代替，收账费用随应收账款金额的增加而增加，随收款期限的延长而增加。

(3) 坏账成本。应收账款是基于商业信用而产生的，应收账款的坏账成本是指应收账款收不回来而给企业带来的经济损失。这一成本一般与应收账款数量同方向变动，即应收账款越多，坏账成本也越多。基于此，为规避发生坏账成本给企业生产经营活动的稳定性带来的不利影响，企业应合理提取坏账准备。

二、应收账款信用政策

应收账款信用政策是指企业对应收账款进行规划与控制而确立的基本原则和行为规范，是企业财务政策的重要组成部分，它主要由信用标准、信用条件和收账政策3个方面组成。通过制定信用政策，指导和协调各机构的业务活动，实现从客户的资信调查、付款方式的选择、信用限额的确定，到款项回收等环节的全面监督和控制，以保障应收账款的安全和及时回收。

1. 信用标准

(1) 信用标准的概念。信用标准是指公司决定授予客户信用所要求的最低标准，代表公司愿意承担的最大的付款风险的金额。如果客户达不到该项信用标准，就不能享受公司按商业信用赋予的各种优惠，或只能享受较低的信用优惠。如果公司执行的信用标准过于严格，可能会降低对符合信用风险标准客户的赊销额，因此会限制公司的销售机会。如果公司执行的信用标准过于宽松，可能会对不符合可接受信用风险标准的客户提供赊销，因此会增加随后还款的风险并增加坏账费用。

企业在设定某一顾客的信用标准时，往往先要评价其赖账的可能性，比较流行的方法是“5C模型”，即考虑客户的信用品质（character）、能力（capacity）、资本（capital）、抵押品（collateral）和经济条件（condition）。

信用品质是指客户状况由客户的履约或赖账的可能性，这是决定是否给予客户信用的首要条件。企业可通过了解客户以往的付款履约情况对其进行评价。

能力是指顾客的还债能力。客户还债能力的高低，取决于其资产特别是流动资产的数量、可变现能力及与流动负债的比率大小。一般情况下，客户流动资产的数量越多，流动比率越大，表明其偿还债务的物质保证越雄厚。当然，对客户还债能力进行判定还是要对其资产的变现能力及其负债的流动性进行分析。

资本反映了客户的经济实力与财务状况的优劣，是客户偿付债务的最终保证。

抵押品是指客户提供的担保付款的资产，若客户提供了具有变现能力的抵押品，企业可以向其提供信用。这样，即使客户不付款，企业也可以变卖抵押品，以满足其债权。

经济条件是指不利经济环境对客户偿付能力的影响及客户是否具有较强的应变能力。

（2）确立信用标准的定量分析。对信用标准进行定量分析，目的是为了解决两个问题：①确定客户拒付账款的风险，即坏账损失率；②具体确定客户的信用等级，以作为给予或拒绝信用的依据。这主要通过以下3个步骤来完成的：

第一步，设定信用等级的评价标准，即根据对客户信用资料的调查分析，确定评价信用优劣的数量标准，以一组具有代表性、能够说明付款能力和财务状况的若干比率作为信用风险指标，根据数年内最坏年景的情况，分别找出信用好和信用差的两类顾客的上述比率的平均值，以此作为比较其他顾客的信用标准。

【例7-5】 信用标准的确定，按照上述方法确定的某行业的信用标准如表7-4所示。

表7-4 某行业的信用标准表

指 标	信用标准	
	信用好	信用差
流动比率	3	1.5
速动比率	1	0.5
现金比率	0.5	0.1
产权比率	2	4
已获利息倍数	3	1.5
应收账款平均收账天数	25	50
存货周转率	6	3
总资产报酬率	30%	10%
销售净利率	20%	5%
赊购付款履约情况	及时	拖欠

第二步，利用既有或潜在的客户的财务报表数据，计算各自的指标值，并与上述标准比较。

比较的方法是：若客户的某项指标值等于或低于差的信用标准，则该客户的拒付风险系数（即坏账损失率）增加10%；若客户的某项指标值介于好与差的信用标准之间，则该客户的拒付风险系数增加5%；若客户的某项指标值等于或高于好的信用标准，则视该客户的这一指标无拒付风险；最后，将客户的各项指标的拒付风险系数累加，即为该客户的坏账损失率。

【例7-6】 拒付风险系数的确定。某客户的各项指标值及累计风险系数如表7-5所示。

表7-5 某客户的各项指标及累计风险系数表

指标	指标值	拒付风险系数
流动比率	3.1	0
速动比率	1.2	0
现金比率	1.6	0
产权比率	2.2	0
已获利息倍数	2	5%
应收账款平均收账天数	40	5%
存货周转率	2	10%
总资产报酬率	20%	5%
销售净利率	10%	5%
赊购付款履约情况	及时	0
累计拒付风险系数		30%

第三步，进行风险排列，并确定各有关客户的信用等级。

依据上述风险系数的分析数据，按照客户累计风险系数由小到大进行排列。然后，结合企业承受违约风险的能力及市场竞争的需要，具体划分客户的信用等级，如累计拒付风险系数在5%以内的为A级客户，在5%～10%的为B级客户等。对于不同信用等级的客户，分别采取不同的信用对策，包括拒绝或接受客户信用订单，以及给予不同的信用优惠条件或附加某些限制条款等。

对信用标准进行定量分析，有利于企业提高应收账款投资决策的效果，但由于实际情况的复杂，不同企业的同一指标往往存在着很大差异，难以按照统一的标准进行衡量。因此要求企业财务决策者必须在更加深刻地考查各指标内在质量的基础上，结合以往的经验，对各项指标进行具体的分析、判断。

（3）信用标准的制定。在企业信用标准制定的过程中，如果标准定得过高，将使许多客户因品质达不到标准而被企业拒之门外，其结果尽管降低了坏账损失和收账费用，但影响了企业的销售收入和市场竞争能力；相反，如果企业信用标准定得太低，虽然可以扩大销售，提高市场竞争能力，但会增加坏账损失和收账费用。因此，企业信用标准制定的高低程度要通过权衡收入与成本，在收入大于成本的前提下确定。

2. 信用条件

信用标准是企业评价客户登记，决定给予或拒绝客户信用的依据。一旦企业决定给予客户信用优惠，就需要考虑具体的信用条件。所谓信用条件，是指企业要求客户支付赊销款项的条件，主要包括信用额度、信用期限、现金折扣和折扣期限。

信用额度是指允许客户赊欠的最高限额。

信用期限是指企业允许客户从购货到延期付款的最长时间限定。例如，若某企业允许客户在购买商品后 50 天内付款，则信用期限为 50 天。信用期限过短，不足以吸引客户，会使销售额下降，信用期限过长，可以增加销售额，但所得到的收益也会被增长的成本抵消，甚至造成利润的减少。因此，企业必须研究确定恰当的信用期限，信用期限的确定，主要是分析改变现行信用期限对收入和成本的影响。延长信用期限，会增加销售收入，但是，应收账款、收账费用和坏账损失等也会增加。决策时可列表计算各种信用期限下的收入和成本的净增加额，采用净增加额最大的信用期限。

现金折扣是指企业为了鼓励客户在信用期限内尽早付款，而给予的低于定价的优待。

折扣期限是指在信用期限内，客户可以得到现金折扣的时间限定，折扣期限的长短和折扣率的高低如果定得不适当就不能发挥出现金折扣应有的作用。

企业应根据行业的特点及所销售产品的特点，权衡现金折扣的利弊，制定出合理的折扣期限和折扣率。因此，在选择现金折扣期限与折扣率时应考虑其所产生的以下影响：

（1）适当的现金折扣期限及折扣率能激励客户提早付款，从而加速企业应收账款周转率，降低应收账款资金占用。

（2）客户平均付款期限的缩短有利于降低坏账损失率和收账费用。

（3）适当的现金折扣能吸引更多的客户，从而使企业的销售收入增加。

（4）客户如果获得现金折扣，对于企业来讲相当于降价销售，使产品的单价降低，因此，折扣率定得高而销售量如果没有显著增加就会使销售收入下降，从而导致利润减少。

信用条件在发票账单中的表述如“2/20，1/30，*n*/50”，意思是：在 50 天的信用期限内，客户若能在开票后的 20 天内付款，可以得到 2% 的现金折扣，在 21 ~ 30 天内付款，可以得到 1% 的折扣，最迟必须在第 50 天付款，否则客户就会失去信用。在这里，50 天为信用期间，20 天和 30 天为折扣期限，2% 和 1% 为现金折扣。

【例 7 – 7】　某企业预测的年度销售额为 1 200 万元，变动成本率为 65%，资本成本率20%。假设企业收账政策不变，固定成本总额不变。其企业有3个信用条件的备选方案A、B、C，如表7－6所示。各方案信用条件分析评价表见表7－7。

表7－6　信用条件的备选方案

单位：万元

项目 \ 备选方案	A (n/30)	B (n/60)	C (n/90)
年赊销额	2 400	2 640	2 800
应收账款周转次数	12	6	4
应收账款平均余额	2 400 ÷ 12 = 200	2 640 ÷ 6 = 440	2 800 ÷ 4 = 700
应收账款占用资金	200 × 65% = 130	440 × 65% = 286	700 × 65% = 455
坏账损失/年赊销额	2%	3%	5%
坏账损失	2 400 × 2% = 48	2 640 × 3% = 79.2	2 800 × 5% = 140
收账费用	24	40	56

表7－7　信用条件分析评价表

单位：万元

项目 \ 备选方案	A (n/30)	B (n/60)	C (n/90)
年赊销额	2 400.0	2 640.0	2 800.0
变动成本	1 560.0	1 716.0	1 820.0
信用收益	840.0	924.0	980.0
信用成本：			
应收账款机会成本	130 × 20% = 26.0	286 × 20% = 57.2	455 × 20% = 91.0
坏账损失	48.0	79.2	140.0
收账费用	24.0	40.0	56.0
小计	98.0	176.4	287.0
信用成本后收益	742.0	747.6	693.0

由以上计算可知，B方案最优。

3. 收账政策

信用条件是销售活动的事前设计和事中控制，而收账政策是指当客户未按事先约定在信用期内付款时企业所采取的事后补救方法。收账政策是指企业向客户收取过期账款所制定和采用的程度和方法。积极的收账政策会减少企业应收账款的机会成本和坏账损失，但同时也会增加收账费用；反之，消极的收账政策收账费用比较少，但是机会成本和坏账损失会比较高。因此，企业制定收账政策时，必须将应收账款的机会成本和坏账损失同收账费用进行比较，确定合理的收账政策。

一般来说，收账费用支出越多，坏账损失就越少，但这两者之间并不一定存在线性关系。通常情况是：开始花费一些收账费用，应收账款和坏账损失有小部分降低，随着收账费用的增加，应收账款和坏账损失明显减少，但当收账费用达到某一限度以后，应收账款和坏账损失的减少就不再明显了，这个限度称为饱和点。

在制定信用政策时，应权衡增加收账费用与减少应收账款机会成本和坏账损失之间的得失。

三、应收账款日常管理

建立企业的信用政策后，还应加强对应收账款的日常管理。

1. 对应收账款进行追踪分析

应收账款一旦形成，企业就必须考虑如何按期足额收回的问题。这样企业就有必要在收款之前，对该应收账款的运行过程进行追踪分析，重点要放在赊销商品的变现方面。企业要对赊购者今后的经营情况、偿付能力进行追踪分析，及时了解客户现金持有量与调剂程度能否满足兑现的需要。应将那些挂账金额大、挂账时间长、经营状况差的客户的欠款作为考查的重点，以防患于未然。必要时可采取一些措施要求这些客户提供担保等来保证应收账款的回收。

2. 采用适当的收账程序与方法

企业对不同过期账款的收款方式，包括准备为此付出的代价，构成了它的收账政策。一般的方式是：对过期较短的客户，不予过多打扰，以免以后失去市场；对过期稍长的客户，可写信催款；对过期很长的顾客，频繁催款，且措辞严厉。

由于收取账款的各个步骤都要发生费用，因而收账政策还要在收账费用和所减少的坏账损失之间做出权衡，这一点在很大程度上依靠企业管理人员的经验，也可根据应收账款总成本最小化的原理，通过各收账方案成本大小的比较，确定收账方法。

企业在向客户收账的过程中，对于不同的客户应采取不同的催讨方法，还应对客户由于不同原因拖欠款项采取不同的催讨方法。若客户遇到暂时困难无法偿债，可进行债权重组，接受欠款客户以非货币性资产按公允市价抵债；修改债务条件，延长付款期限或减少部分本金，激励客户还款；改变债务形式为长期应付款，确定合理的利率，使客户按照分期付款的方式还款或将债权转变为对客户的长期投资，协助客户经济增长，达到收款的目的。若客户即将达到破产临界点，或故意拖欠不还，多次催收无望，应向法院起诉，以使债权得到部分或全部清偿。

3. 建立应收账款的坏账准备制度

不论企业采用多么严格的信用政策，只要存在商业信用行为，坏账损失的发生就是不可避免的，企业应当在期末分析各项应收账款的可收回性，并预计可能发生的坏账损失，计提坏账准备。企业计提坏账准备的方法由企业自行决定。企业应当制定计提坏账准备的政策，明确计提坏账准备的范围、提取方法、账龄的划分和提取比例，按法律、行政法规的规定报有关各方备案，并备置于企业所在地。坏账准备的计提方法一经确定，不得随意变更，应当在会计报表附注中予以说明。

在确定坏账准备的计提比例时，企业应当根据以往的经验，对客户的实际财务状况和现金流量等相关信息予以合理估计。除有确凿证据表明该项应收账款不能够收回或收回的可能性不大外，下列各种情况不能全额计提坏账准备：

(1) 当年发生的应收款项。

(2) 计划对应收款项进行重组。

(3) 与关联方发生的应收款项。

(4) 其他已经逾期，但无确凿证据表明不能收回的应收款项。

企业的预付账款，如有确凿证据表明其不符合预付账款性质，或者因供货单位破产、撤销等原因已无望再收到账款的，应当将原计入预付账款的金额转入其他应收款，并按规定计提坏账准备。

企业持有的未到期应收票据，如有确凿证据证明不能够收回或收回的可能性不大时，应将其账面余额转入应收账款，并计提相应的坏账准备。

4. 监督应收账款的回收情况

企业可以采取以下方法实施对应收账款回收情况的监督：

(1) ABC分析法。ABC分析法是把金额较大的、欠款期限较久的应收账款列为管理重点，将最危险的客户往前排。

(2) 账龄分析法。账龄分析法是通过编制账龄分析表，以显示应收账款账龄时间的长短，并按时间长短进行排序。企业应实施严密的监督，随时掌握应收账款的回收情况。对应收账款全过程监督的实施，可以通过编制账龄分析表进行。账龄分析表是一张能显示应收账款在外天数长短的报告，其格式如表7-8所示。

表7-8 账龄分析表

应收账款账龄	账户数量	金额/千元	比率（%）
信用期限内			
信用期限超过1~20天			
信用期限超过21~40天			
信用期限超过41~60天			
信用期限超过61~80天			
信用期限超过81~100天			
信用期限超过100天			
合计			

通过账龄分析表，企业财务管理部门可以掌握如下信息：①有多少客户能够在折扣期限内付款；②有多少客户能够在信用期限内付款；③企业有多少应收账款超过了信用期限，有多少客户能够在信用期限后付款；④有多少应收账款拖欠太久，

可能会成为坏账。

对不同拖欠时间的欠款，企业应采取不同的收账方法，制定出经济、可行的收账政策，对可能发生的坏账损失，则应提前做出准备，估计这一因素对应收账款的影响。

（3）财务指标分析法。分析应收账款周转率和平均收账期，看流动资金是否处于正常水平，借以评价应收账款管理中的成绩与不足，并修正信用条件。

（4）平均收账期法。平均收账期法是通过计算应收账款从形成到收回平均所经历的时间，并将其与目标值如行业平均数进行比较，为加强应收账款的监控提供依据。公司对拖欠的应收账款无论采取哪种方式进行催收，均会发生一定的收账费用。通常，收账费用越高，收回的账款越多，平均收账期也会相应缩短，应收账款投资额和坏账损失也就越小。企业财务人员应通常对企业由于信用政策和收账政策变化，所引起的企业各期平均收账期的变动进行分析比较，找出影响企业平均收账期变化的原因，掌握到底是由于信用期限的宽松还是收账政策的不力而引起平均收账期的延长，以便寻求有效的改进措施。平均收账期的变化，直接关系到企业资金的周转和利用效率，对其进行定期的分析评估，能大大促进企业更好地制定合理的信用政策和不断改善收账方法。

第五节　存货管理

存货管理就是对企业的存货进行管理，主要包括存货的信息管理和在此基础上的决策分析，最后进行有效控制，以便达到存货管理的最终目的，即提高经济效益。存货是指企业在日常生产经营过程中持有以备出售，或者仍然处在生产过程，或者在提供劳务过程中将消耗的材料或物料等。存货区别于固定资产等非流动资产的最基本的特征是，企业持有存货的最终的目的是为了出售，不论是可供直接销售（如企业的产成品、商品等），还是需经过进一步加工后才能出售（如原材料等）。

一、存货的功能与成本

1. 存货的功能

存货的功能是指存货在企业生产经营过程中所具有的作用，主要表现在以下几个方面：

（1）防止停工损失。对于企业来讲，适量的原材料、在产品、半成品存货，能使各生产环节的生产活动更加协调，不至于因等待原材料或半成品而影响生产。所以，适量的存货可以防止企业停工待料事件的发生，维持生产的连续性。

（2）防止脱销而坐失良机。存货储备特别是产成品和商品储备，能增强企业在销售方面的机动性从而适应市场变化。企业拥有足够的产成品或商品，在满足顾客需要的同时，也可使企业利用市场、获得收益。相反，若企业某种畅销产品库存不足，将会失去目前的或未来的销售良机，并有可能因此失去顾客，使企业蒙受损失。

(3) 降低进货成本。企业采用批量集中进货，往往可获得较多的商业折扣。另外，通过增加每次进货的数量，减少进货的次数，可以降低采购费用。所以，即使在推崇以零存货为管理目标的今天，仍有不少企业采用大批量的采购方式，因为这种方式可使企业降低进货成本，只要进货成本的降低额大于因存货增加的各项储存费用，则经济上是划算的。

(4) 维持均衡生产。对于那些生产产品和所需材料的供应具有季节性的公司，为实行均衡生产，降低生产成本，就必须适当储备一定的半成品存货或保持一定的原材料存货。否则，这些公司若按照季节变动组织生产活动，很可能发生忙时超负荷运转，闲时生产能力得不到充分利用的情况，这也会导致生产成本的提高。其他公司在生产过程中，同样也会出现上述情况，拥有一定数量的存货，可以缓冲这种变化对公司的生产活动及获利能力的影响。

2. 存货的成本

存货的成本主要包括以下 3 种：

(1) 取得成本。取得成本是指为取得某种存货而支出的成本，又分为订货成本和购置成本。

① 订货成本。订货成本是指取得订单的成本，如办公费、差旅费、邮费、电话费等。订货成本中有一部分与订货次数无关，如常设采购机构的基本开支等，称为订货的固定成本；另一部分与次数有关的，如差旅费、邮费等，称为订货的变动成本。订货的次数越多，订货的变动成本越大，每次订货的变动成本固定不变。订货的固定成本不随采购数量和采购次数的变化而变化，是一个常数，不影响决策，属于决策无关成本。订货的变动成本是决策相关成本。

② 购置成本。购置成本是指存货本身的价值，购置成本 = 购置数量 × 单价。购置存货的单价在一定范围内是不变的，所以在一定范围内，当全年购置数量不变，购置成本是固定成本。但是实际上购置存货的单价往往随着每次购买数量的增加而有一定的商业折扣，也就是购置的单价会随着每次购买数量的增加而下降，这个时候购置成本就是变动成本了。但为了简化问题，一般都假设购置单价不变，购置成本是固定成本，不影响企业决策，属于决策无关成本。

存货的取得成本计算公式为：

$$
\begin{aligned}
取得成本 &= 订货成本 + 购置成本 \\
&= 订货固定成本 + 订货变动成本 + 购置成本
\end{aligned}
$$

(2) 储存成本。储存成本是指为保持存货而发生的成本，包括存货占用资金应计的利息（若企业用现有现金购买存货，便失去了现金存放于银行或投资于证券而应取得的利息，若企业借款购买存货，便要支付利息费用）、仓储费用、保险费用、存货损失和变质损失等。

储存成本也分为固定成本和变动成本。固定成本与存货数量的多少无关，如仓库折旧、仓库管理人员的固定月工资等。变动成本与存货的数量有关，如存货资金的应计利息、存货的破损和变质损失、存货的保险费用等。单位储存变动成本不变。储存固定成本是决策无关成本，储存变动成本是决策相关成本。

存货的储存成本计算公式为：

储存成本 = 储存固定成本 + 储存变动成本

（3）缺货成本。缺货成本是指由于存货供应中断而造成的损失，包括材料供应中断造成的停工损失，产成品库存缺货造成的拖欠发货损失、丧失销售机会的损失，还应包括需要主观估计的商誉损失。如果生产企业以紧急采购代用材料解决库存材料中断之急，那么缺货成本表现为紧急额外购入成本（紧急额外购入的成本会大于正常采购的成本）。缺货成本一部分可以合理地估计出来，如停工损失、违约金等，还有一部分如商誉的损失很难估计出来。为了简化问题，通常把缺货成本假设为零。

存货的总成本计算公式为：

总成本 = 取得成本 + 储存成本 + 缺货成本
= 订货成本 + 购置成本 + 储存成本 + 缺货成本
= 订货固定成本 + 订货变动成本 + 购置成本 + 储存固定成本
+ 储存变动成本 + 缺货成本

相关总成本 = 订货变动成本 + 储存变动成本

二、经济订货量

按照存货管理的目的，需要通过合理的进货批量和进货时间，使存货的总成本最低，这个批量称为经济订货量。有了经济订货量，可以很容易地找出最适宜的进货时间。

影响存货总成本的因素很多，为了解决比较复杂的问题，有必要简化或舍弃一些变量，先研究简单的问题，然后再扩展到复杂的问题。这需要设置一些假设，在此基础上建立经济订货量的基本模型。

1. 经济订货量基本模型

经济订货量基本模型的假设为：

1）企业能够及时补充存货，即需要订货时便可立即取得存货。

2）能集中到货，而不是陆续入库。

3）不允许缺货，即无缺货成本。

4）预测出来的企业在一定时期内的需求量稳定。

5）存货单价不变，不考虑现金折扣。

6）企业现金充足，不会因现金短缺而影响进货。

7）所需存货市场供应充足，不会因购买不到需要的存货而影响其他。

假定以下公式中，字母的含义为：

D 为存货的年需要量；

K 为每次订货（变动）成本；

K_C 为单位储存（变动）成本；

U 为进货单价；

P 为销售单价；

Q 为每次进货量（进货批量）；

Q^* 为最佳进货批量（经济订货量）；

N 为订货次数；

t 为订货周期；

I 为存货占用资金。

相关总成本 = 订货变动成本 + 储存变动成本，即

$$TC(Q) = \frac{D}{Q}K + \frac{Q}{2}K_C$$

当订货变动成本 = 储存变动成本时，

$$\frac{D}{Q}K = \frac{Q}{2}K_C$$

$$Q^* = \sqrt{\frac{KD}{K_C}}$$

此时的相关总成本最低为：

$$TC(Q^*) = \sqrt{2KDK_C}$$

最佳订货次数 $N^* = \dfrac{D}{Q^*}$

最佳订货周期 $t^* = \dfrac{360}{N^*}$

存货占用资金 $I^* = \dfrac{Q^*}{2}U$

【例 7-8】 某企业每年耗用某种材料 3 600kg，该材料单位成本为 20 元，单位储存成本为 4 元，一次订货成本为 50 元。求经济订货量、最佳订货次数、相关总成本、最佳订货周期、存货占用资金。

已知：$D = 3\ 600$kg，$K_C = 4$ 元/kg，$K = 50$ 元/次，则

$$Q^* = \sqrt{\frac{2KD}{K_C}} = \sqrt{\frac{2 \times 3\ 600 \times 50}{4}} = 300(\text{kg})$$

$$N^* = \frac{D}{Q^*} = \frac{3\ 600}{300} = 12(\text{次})$$

$$TC(Q^*) = \sqrt{2KDK_C} = \sqrt{2 \times 3\ 600 \times 50 \times 4} = 1\ 200(\text{元})$$

$$t^* = \frac{360}{N^*} = \frac{360}{12} = 30(\text{天})$$

$$I^* = \frac{Q^*}{2}U = \frac{300}{2} \times 20 = 3\ 000(\text{元})$$

2. 经济订货量基本模型的扩展

经济订货量基本模型是在前述各假设条件下建立的，但现实生活中能够满足这些假设条件的情况十分少见。为使经济订货量模型更接近于实际情况，具有高的可用性，需要逐一放宽假设，同时改进模型。

（1）再订货点。一般情况下，企业的存货不能做到随用随补充。因此，不能等存货用光再去订货，而需要在没有用完时提前订货。在提前订货的情况下，企业再次发出订货单时候，尚有存货的库存量，叫再订货点。用 R 表示，它的数量等于交货时间 L 和每日平均需用量 d 的乘积：

$$R = d \cdot L$$

【例7-9】 某公司是一个家用电器零售商，现经营约500种家用电器产品。该公司正在考虑经销一种新的家电产品。据预计该产品年销售量为1 800台，一年按360天计算，平均日销售量为5台；变动的储存成本为100元/台（一年）；变动的订货成本为400元/次；公司的进货价格为每台1 000元；订货至到货的时间为4天。

要求：在假设可以忽略各种税金影响的情况下计算下列数据。

（1）该商品的经济订货量。

（2）该商品按照经济批量进货时存货所占用的资金。

（3）该商品按照经济批量进货的相关总成本。

（4）该商品不含有保险储备量的再订货点。

已知：$D=1\ 800$ 台，$U=1\ 000$ 元/台，$K_C=100$ 元/台，$K=400$ 元/次，$d=5$ 台，$L=4$ 天，则

经济订货量 $Q^* = \sqrt{\dfrac{2KD}{K_C}} = \sqrt{\dfrac{2 \times 1\ 800 \times 400}{100}} = 120$（台）

存货占用资金 $I^* = \dfrac{Q^*}{2}U = \dfrac{120}{2} \times 1\ 000 = 60\ 000$（元）

相关总成本 $TC(Q^*) = \sqrt{2KDK_C} = \sqrt{2 \times 1\ 800 \times 400 \times 100} = 12\ 000$（元）

不含有保险储备量的再订货点 $= d \cdot L = 5 \times 4 = 20$（台）

（2）安全储备。为了保证企业正常的生产经营，一般企业都不会允许库存原料降低为零，而是会保留一个库存储备，这个库存就叫安全储备。实际中企业在生产经营中要面对很多不确定的情况，很难做到再订货点的理想状况，使原料使用和各订货批次之间实现完美衔接，这就使安全储备显得极为重要。

企业在再订货点发出订货指令，但在所订原料到达之前有一段交货期，这时如果没有安全储备，企业将不得不中止生产，带来缺货成本，而安全储备的存在避免了这种情况。企业面临的不确定性越大，需要的安全储备量就越多。但是，从另一个方面看，安全储备虽然保证了企业在不确定条件下的正常生产，但其存在将导致企业支付更多的储存成本。所以，管理人员必须在缺货成本和保持安全储备耗费的成本之间做出权衡。

一般情况下，在考虑到保险库存时，再订货点（R）的数量应等于交货时间（L）与平均每日需求量（d）之积再加上保险储备量（B）：

$$R = d \cdot L + B$$

（3）存货陆续供应和使用。在建立经济订货量基本模型时，假设存货一次全部入库，存货增加时存量变化为一条垂直的直线。事实上，各种存货可能陆续入库，使存量陆续增加。尤其是产成品入库和产品转移，几乎总是陆续供应和陆续耗用的。

设每批订货数量为 Q，每日送货量为 P，每日耗用量为 d，则

送货需要的时间 $= \frac{Q}{P}$

送货期内耗用的存货 $= \frac{Q}{P}d$

存货在送货的时间里，还要继续使用，因此最高库存量 $= Q - \frac{Q}{P}d$。

平均存量 $= \frac{Q - \frac{Q}{P}d}{2}$

相关总成本 $\mathrm{TC}(Q) = \frac{D}{Q}K + \frac{Q - \frac{Q}{P}d}{2}K_C$

经济订货量 $Q^* = \sqrt{\frac{2KD}{K_C} \times \frac{P}{P-d}}$

此时最小的相关总成本 $\mathrm{TC}(Q^*) = \sqrt{2KDK_C \times \frac{P-d}{p}}$

【例7-10】　某公司生产中使用的甲标准件，全年共需耗用3 600件，该标准件通过自制方式取得，其日产量为50件，单位生产成本为100元；每次生产准备变动成本为800元，储存变动成本每件5元。假设一年按360天计算。计算每次经济生产量和最小相关总成本。

已知：$D = 3\ 600$ 件，$U = 50$ 元/件，$K_C = 5$ 元/件，$K = 800$ 元/次，$P = 50$ 件，$d = 10$件/天，则

$$Q^* = \sqrt{\frac{2KD}{K_C} \times \frac{P}{P-d}} = \sqrt{\frac{2 \times 800 \times 3\ 600}{5} \times \frac{50}{50-10}} = 1\ 200(\text{件})$$

$$\mathrm{TC}(Q^*) = \sqrt{2KDK_C \times \frac{P-d}{p}} = \sqrt{2 \times 800 \times 3\ 600 \times 5 \times \frac{50-10}{50}} = 4\ 800(\text{元})$$

（4）实行数量折扣的经济订货量模型。为了鼓励客户购买更多的商品，销售企业通常会给予不同程度的商业折扣。购买越多，价格折扣越多。此时，进货企业对经济订货量的确定，除了考虑进货费用与储存成本外，还应考虑存货的购置成本，因为此时的存货购置成本已经与进货数量的大小有了直接的联系，属于决策的相关成本。

相关总成本 = 订货变动成本 + 储存变动成本 + 购置成本

$$= \frac{D}{Q}K + \frac{Q}{2}K_C + DU$$

该模型的计算步骤为：

第一步，按基本模型计算经济进货批量。

第二步，计算基本模型经济进货批量对应的存货相关总成本。

第三步，计算各个数量折扣分界点进货量对应的存货相关总成本。

第四步，比较各个进货量的存货相关总成本，找出总成本最低的对应进货批量。

【例7-11】　某种材料全年总需要量为7 200kg，每次变动订货成本为400元，每千克材料的储存成本为100元。购买249kg及以下买价为300元，购买250kg以上每千克买价为280元。请问每次采购多少数量最划算？

已知：$D = 7\ 200$kg，$K_C = 100$元/kg，$K = 400$元/次，当不考虑数量折扣条件下的经济订货量为：

$$Q^* - \sqrt{\frac{2KD}{K_C}}\sqrt{\frac{2 \times 7\ 200 \times 400}{100}} = 240(\text{kg})$$

此时的相关总成本 $= \frac{D}{Q}K + \frac{Q}{2}K_C + DU = \sqrt{2 \times 7\ 200 \times 400 \times 100} + 240 \times 1\ 000$

$= 96\ 000$（元）

如果考虑数量折扣，每次购买250kg时：

相关总成本 $= \frac{D}{Q}K + \frac{Q}{2}K_C + DU = \frac{7\ 200}{250} \times 400 + \frac{250}{2} \times 100 + 250 \times 280$

$= 94\ 020$（元）

所以，应该每次按250kg采购。

三、存货管理方法

存货管理不但要用各种模型帮助确定存货水平，还需建立起存货管理方法。在传统管理方法基础上，伴随业务流程重组的兴起及计算机行业的发展，存货管理水平得到大大提升。从MRP（物料资源计划）发展到ERP（企业资源计划），以及后来的柔性制造和供应链管理，甚至是外包（out - sourcing）等管理方法，都大大提高了存货管理水平，并把新的生产方式和信息技术革命及管理进步融为一体。

1. ABC控制法

ABC控制法又叫重点管理法，这种方法是把不同项目的存货按其重要程度分为A、B、C三类，并对A类存货进行重点管理的一种方法。ABC控制法适用于大型企业对存货的管理控制，在大型企业中，存货的种类很多，有的价值也很大，有的价值很小，有的数量很多，有的数量很少，情况比较复杂。如果不分主次，面面俱到，对每一种存货都进行周密的规划和严格的控制，会浪费大量的人力、物力、财力，而且也没有必要。采用ABC控制法可以抓住重点，合理有效地控制存货资金。

运用ABC控制法控制存货资金占用量，一般可分为以下几个步骤：

(1) 计算每一种存货在一定时间内一般为一年的资金占用额。

(2) 计算每一种存货资金占用额占全部存货资金占用额的百分比，并按大小顺序排列，编制成表格。

(3) 根据事先测定好的标准，把重要的存货划为A类，把一般存货划为B类，把不重要的存货划为C类，并画图表示出来。

(4) 对A类存货进行重点规划和管理，对B类存货进行次重点管理，对C类存货只进行一般管理即可。

ABC控制法的分类标准如表7-9所示。

表7-9 ABC控制法分类标准表

项　目	特　点	金额比例	品种数量比例	管理方法
A类存货	金额巨大，品种数量少	70%	10%	按品种重点管理
B类存货	金额一般，品种数量较多	20%	20%	按类别一般管理
C类存货	价值很小，品种数量繁多	10%	70%	按总金额灵活掌握

2. 零存货管理

零存货管理系统的特征是，争取存货为零，即在生产刚开始时，供应商发出的原材料刚好到达；在生产线上，没有留存的半成品，只有不断运动的在产品；产品一旦完工，马上销售出去。零存货库存突破了传统的存货库存模式，这种模式能够使企业加速流动资金周转，减少利息支出，减少库存仓储存放费用和运输装卸费用，降低原材料费用成本。同时还避免随着商品不断更新，库存物资因不适合市场需要和生产质量工艺要求，出现削价处理、报废处理，甚至霉烂变质等损失。

零存货库存的管理要有严密的生产计划。企业根据产品销售订货合同，按照交货进度，与供应原材料企业订立供货原材料合同，按照原材料交货时间和质量标准、数量多少和交货时间来组织生产，安排生产计划，尽可能在生产、供应、销售3个环节实现零存货库存，进而逐步做到不需要建立原材料、外购件、在产品、半成品及产成品的库存准备或者少储存。同时，这种管理模式也对供应商、员工、生产系统等提出了更高的要求，只有这些要求得到满足，零存货管理才能取得成功。

1953年，日本丰田公司的副总裁大野耐一创造了一种高质量、低库存的生产方式——即时生产（just in time，JIT）技术。JIT技术是存货管理的第一次革命，其基本思想是“只在需要的时候，按需要的量，生产所需的产品”，也就是追求一种无库存或库存量达到最小的生产系统。在日本JIT技术又称为“看板”管理，在每一个运送零部件的集装箱里面都有一个标牌，生产企业打开集装箱，就将标牌给供应商，供应商接到标牌之后，就开始准备下一批零部件。理想的情况是，下一批零部件送到时，生产企业正好用完上一批零部件。通过精确地协调生产和供应，日本的制造企业大大地降低了原材料的库存，提高了企业的运作效率，也增加了企业的利润。事实上JIT技术成为日本汽车工业竞争优势的一个重要的来源，而丰田公司也成为全球在 JIT 技术上最为领先的公司之一。

第六节 流动负债管理

对一般企业来说流动负债项目经常涉及的主要有 4 类：短期贷款、商业信用（trade credit）、商业票据和短期抵押融资。

一、短期贷款

1. 短期银行贷款的特点

（1）期限。尽管银行提供长期贷款，但更多的是提供短期贷款。短期贷款期限为一年以内，通常是 90 天或 180 天，贷款到期后，借款人必须偿还或者要求延期偿还，银行将视借款人的财务状况决定是否同意延期。

（2）补偿性余额。银行通常要求常年客户必须保持一定水平的活期存款余额，这个余额一般为短期贷款额的 10% 或 20%，毫无疑问，余额的存在提高了企业的实际贷款利率。有补偿余额要求的短期贷款的实际成本与短期贷款名义利率之间的差别值得注意。

（3）信用限额。信用限额是银行与借款人之间达成的一种协议，它规定银行愿意借给客户的最高贷款额，这实际上是银行给了企业一个信用额度。例如，某公司与一家银行确立了合作关系，银行根据该公司的财务状况，认为其最高贷款额为 10 000万元，公司的财务经理第 1 次从银行借得 3 000 万元，以后可以根据公司对资金的需要增加贷款，银行将自动给付资金，直到最高贷款额。决定最高贷款额的因素是企业的财务状况和信用风险。

（4）周转信用协定。一些大型公司经常采用周转信用协定的方式与银行确定正式的信用额度。在周转信用协定中，确定借款人某一期间内的贷款总额，在此期间内，按使用银行贷款的实际资金额支付相应的利息费。如果企业的实际贷款额在此期间内没有达到规定的贷款额，将向银行支付未使用贷款额一定百分比的补偿费用。

2. 银行贷款利息

银行贷款利息因借款企业的不同而有差别。企业规模大，资金实力雄厚，被认为具有最低风险，则它能够以最优惠利率获得贷款。最优惠利率是银行的最低贷款利率，其他贷款利率则在此基础上增加。银行贷款利率有多种计算方式，它们对贷款的实际利率会产生不同的影响。

（1）单利。单利也是定期利率。单利计息的贷款，借款人的到期利息等于贷款额乘以利率和贷款时间，到期一次偿还本金和利息。贷款利率通常以年利率计算，一年或一年以上的单利贷款的名义利率等于实际利率。

（2）贴息贷款利息。有些银行要求借款人在期初支付利息。由于借款人得到贷款之初银行即将利息扣除，它所得到的实际资金将少于贷款额，这种贷款叫贴息贷款，是由于银行预先扣除利息产生的。

【例7-12】 期限为1年，贷款利率为12%，贷款额为10 000元的短期贷款，由于采用贴息方式，银行预先扣除利息1 200元（10 000×12%），实际利率为：

$$实际利率=\frac{10\ 000\times12\%}{10\ 000-1\ 200}=13.64\%$$

（3）补偿性余额贷款利息。这种贷款使得借款人实际可用资金减少，提高了实际贷款利率。

【例7-13】 某企业按名义年利率4.5%向银行借款200万元，银行要求保留10%的补偿性余额，即20万元，则企业实得借款额为180万元，那么企业此次借款的实际利率为：

$$实际利率=\frac{200\times4.5\%}{200\times(1-10\%)}=5\%$$

二、商业信用

商业信用是以赊购或赊销方式进行商品交易所形成的借贷关系。商业信用具有如下两种主要形式：

1. 赊购商品

采用该种方式购货，购货方先收货后付款，该种方式的基本特征是购货方收到货物，既不支付货币资金，也不出具借据，而是形成应付账款到期支付。应付账款通常作为一种自然性融资。

在考虑使用该种方式下的资金时，特别需要考虑现金折扣问题。如果提供了现金折扣，企业要尽量享受。如果放弃，将要承担较大的机会成本。

$$资金成本=\frac{\text{CD}}{1-\text{CD}}\times\frac{360}{N}$$

式中 CD——现金折扣比例；

N——失去现金折扣后延期付款天数。

【例7-14】 某公司按“2/10、n/30”的条件购入价值20 000元的原材料。计算不同付款期下企业承担的成本。

如果在10天之内付款，则享受了10天的免费信用期间，并获得2%的现金折扣，免费信用额=20 000×（1-2%）=19 600（元）。

如果10~30天付款，则因放弃现金折扣而带来机会成本。假设第20天付款，计算如下：

$$资金成本==\frac{2\%}{1-2\%}\times\frac{360}{20-10}=73.47\%$$

2. 预收货款

在这种形式下，卖方要先向买方收取货款，延迟交货。这相当于卖方向买方先借了一笔资金，是一种典型的商业信用形式。通常，购买单位对于紧俏商品经常采用这种形式。另外，生产周期长、售价较高的商品，如飞机、轮船等，生产企业也经常向订货者分次预收款项，以缓解资金过多的压力。

三、商业票据

商业票据是实力雄厚的大型企业开出的无担保期票，这些期票的销售对象是商业公司、保险公司、商业银行等。商业票据的二级市场不发达，投资者通常要持有至到期日。发行商业票据的企业一般有极强的信用，商业票据的期限一般为 90 ~ 180 天。商业票据满足企业短期流动资金的需求，在企业负债中占的比例较小。

1. 商业票据的发行

商业票据可通过经纪人发行，也可不通过经纪人而直接销售。

（1）经纪人销售商业票据，首先由发行人将票据卖给经纪人，然后由经纪人以更高一些的价格再卖给投资者，经纪人通过转卖商业票据的差价获得手续费收入。

（2）直接销售，即不通过经纪人销售，而由发行人直接向投资者发售。这种发售的费用低于经纪人销售。在直接销售中，发行人要承担商业票据不能全部售出的风险，而在经纪人销售中，不能全部售出的风险是由经纪人承担的。

（3）财务公司发行。财务公司发行的票据一般是为某个特定的公司融资，它发行商业票据的规模较大，而售价相对较低，投资者购买会获得较高的收益率。财务公司发行的商业票据一般不会通过经纪人销售，而是直接销售。

2. 商业票据的一般特点

（1）商业票据的成本。商业票据的利率水平略低于市场优惠利率，企业通过发行商业票据可以筹集到低成本的资金。商业票据利率的高低取决于企业的信用强度，信用强度高，利率就相对较低，反之则利率较高。

（2）商业票据的期限。由于商业票据是企业依靠信用发行的短期债务融资证券，期限在 1 年以内，一般为 90 ~ 180 天。

（3）商业票据的使用。商业票据不需要资产抵押，但它的使用非常严格，一般公司的商业票据在其流动负债中只占较少的部分。

四、短期抵押融资

前面介绍的短期债务融资都不需要资产抵押，但无抵押品的短期债务融资是有限的，它的增加会使企业的财务风险加大，进而影响短期资金来源的稳定。如果企业获得无抵押短期资金有困难，则短期抵押融资为企业开辟了另外的融资途径。

1. 短期抵押融资的特点

（1）抵押品的期限。对短期贷款来说，流动资产是最适当的抵押品，就如同固定资产适合于长期债务抵押一样。对债权人来说，要求抵押品的期限与贷款的期限一致，在借款人不能偿还贷款时，可以用抵押品来偿债。在期限匹配上，如果用应收账款作抵押品，应收账款的回收期即为贷款期。同样，如果用企业的存货作抵押品，将视存货的变现的时间确定贷款期。因此，企业流动资产的变现速度是短期抵押贷款中的关键。在这种短期贷款中，用于抵押的流动资产主要是应收账款和存货。从流动性来讲，这两种流动资产的流动性较佳，但企业经营中的任何变化都会影响其变现的速度。

(2) 贷款的金额。贷款人（一般是商业银行）接受借款人的抵押品后，将根据抵押品的价值决定贷款的金额。一般来说，银行肯于向借款人提供的资金额是抵押品账面价值的一个百分比。具体的贷款额是多少取决于借款人抵押品的质量，或者说取决于用于抵押的流动资产的种类及其变现速度。贷款额也与贷款人的风险偏好有关，偏于保守的银行对抵押品的要求更高一些。

(3) 贷款的成本。提供短期抵押贷款的多是商业银行或商业信托投资公司，它们认为提供短期抵押贷款是一种风险投资，抵押贷款客户的信用比非抵押贷款的客户要差，并且抵押贷款的管理因抵押品的流动性而比较困难，因此利率高于非抵押贷款。一些商业银行还因要承担检查流动资产账户等的费用，而向借款人另外收取一定的手续费。在贷款前，借款人要承担银行评价和审核用于抵押的流动资产的费用。因此短期抵押贷款的成本高于非抵押贷款。

2. 短期抵押贷款的种类

用于抵押的流动资产通常是应收账款和存货。也因此有应收账款抵押贷款和存货抵押贷款两种。

(1) 应收账款抵押贷款。应收账款是流动性很强的资产，银行将其作为贷款的抵押品时。因不同企业应收账款的特点而分为选择性抵押贷款和非选择性抵押贷款。

有些企业的应收账款数额大，比较集中，银行在审核用于抵押的应收账款时，可以选择那些风险比较低的应收账款作为贷款的抵押品，由于抵押品是经银行选择的，贷款金额占抵押品账面价值的百分比较高，可达90%。这种由银行选择抵押品的贷款称为选择性抵押贷款。

有些企业的应收账款笔数多，每笔金额少且分散，逐笔审查的费用高，发放贷款的银行辨别各个应收账款账户的信用情况非常困难，为避免逐笔审查应收账款的成本，只能根据应收账款的总额发放贷款，但贷款的金额占应收账款账面价值的百分比低，一般只有50%左右。这种抵押贷款称为非选择性抵押贷款。

在应收账款抵押贷款中，贷款人对应收账款拥有所有权，而且还拥有对借款人的追索权。这意味着如果借款人的某个购货人没有付款，损失由借款人承担，也就是说，用于抵押的应收账款的坏账损失由借款人承担。借款人收回的应收账款立即交给贷款人，贷款余额就是贷款额减已收回的应收账款。

(2) 存货抵押贷款。流动资产中的存货也可成为企业贷款的抵押品，从银行获得短期贷款。用作抵押品的存货必须容易辨认，有明确的名称、可描述的特性和外形，有稳定的存在形态和耐用性，还要有一般商品的市场性（即可迅速在市场上卖出而收回现金）。由于抵押品的特点，贷款合同中对抵押品一般有详细的说明，合同中还规定借款人必须负担包括抵押品的安全和保险费在内的一切安全保管费。贷款的利率的高低与抵押品的市场性有关，容易在市场上出卖而收回现金的抵押品，利率会低一些。贷款额一般是抵押品账面值的某一百分比。

【练习题】

1. 某企业每年需耗用A材料45 000件，单位材料年存储成本为20元，平均每次进货费用为180元，A材料全年平均单价为240元。假定不存在数量折扣，不会出现陆续到货和缺货的现象。

要求：

（1）计算A材料的经济进货批量。

（2）计算A材料年度最佳进货批数。

（3）计算A材料的经济进货批量的总成本。

（4）计算A材料的经济进货批量占用资金。

2. ABC公司全年需用某零件1 600个，生产该部件的设备每天可以生产10个，生产成本为14元，每批调整准备成本为50元。生产中每天领用5个，单位产品的年储存成本为2元。请计算经济生产批量、最优生产批量、最优生产批次和最低的年总成本。

3. 某企业预测2015年度销售收入净额为4 500万元，现销与赊销比例为1∶4，应收账款平均收账天数为60天，变动成本率为50%，企业的资本成本率为10%，一年按360天计算。

要求：

（1）计算2015年度赊销额。

（2）计算2015年度应收账款的平均余额。

（3）计算2015年度维持赊销业务所需要的资金额。

（4）计算2015年度应收账款的机会成本额。

（5）若2015年应收账款需要控制在400万元，在其他因素不变的条件下，应收账款平均收账天数应调整为多少天？

4. 某公司为扩大其产品销量，拟放宽信用期，有关资料如表7－10所示。

表7－10 相关信用条件

	现在信用期45天	建议信用期90天
销售量/件	50 000	80 000
单价/元	10	10
单位变动成本/元	5	5
固定成本/元	4 000	4 000
销售额坏账损失率	10%	12%

假定公司要求的最低报酬率为15%。试判断该公司是否应放宽信用期。

5. 某企业存货的经济批量订货次数为每年12次，平均年日耗用量5件，平均交货时间20天，每件年储存成本为25元，每件缺货一次的成本为18元。交货期内不同耗用量的概率如表7－11所示。

表 7－11 交货期内不同耗用量的概率

耗用量/件	25	50	75	100	125	150	175
概率	0.05	0.10	0.15	0.25	0.20	0.15	0.10

若想建立保险储备，可选择保险储量为 0 件、25 件、50 件、75 件 4 种方案。请计算该项存货的最佳再订货点。

6. 某企业有 3 种现金持有方案，具体方案数额如表 7－12 所示。

表 7－12 3 种方案数额表

单位：元

项 目	甲方案	乙方案	丙方案
现金余额	25 000	50 000	100 000
管理成本	20 000	20 000	20 000
短缺成本	12 000	6 750	0
资本收益率	12%	12%	12%

要求：计算该企业的目标现金余额。

7. 某企业年需用甲材料 250 000kg，单价 10 元/kg，目前企业每次订货量和每次进货费用分别为 50 000kg 和 400 元/次。

要求：

（1）计算该企业每年存货的进货费用。

（2）若单位存货的年储存成本为 0.1 元/kg，若企业存货管理相关最低总成本控制目标为 4 000 元，计算企业每次进货费用限额。

（3）若企业通过测算可达第二问的限额，其他条件不变，计算该企业的经济订货批量，以及此时存货占用的资金。

8. 某公司现在采用 30 天按发票金额付款的信用政策，拟将信用期放宽至 60 天，仍按发票金额付款即不给折扣，该公司投资的最低报酬率为 15%，其他有关的数据如表 7－13 所示。

表 7－13 信用政策数据表

项目＼信用期	30 天	60 天
销售量/件	100 000	120 000
销售额/元（单价 5 元）	500 000	600 000
销售成本/元		
变动成本/元（每件 4 元）	400 000	480 000
固定成本/元	50 000	50 000
毛利/元	50 000	70000
可能发生的收账费用/元	3 000	4 000
可能发生的坏账损失/元	6 000	10 000

要求：试分析该公司是否应改变信用政策。

第八章

股利分配

学习目标

了解利润分配的基本原则、分配程序等；理解不同公司不同分配方案的深层原因，掌握股利政策及内容；理解股票股利、股票分割、股票回购对公司股东的影响。

案例导入

贵州茅台的"慷慨回报"

2011年4月10日晚间，贵州茅台公布了2011年财务报告，作为A股中第一贵股，贵州茅台这次不仅带着80多亿元的净利润来报喜，同时还送给投资者一份大礼，每10股股票宣告派发39.97元（现金）股利，成为A股有史以来最高分红预案。

据贵州茅台公布的财务数据显示，去年公司营业总收入184.02亿元，同比增长58.19%，净利润同比增长73.49%至87.63亿元，每股收益8.44元。

贵州茅台方面表示，报告期业绩增长主要原因系产品销量与价格增长所致。2011年，公司共生产茅台酒及系列产品基酒3.95万t，同比增长21.22%。截至2011年年末，贵州茅台的加权平均净资产收益率达到40.39%，而资产负债率维持在27.51%，较去年减少0.3个百分点。在"富甲一方"的同时向市场甩出重磅炸弹，宣布每10股将派发39.97元股利，刷新了由自己所保持的A股现金分红历史。

案例启示

在公司财务决策中，股利分配政策同其他决策一样，不可小觑。那么，如何从公司本身需要及长远战略发展，考虑股利分配政策的制定呢？有许多公司，在获得高额回报之时，对股东表现得相当吝啬，而贵州茅台为什么采用这种高股利分配方式？这种分配会对企业产生什么样的影响？这些都需要公司从财务角度或整体战略上充分考虑。

企业财务活动包括了筹资活动、投资活动、营运活动和利润分配等活动。作为前期一系列财务活动管理的结果和财务管理的最后一个环节，利润分配管理有着其重要作用。利润分配的科学性与合理性，将直接影响国家、公司、投资者、职工等企业各方相关者的利益，会影响到企业未来的发展，反过来会进一步影响企业未来筹资和投资决策，影响到公司长远利益与近期利益、整体利益与局部利益。

第一节　利润分配概述

利润分配是指将公司实现的净利润，按照国家财务制度规定的分配形式和分配顺序，在国家、公司和投资者之间进行的分配。利润分配的最终结果有两个：①向股东支付股利，实现股东的投资回报；②以盈余公积和未分配利润的形式留存在企业，作为股东的再投资。利润分配是企业财务管理的重要内容。

一、利润分配的内容

企业通过销售产品、提供劳务、转让资产使用权等业务活动取得收入后，按以下顺序进行分配。首先，要对收入的匹配费用（工、料、耗、费）进行弥补，形成息税前利润，此谓收入分配。然后，要按 3 个步骤依次进行利润分配：①在息税前利润的基础下支付债务利息，形成利润总额，此谓税前利润分配；②在弥补以前年度亏损的前提下支付税费，形成净利润，此谓税中利润分配；③首先按照一定比例提取盈余公积，形成可供股东分配利润，然后在可供股东分配利润的基础上向股东支付股利，形成未分配利润，此谓税后利润分配。可见，分配分为收入分配和利润分配两个层次，其中利润分配是分配的主体部分，股利分配是利润分配的核心内容。

利润分配的内容与顺序如表 8－1 所示。

表 8－1　利润分配的内容与顺序

<table>
<tr><td>一、息税前利润</td><td rowspan="10">利润分配</td><td colspan="2" rowspan="2">税前利润分配</td></tr>
<tr><td>支付利息费用</td></tr>
<tr><td>二、利润总额</td><td colspan="2" rowspan="3">税中分配利润</td></tr>
<tr><td>弥补以前年度亏损</td></tr>
<tr><td>支付企业所得税</td></tr>
<tr><td>三、净利润</td><td rowspan="5">税后利润分配</td><td rowspan="3"></td></tr>
<tr><td>提取盈余公积</td></tr>
<tr><td>四、可供股东分配利润</td></tr>
<tr><td>向股东支付股利</td><td rowspan="2">股利分配</td></tr>
<tr><td>五、未分配利润</td></tr>
</table>

二、利润分配的具体顺序

根据《中华人民共和国公司法》（以下简称《公司法》）等有关法规的规定，公司当年实现的净利润，一般应按照下列内容、顺序和金额进行分配：

（一）弥补亏损

（1）国家政策原因发生的亏损，应向国家财政申请补贴。

（2）公司经营中发生的亏损应当弥补。我国有关法规的规定，公司年度亏损，可以先由下一年度缴纳所得税前的利润弥补，下一年度所得税前的利润尚不足以弥补的，可以由以后年度所得税前的利润继续弥补，但连续期限不得超过5年。

税前利润未能弥补的亏损，只能由税后利润和以前年度公司留用的利润予以弥补。一是公司的未分配利润，即先用拟向投资者分红的资金弥补亏损。在累积亏损未得到弥补前，公司是不能向投资者分配利润的。另一个是公司的盈余公积金，即当亏损数额较大，用未分配利润尚不足于弥补时，经公司股东会议的决议，可以用已提取的盈余公积金弥补亏损，其中首先用任意盈余公积金弥补，然后用法定盈余公积金弥补。

（二）提取法定盈余公积金

法定盈余公积金按净利润的10%计提。其之所以称为“法定”，是因为它是由《公司法》及有关财务会计制度明确规定的，所有公司均必须计提，只有当公司计提的公积金累计达到注册资本50%以后，才可以不再计提。任意盈余公积金是在计提法定盈余公积金以及支付优先股股利以后，由公司章程规定或由股东会议决议提取的公积金。

如前所述，公司计提的公积金可以用于弥补超过税前利润弥补期的亏损。在弥补亏损后，如果当年实现的利润以及以前年度累积未分配利润不够向股东支付股利，经股东会议特别决议，公司可以用盈余公积金向股东支付股利，但其支付额不得超过股票面值的6%，且在支付股利后公司法定盈余公积金不能低于注册资本的25%。

公司的公积金经股东会议特别决议后，也可以用来增加公司的注册资本。公积金增加注册资本后，法定盈余公积金的数额仍不能低于注册资本的25%。

（三）分配优先股股利

应付优先股股利是指公司按照利润分配方案分配给优先股股东的现金股利。如果股份有限公司发行优先股的话，应该先分配优先股股利，再根据需要提取任意盈余公积金。如果股份有限公司没有发行优先股，则此步骤可以省略。

（四）提取任意盈余公积金

任意盈余公积金是根据公司章程及股东会的决议，从公司盈余中提取的公积金。《公司法》第177条第3款规定：公司从税后利润中提取法定公积金后，经股东会决议，可以提取任意公积金。任意公积金的提取与否及提取比例由股东会根据公司发展的需要和盈余情况决定，法律不作强制规定。

任意盈余公积金属于股东的合法权益，计提的目的是为了减少以后年度可供分配的利润，其主要用途是为了扩大再生产。任意盈余公积金计提标准由股东大会确定，如确因需要，经股东大会同意后，也可用于分配。

（五）分配普通股股利

公司以前年度未分配的利润，可以并入本年度分配。股份有限公司向持有普通股的股东分配股利，股利分配多少由股东大会决定。其他所有制形式的公司则是向投资者根据持股比例分红。

股份有限公司当年无利润时，不得向股东分配股利，但在用法定盈余公积金弥补亏损后，经股东大会特别决议，可以按照不超过股票面值6%的比例用法定盈余公积金分配股利，在分配股利后，公司法定盈余公积金不得低于注册资本金的25%。

公司以前年度亏损未弥补完，不得提取法定盈余公积金。在提取法定盈余公积金之前，不得向投资者分配利润。

（六）未分配利润

未分配利润是公司未作分配的利润。它在以后年度可继续进行分配，在未进行分配之前，属于所有者权益的组成部分。从数量上来看，未分配利润是期初未分配利润加上本期实现的净利润，减去提取的各种盈余公积和分出的利润后的余额。

第二节　股利理论与政策

在利润分配实务中常常会面临着如下几个问题：①公司应当支付多少股利，即如何确定现金股利与留存收益之间的比例？②公司发放股利是否影响公司价值，股东态度是怎样的？长期以来，许多学者对这些问题进行了大量研究，从不同角度提出了许多观点，从而形成了不同的股利理论。公司的财务管理目标是实现公司价值最大化，股利分配也应当服从这一目标，如何分配股利、股利分配的数量和形式都应当以实现公司价值最大化为基本目标。股利理论就是研究股利分配与公司价值、股票价格之间的关系，探讨公司应当如何制定股利政策的基本理论。

一、股利分配动因

股利分配是指股份有限公司以现金、股票等方式向股东分派股利，是企业利润分配的一部分。企业为什么要分配股利呢？

股票投资者从投资中获得的收益包括以下 3 个方面：①买卖股票差价——资本利得；②分红收益——包括现金和股票股利；③控制权收益——通过业务和财务控制获得好处，主要是大股东或控股股东。

在现代企业制度中，企业的所有权与控制权相分离，股权高度分散。对于大多数股东而言，由于只持有少量股票，无法对企业的生产经营决策起支配作用；对于一般股东来说，只能获得前面两个方面的收益。在股东的收益中，资本利得收益和红利收益的比率不同将影响投资者的行为。例如，对一只价格波动不大的股票，持有该股票的资本利得很小。如果公司红利很少，就没有长期投资价值了，但如果该股票有稳定的红利收入，就可以长期持有该股票，作为低风险的证券投资。同时，股利是股票的基本特征，是股份公司赖以生存的基础，获取股利是投资者投资的目的之一，同时也是股东应享有的权利。

对企业而言，股利分配同样有着重要意义。通过股利分配，可以增加公司股票的吸引力，以及稳定投资者的信心。如果每年都能保持固定或持续增长的股利支付，会向市场传递公司良性发展的信号。

然而，股利分配也会给公司带来一些不利影响，例如企业股利分配受多种因素的影响，包括企业本年的现金流量、税前利润、净利润、每股收益、未来投资需求等，这些可能会导致企业不能按照某一股利政策向股东发放股利，这时投资者可能会认为企业的财务状况出现了问题；另外，股利的支付可能导致资金短缺，财务状况恶化，或者无法保持较低的资本成本。

因此，股利分配需要在股票吸引力和公司财务负担之间寻求一种合理的均衡。进一步讲就是需要探寻股利与留存收益之间的比例确定问题。

二、股利理论

股利理论是研究股利分配政策对公司股价或公司价值有无影响问题的有关理论。股利理论是指导决策者选择股利政策的基础。然而，目前有关股利政策的理论还不是很成熟，存在以下几种主要观点：

（一）股利无关论

股利无关论认为股利分配对公司的市场价值（或股票价格）不会产生影响。该理论是由美国经济学家弗兰科·莫迪利安尼（Franco Modigliani）和财务学家默顿·米勒（Merton Miller）（简称莫米）于1961年提出，所以股利无关论也称MM理论。莫米立足于完善的资本市场，从不确定性角度提出了股利政策和公司价值不相关理论，该理论认为公司的盈利和价值的增加与否完全视其投资政策而定，公司市场价值与它的资本结构无关，而是取决于它所在行业的平均资本成本及其未来的期望报酬，在公司投资政策给定的条件下，股利政策不会对公司价值产生任何影响。进而得出，公司的权益资本成本为其资本结构的线性递增函数。在此基础上，莫米又创立了投资理论，公司的投资决策不受筹资方式的影响，只有在投资报酬大于或等于公司平均资本成本时，才会进行投资。莫米的股利无关论的关键是存在一种套利机制，通过这一机制使支付股利与外部筹资这两项经济业务所产生的效益与成本正好相互抵销，股东对盈利的留存与股利的发放将没有偏好，据此得出公司的股利政策与公司价值无关这一著名论断。

莫米理论是建立在完善资本市场假设的基础之上，假设条件包括：不存在个人所得税或公司所得税；不存在股票发行和交易费用；公司的投资决策与股利决策彼此独立；公司投资者和管理者同样可以获得未来投资机会的信息。

总的来说，股利无关论认为股利分配对公司的市场价值（或股票价格）不会产生影响。具体包括：

1. 投资者并不关心公司的股利的分配

若公司留存较多的利润用于再投资，会导致公司股票价格上升；此时尽管股利较低，但需用现金的投资者可以出售股票换取现金。若公司发放较多的股利，投资者又可以用现金再买入一些股票以扩大投资。也就是说投资者对股利和资本利得并无偏好。

2. 股利的支付比率不影响公司的价值

既然投资者不关心股利的分配，公司的价值就完全由其投资的获利能力所决定，公司的盈余在股利和保留盈余之间的分配并不影响公司的价值。

（二）股利相关论

股利相关理论认为，公司的股利政策会影响到股票价格。主要观点包括以下几种：

1. “在手之鸟”理论

“在手之鸟”一词源自谚语“双鸟在林，不如一鸟在手。”理论核心就是：已得到的价值比未得到的有风险的预期价值要高。该理论认为，投资者对股利收入与资本利得是有偏好的，大部分投资者更偏向于股利收入，特别是正常的股利收入，因为将留存收益用于再投资所获得的投资收益具有很大的不确定性，并且投资风险随着时间的推移将进一步增大，因此，投资者更喜欢现金股利，而不愿将利润留在公司。对投资者来说，现金股利好比“抓在手中的鸟”，实在可靠；而公司留利好比“躲在林中的鸟”，随时可能飞走。正如谚语所说：“双鸟在林，不如一鸟在手。”在投资者看来，股利收入要比由留存收益带来的资本收益更为可靠，宁愿现在收到较少股利，也不愿未来再收回风险较大的较多股利。如果有 A 和 B 两支股票，它们的基本情况相同，前者支付股利，而后者不支付股利，那么 A 股票的价格要高于 B 股票的价格。同理，对于基本情况相同的两种股票，股利支付率高的股票的价格肯定要高于股利支付率低的股票的价格。根据这种理论，公司需要定期向股东支付股利。公司分配的股利越多，公司价值也就越大。

2. 信号传递理论

信号传递理论认为，在信息不对称的情况下，公司可以通过股利政策向市场传递有关公司未来盈利能力的信息，从而会影响公司的股价。一般来讲，预期未来盈利能力强的公司往往愿意通过相对较高的股利支付水平，把自己同预期盈利能力差的公司区别开来，以吸引更多的投资者。

3. 代理理论

代理理论认为，股利政策有助于减缓管理者与股东之间的代理冲突，股利政策是协调股东与管理者之间代理关系的一种约束机制。较多地派发现金股利至少具有以下几点好处：

（1）公司管理者将公司的盈利以股利的形式支付给投资者，则管理者自身可以支配的“闲余现金流量”就相应减少了，这在一定程度上可以抑制公司管理者过度地扩大投资或进行特权消费，从而保护外部投资者的利益。

（2）较多的派发现金股利，减少了内部融资，导致公司进入资本市场寻求外部融资，从而公司可以经常接受资本市场的有效监督，这样便可以通过资本市场的监督减少代理成本。

4. 税收效应理论

由于对股利和资本利得征收不同的税率，因此股利支付水平高的股票比股利支付水平低的股票有更高的税前收益。在存在差别税负的前提下，公司选择不同的股利支付方式，不仅会对公司价值产生影响，还会出现税负差异。考虑到纳税的影响，投资者会对高股利收益率股票要求较高的必要报酬率。因此，为了使资金成本降到最低，并使公司的价值最大，应当采取低股利政策（后来的一些研究说明股票的预期必要报酬率会随股票收益率增加而有正的线性关系，表明存在税收效应）。

三、影响因素

公司税后利润可以留存，也可以用于分配股利。在公司利润有限的情况下，如何解决好留存与分红的比例，是处理短期利益与长期利益、公司与股东等关系的关键。股利政策的选择至关重要，应该综合考虑下列有关方面的各因素。

（一）法律因素

国家有关法规如《公司法》对公司利润分配的限制主要有：资本保全约束、资本积累约束、偿债能力约束和超额累积利润约束。

1. 资本保全约束

资本保全是公司财务管理应遵循的一项重要原则，它规定公司不能用资本（包括实收资本或股本和资本公积）发放股利，股利分配职能来源于公司当期利润或留存收益。目的是防止公司任意减少资本结构中的所有者权益，以保护债权人的利益。

2. 资本积累约束

规定公司必须按照一定的比例和基数提取各种公积金，要求在具体的分配政策上，贯彻“无利不分”的原则，即当公司出现年度亏损时，一般不得分配利润。

3. 偿债能力约束

美国有些州的法律规定，禁止缺乏偿债能力的企业支付现金股利。无偿债能力包括两种含义：一是企业的负债总额超过了资产的公允价值总额；二是企业不能向债权人偿还到期债务。无偿债能力限制在我国尚未纳入法律规范的范畴，但在企业长期借款或发行企业债券的相关条款中已有所涉及。因此公司在确定股利分配数量时，考虑现金股利分配对公司偿债能力的影响，保证在现金股利分配后公司仍能保持较强的偿债能力，以维护公司信誉，保证公司正常的资金周转。

4. 超额累积利润约束

公司不得超额累积利润，如果公司的留存利润超过法律认可的合理水平，将被加征额外税款。这是因为股东所获得的收益包括股利和资本利得，股利的税率一般大于资本利得的税率，公司可通过少发股利，累积利润使股价上涨来帮助股东避税。我国法律目前没有对超额累积利润作限制性规定。

（二）股东因素

股东在制定利润分配政策时需要考虑的因素主要有：控股权、避税、稳定收入、规避风险和股东的投资机会。

1. 控股权

如果公司支付较高的股利，就会导致留存收益减少，公司将来依靠发行新股筹集资金的可能性加大，而发行新股意味着公司控制权有旁落他人或其他公司的可能。因此，在原股东追加投资较少时，可考虑少分配股利，采取较紧的股利政策。

2. 避税

资本利得收入交的所得税少于支付股利交的所得税，所以，为了避税，高收入阶层的股东通常愿意公司少支付股利而将较多的利润保留下来作为再投资。

3. 稳定收入

股利相关论认为，用留存收益再投资给投资者带来的收益具有较大的不确定性，因此，投资者更喜欢现金股利，而不愿意将收益留存在企业内部，而去承担未来的投资风险。另外一些依靠股利来维持生活的股东，往往要求公司支付稳定的股利。如果公司留存较多的利润，将受到这部分股东的反对。

4. 规避风险

在某些股东看来，公司留存收益带来的新收益或股票交易价格产生的资本利得具有很大的不确定性。因此，与其获得不确定的未来收益，不如得到现实的确定的股利。即便是现在较少的股利，也强于未来较多但是存在较大风险的资本利得，因此，他们往往要求较多地支付股利。

5. 股东的投资机会

股东的投资机会，也是公司制定股利政策时必须考虑的一个因素。当股东有较好的投资机会时，而且预期投资收益率高于企业以留存收益进行再投资的预期收益率时，应该少留多分。

（三）公司因素

公司出于长期发展与短期经营考虑，需要考虑的因素主要有：举债能力、未来投资机会、盈余稳定状况、债务需要等。

1. 举债能力

偿债能力是股份公司确定股利政策时要考虑的一个基本因素。股利分配是现金的支出，而大量的现金支出必然影响公司的偿债能力。因此，公司在确定股利分配数量时，一定要考虑现金股利分配对公司偿债能力的影响，保证在现金股利分配后公司仍能保持较强的偿债能力，以维护公司的信誉和借贷能力。举债能力强的公司在资金缺乏时容易举借新的债务，可考虑多分少留，采用宽松的股利政策；举债能力弱的公司在资金缺乏时很难举借新的债务，可考虑少分多留，采用紧缩的股利政策。

2. 未来投资机会

公司的股利政策与其所面临的新的投资机会密切相关。如果公司的投资机会多，对资金的需求量大，则公司很可能会考虑少发现金股利，将较多的利润用于投资和发展；相反，如果公司的投资机会少，资金需求量小，则公司有可能多发些现金股利。因此，公司在确定其股利政策时，需要对其未来的发展趋势和投资机会做出较好的分析与判断，以作为制定股利政策的依据之一。

3. 盈余稳定状况

公司的股利政策在很大程度上会受其盈利能力的限制。一般来说，盈余相对稳定的企业有可能支付较高的股利，而盈余不稳定的企业一般采用低股利政策。因为盈余不稳定的企业，低股利政策可以减少因盈余下降而造成的股利无法支付、股价急剧下降的风险，还可将更多的盈余用于再投资，以提高企业的权益资本比重，减少财务风险。

4. 债务需要

公司通过举借新债、发行新股筹集资金偿还债务，也可以直接用经营积累偿还债务。当公司有较多的债务需要偿还时，应减少现金流出，采取紧缩的股利政策。

5. 现金流量

由于股利代表现金流出，企业的现金状况和资产流动性越好，其支付股利的能力就越强。股利分配不应影响公司正常的资金周转。企业在进行税后利润分配时，必须充分考虑企业的现金流量，而不仅仅是企业的净收益。

6. 资本成本

与增发普通股相比，保留盈余不需要花费筹资费用，其资本成本较低，是一种比较经济的筹资渠道。因此很多企业在确定税后利润分配政策时，往往将企业的净收益作为首选的筹资渠道，特别是在负债多、资本结构欠佳时期。

7. 股利政策惯性

一般情况下，企业不应经常改变其股利政策。如果企业历年采取的股利政策具有一定的连续性和稳定性，那么重大的股利政策调整有可能对企业的声誉、股票价格、负债能力、信用等产生影响。

(四) 其他因素

1. 债务合同

当公司以长期借款、债券、租赁合约等形式向外部筹资时，常常按照对方的要求，接受一些有关股利支付的限制性条款。一般包括：限制用以前的留存收益支付股利；留存资金低于一定标准时不准支付股利；将利润的一部分以偿债基金的形式留存下来；利息保障倍数低于一定标准时不得支付股利等。公司处于方便未来筹资的考虑，一般能自觉遵守与债权人事先签订的有关合同的限制性条款，以协调公司与债权人之间的关系。

2. 通货膨胀

通货膨胀使得物价上升，导致公司购买力下降，公司资金流失。在通货膨胀时期，公司一般会采取紧缩的股利政策。

3. 机构投资者的投资限制

机构投资者作为企业的战略合作伙伴，更注重企业的长远发展，公司在向机构投资者定向发行股票时，机构投资者往往对公司的股利政策提出附加条款。

影响股利分配的因素具体如表 8－2 所示。

表 8－2　影响股利分配的因素

影响股利分配的因素		说　明
法律因素	资本保全约束	不能用原始投资发放股利
	资本积累约束	提取各种公积金
	偿债能力约束	发放现金股利要考虑偿债能力
	超额累积利润约束	防止公司为大股东逃税
股东因素	控股权	持有控股权的股东希望少分股利
	避税	靠股利收入的股东希望少分股利
	稳定收入	靠股利度日的股东希望支付稳定股利
	规避风险	取得股利比取得资本利得的风险小，希望多发股利
	股东的投资机会	投资机会较好时且预期收益率高于企业从留存收益进行再投资的预期收益率时，应少留多分
公司因素	举债能力	具有较强举债能力的公司往往采取宽松的股利政策
	未来投资机会	有良好投资机会的公司往往少发股利
	盈余稳定状况	盈利相对稳定的公司可能支付较高股利
	债务需要	有很多债务要还的公司往往采取紧缩股利政策
	现金流量	现金流量较好的往往多发股利
	资本成本	与增发普通股相比，保留盈余的资本成本较低
	股利政策惯性	企业采取的股利政策应具有一定的连续性和稳定性

（续）

影响股利分配的因素		说 明
其他因素	债务合同	由于债务合同限制，公司只能采用财务紧缩的股利政策
	通货膨胀	通货膨胀时，公司一般采取紧缩的股利政策
	机构投资者的投资限制	机构投资者往往对公司的股利政策提出附加条款

四、股利政策

股利政策是关于公司是否发放股利、发放多少股利以及何时发放股利等方面的方针和策略。股利政策不仅会影响股东的利益，也会影响公司的正常运营和未来发展。由于各种股利政策各有利弊，所以公司在制定股利政策时，要综合考虑公司面临的各种具体影响因素，遵循税后利润分配的原则，以保证公司目标的实现。

处于企业生命周期不同阶段的公司所面临的财务、经营等问题也会有所不同，所以公司在制定股利政策时还要与其所处的发展阶段相适应。

股利政策主要包括：剩余股利政策、固定股利政策、固定股利支付率政策和低正常股利加额外股利政策。

（一）剩余股利政策

剩余股利政策是指公司生产经营所获得的税后利润首先应较多地考虑满足公司投资项目的需要，即增加资本或公积金，只有当增加的资本额达到预定的目标资本结构（最佳资本结构）后，如有剩余，才能派发股利。

根据这一政策，公司按如下步骤确定其股利分配额：

（1）确定公司的最佳资本结构。

（2）确定公司下一年度的资金需求量。

（3）确定按照最佳资本结构，为满足资金需求所需增加的股东权益数额。

（4）将公司税后利润首先满足公司下一年度的增加需求，剩余部分用来发放当年的现金股利。

【例8-1】 某公司2014年税后净利润为1 000万元，2015年计划投资需要资金1 200万元，目前的目标资本结构为股权资本占60%，债务资本占40%。

（1）按照目标资本结构，满足公司投资方案所需要的股权资本金额为：

$$1\ 200\times 60\% = 720\ （万元）$$

公司当年盈利1 000万元，除了满足上述投资方案所需的权益资本数额外，还有剩余可用于发放股利。当年公司可以发放的股利为：

$$1\ 000 - 720 = 280\ （万元）$$

若该公司当年流通在外的普通股为1 000万股，则每股股利为：

$$280 \div 1\,000 = 0.28\ (元/股)$$

（2）若公司2015年计划投资1 500万元，其他条件不变，则满足公司投资方案所需要的股权资本金额为：

$$1\,500 \times 60\% = 900\ (万元)$$

还有剩余100万元，可以发放股利。

（3）若公司2015年计划投资1 800万元，其他条件不变，则满足公司投资方案所需要的股权资本金额为：

$$1\,800 \times 60\% = 1\,080\ (万元)$$

当年盈利1 000万元只能全部用于满足投资需要，无股利发放，另外，还需要发行新股80万元用于弥补股权资本，以维持目标资本结构。

剩余股利政策的优点是留存收益优先保证再投资的需要，有助于降低再投资的资本成本，保持最佳的资本结构，实现企业价值的长期最大化。

剩余股利政策的缺陷是若完全执行剩余股利政策，每年发放的股利就会随着投资机会和盈利水平的波动而波动。在盈利水平不变的前提下，股利发放额与投资机会的多寡呈反方向变动；在投资机会维持不变的情况下，股利发放额与公司盈利水平呈同方向波动。此外，剩余股利政策不利于股东安排收入与支出，也不利于公司树立良好的市场形象。

该政策一般适用于公司初创阶段。

（二）固定股利政策

固定股利政策是公司将每年派发的股利额固定在某一特定水平上，不论公司的盈利情况和财务状况如何，派发的股利额均保持不变。

实行这种股利政策的决策者支持股利相关论。他们认为企业的股利政策会对公司的股票价格乃至企业价值产生影响，股利的发放是向投资者传递企业经营状况的某种信息。

【例8-2】 某公司现有发行在外的普通股1 000万股，每股维持1元的固定股利支付。若预计下一年度税后利润为2 000万元，则公司首先应将1 000万元的税后利润用于发放股利，然后再将剩下的1 000万元作为投资所用。

若预计下一年度税后利润为3 000万元，则公司首先应将1 000万元的税后利润用于股利发放，然后再将剩余的2 000万元作为投资所用。如果投资一共需要4 000万元的话，则投资所需要的另外2 000万元，要从债务市场上筹集。

采用这种股利政策的目的主要是为了避免出现因经营不善而导致股利减少。主要的优点有以下几点：

（1）平稳的股利向市场传递公司正常发展的信息，这将有利于为公司树立良好的形象，增强投资者对公司的信心，进而稳定股票的价格。

（2）在固定的股利政策下，股东可以对股利收入有一个比较好的预期，能较好地安排其收支，这一点对高度依赖股利的股东来说是十分重要的。

(3) 时高时低的股利，不受这些股东的欢迎，股价可能会因此下跌。

(4) 固定股利政策可能不会符合剩余股利理论的要求，但考虑股价同时也会受到股东心理和要求的影响，因此为了使股价维持在稳定的水平上，即使推迟某些投资方案或暂时偏离目标资本结构，也可能比时高时低的股利发放更有利。

这种股利政策的缺点是：公司股利支付与公司盈利相脱离，造成投资的风险与投资的收益不对称；还可能会给公司造成较大的财务压力，甚至可能侵蚀公司留存利润和公司资本。

固定股利政策一般适用于经营比较稳定或正处于成长期、信誉一般的公司。采用固定股利或稳定股利政策，要求公司对未来的支付能力做出较好的判断。一般来说，公司确定的稳定股利额不应太高，要留有余地，以免形成公司无力支付的困境。该政策适用于经营比较稳定或正处于成长期、信誉一般的公司。

(三) 固定股利支付率政策

固定股利支付率政策是公司确定固定的股利支付率，并长期按此比率支付股利的政策。这一政策要求公司每年按固定的比例从税后利润中支付现金股利，从公司支付能力的角度看，这是一种真正稳定的股利政策。

【例8-3】 盛大公司目前发行在外的股数为1 000万股，该公司的产品销路稳定，现拟投资1 500万元扩大生产能力。该公司想要维持目前50%的负债比率，并想继续执行10%的固定股利支付率政策。该公司在上年的税后利润为600万元。则该公司为扩充上述生产能力必须从外部筹措多少权益资本？

留存利润 = 600 × (1 - 10%) = 540 (万元)

项目所需权益资金 = 1 500 × (1 - 50%) = 750 (万元)

外部权益融资额 = 750 - 540 = 210 (万元)

固定股利支付率政策的优点：

(1) 使股利与公司盈余紧密结合，体现多盈多分、少盈少分、不盈不分的原则。

(2) 保持股利与利润间的一定比例关系，体现了投资风险与投资收益的对称性。

该政策的缺点主要是：公司财务压力较大；缺乏财务弹性；确定合理的固定股利支付率难度很大。

固定股利支付率政策只能适用于稳定发展的公司和公司财务状况较稳定的阶段。

(四) 低正常股利加额外股利政策

低正常股利加额外股利政策是公司事先设定一个较低的经常性股利额，一般情况下，公司每期都按此金额支付正常股利，只有公司盈利较多时，再根据实际情况发放额外股利的政策。

【例8-4】 某公司采用低正常股利加额外股利政策。该公司发行在外的流通股为2 000万股，每股正常的股利为0.5元。公司规定，若公司的净利润超过1 500万元时，则支付额外的股利，额外部分为超出额的20%。

假设该公司当年实现净利润为2 000万元：

那么

低正常的股利 = 2 000 × 0.5 = 1 000（万元）

额外股利总额 = （2 000 - 1 500） × 20% = 100（万元）

所以

当年每股股利 = 1 100 ÷ 2 000 = 0.55（元/股）

这种股利政策的优点是股利政策具有较大的灵活性。正常股利加额外股利政策，既可以维持股利的稳定性，又有利于优化资本结构，使灵活性与稳定性较好地相结合。

该政策的缺点主要是：股利派发仍然缺乏稳定性；如果公司较长时期一直发放额外股利，股东就会误认为这是“正常股利”，一旦取消，容易给投资者造成公司“财务状况”逆转的负面印象，从而导致股价下跌。

该政策为我国企业所普遍采用。

企业在进行股利分配时，应充分理解各种股利政策，结合实际情况，选择适宜于自己的股利政策。

第三节 股利政策的实施

一、股利分配程序

股份公司的股利分配方案通常由公司董事会决定并宣布，必要时要经股东大会或股东代表大会批准后才能实施（如我国就是这样规定的）。股利发放要经历一个过程，有几个非常重要的日期，依次为：公布日、宣告日、登记日、除息日、支付日。

（一）公布日

上市公司分配股利前，首先要由公司董事会制定分红预案，包括本次分红的数量、方式、股东大会召开的时间等，分红预案由公司董事会在该日向社会公布。

（二）宣告日

股份公司董事会根据定期发放股利的周期举行董事会会议，讨论并提出股利分配方案，由公司股东大会讨论通过后，正式宣布股利发放方案，宣布股利发放方案的那一天即为宣告日，在宣告日，股份公司应登记有关股利负债（应付股利）。

（三）登记日

由于工作和实施方面的原因，自公司宣布发放股利至公司实际将股利发出要有一定的时间间隔。由于上市公司的股票在此时间间隔内处在不停的交易之中，公司股东会随股票交易而不断易人，为了明确股利的归属，公司确定有股权登记日，凡在股权登记日之前（含登记日当天）列于公司股东名单上的股东，都将获得此次发放的股利，而在这一天之后才列于公司股东名单上的股东，将得不到此次发放的股利，股利仍归原股东所有。

（四）除息日

由于股票交易与过户之间需要一定的时间，因此，只有在登记日之前一段时间前购买股票的投资者，才可能在登记日之前列于公司股东名单之上，并享有当期股利的分配权。一般规定登记日之前的第四个工作日为除息日（逢节假日顺延），在除息日之前（含除息日）购买的股票可以得到将要发放的股利，在除息日之后购买的股票则无权得到股利，又称为除息股。除息日对股票的价格有明显的影响。在除息日之前进行的股票交易，股票价格中含有将要发放的股利的价值，在除息日之后进行的股票交易，股票价格中不再包含股利收入，因此其价格应低于除息日之前的交易价格。

（五）支付日

在这一天，公司用各种方式向股东支付股利，并冲销股利负债。

【例8-5】　某公司2014年12月15日发布公告：本公司董事会在2014年12月15日的会议上决定，本年度发放每股为2元的股利；本公司将于2015年1月3日将上述股利支付给2014年12月31日登记为本公司股东的人士。

本例中，2014年12月15为宣告日，2014年12月31日为登记日，2015年1月3为支付日。具体如图8-1所示。

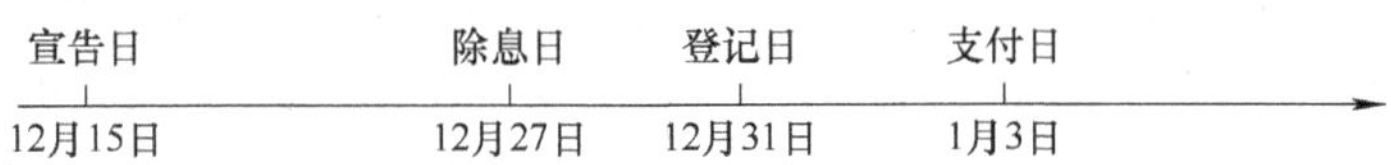

图8-1　股利分配示意图

二、股利支付方式

2000年以前，我国上市公司一般以送股为主要的股利分配方式，派发现金红利的很少。1996~2000年，派发现金比例较大的上市公司占上市公司总数的比例分别为9.78%、7.08%、9.33%、11.85%与10%。并且，绝大多数上市公司的现金分红都是象征性的，如同蜻蜓点水，少得可怜。甚至有些企业派发现金股利主要是为了保住其配股资格，以便达到“圈钱”的目的。2000年上市公司平均含税现金回报率仅仅为1.46%，低于当时一年期的银行存款利率。2000年以后，派发现金红利的上市公司逐渐增多，但股票股利仍在股利分配中占重要地位。

2005年以来，我国上市公司股利政策发生一些变化，具体表现在：

（1）现金分红的上市公司逐年增加，比例稳中有升。2005~2007年，实施现金分红的上市公司分别达621家、698家、779家，占所有上市公司总数的比例分别为45%、48%、50%。

(2) 上市公司现金分红的规模逐年增加。根据对上市公司2007年年报情况统计，有779家上市公司进行现金分红，占1 558家上市公司的50%；送红股的企业为148家，占上市公司总数的9.5%；派发现金总额2 757亿元，占2007年净利润9 483亿元的29%。2005～2007年上市公司现金分红总金额逐年创新高，分别为729亿元、1 163亿元和2 757亿元。

但与西方发达国家相比，仍有差距，研究数据显示，1926～2006年，标普500指数年回报率为10.4%，其中6.15%来自于分红，占总回报率的40%。

股份有限公司支付股利的基本形式主要有现金股利和股票股利。此外还有财产股利和负债股利等形式。

(一) 现金股利

现金股利（cash dividend）形式是指股份公司以现金的形式发放给股东的股利。发放现金股利的多少主要取决于公司的股利政策和经营业绩。上市公司发放现金股利主要出于以下3个原因：投资者偏好、减少代理成本和传递公司的未来信息。

公司采用现金股利形式时，必须具备以下两个基本条件：

(1) 公司要有足够的未指明用途的留存收益（未分配利润）。

(2) 公司要有足够的现金。

(二) 股票股利

股票股利（stock dividend）形式是指公司以股票形式发放的股利，即按股东股份的比例发放股票作为股利的一种形式。在我国，股票股利通常称为红股。股票股利侧重于反映长远利益，对看重企业的潜在发展能力而不计较即期分红多少的股东更具有吸引力。它不会引起公司资产的流出或负债的增加，而只涉及股东权益内部结构的调整。

【例8-6】 某企业发放股票股利前后，其资产负债表所有者权益发生变动。发放10%的股票股利，股票价格为20元/股，所有者权益变动情况如表8-3所示。

表8-3 发行股票股利的所有者权益变动情况表

单位：万元

	发行股票股利前	发行股票股利后
股本（面值1元，发行1 000股）	1 000	1 100
资本公积	3 000	3 000
留存收益	1 000	900
所有者权益合计	5 000	5 000

股票股利对公司来说，并没有现金流出，也不会导致公司的财产减少，而只是将公

司的留存收益转化为股本。但股票股利会增加流通在外的股票数量（股数），同时降低股票的每股价值。它不会改变公司股东权益总额，但会改变股东权益的构成结构。从表面上看，分配股票股利除了增加所持股数外好像并没有给股东带来直接收益，但事实上并非如此。因为市场和投资者普遍认为，公司如果发放股票股利往往预示着公司会有较大的发展和成长，这样的信息传递不仅会稳定股票价格甚至可能使股票价格上升。另外，如果股东把股票股利出售，变成现金收入，还会带来资本利得在纳税上的好处。因为相对于股利收入的纳税来说，投资者对资本利得收入的纳税时间在选择上更具有弹性，这样，即使股利收入和资本利得收入没有税率上的差别，仅就纳税时间而言，由于投资者可以自由向后推迟资本利得收入纳税的时间，所以它们之间也会存在延迟纳税带来的收益差异。所以股票股利对股东来说并非像表面上看到的那样毫无意义。

发放股票股利的优点主要包括以下几点：

（1）发放股票股利不需要向股东支付现金，但可以从心理上给股东获得投资回报的感觉。在公司投资机会较多的情况下，公司可以为再投资提供成本较低的资金，从而有利于公司的发展。

（2）发放股票股利可以降低公司股票的价格，一些公司在其股票价格较高，不利于股票交易和流通时，可通过发放股票股利降低公司的股票价格，促进公司股票的交易和流通。如果公司以发行股票的方式筹集资金，则可以降低发行价格，有利于吸引投资者。

（3）发放股票股利可以传递公司未来发展前景良好的信息，增强投资者信心。

（4）股票股利在降低股票价格的同时，会吸引更多的投资者成为公司的股东，从而分散公司的股权。应防止公司被恶意控制。

（三）财产股利

财产股利是以现金以外的资产支付的股利，主要是以企业所拥有的其他企业的有价证券，如债券、股票等作为股利支付给股东。

（四）负债股利

负债股利是以负债支付的股利，通常以企业的应付票据支付给股东，不得已情况下也有发行债券抵付股利的。

财产股利和负债股利实际上是现金股利的替代。这两种股利方式目前在我国公司实务中很少使用，但并非法律所禁止的。

三、股票分割与股票回购

（一）股票分割

1. 股票分割的含义

股票分割又称拆股，是公司管理当局将其股票分割或拆细的行为，即将面额较大的股票拆成面额较小的股票的行为。例如，将原来的一股分割成两股股票。股票分割不属于鼓励方式，但其产生的效果与发放股票股利近似，所以一般要根据证券管理部门的具体规定进行划分。按照国际惯例，发放25%以下股票股利界定为股票股利，发放25%以上股票股利界定为股票分割。

股票分割对公司的资本结构不会产生任何影响，一般只会使发行在外的股票总数增加，资产负债表中股东权益各账户（股本、资本公积、留存收益）的余额都保持不变，股东权益的总额也保持不变。但会引起每股面值降低，并由此引起每股收益和每股市价下跌。

2. 股票分割对公司的意义

实施股票分割虽不能增加股票的价值，但对公司起着重要作用。

（1）股票分割会使公司股票市价降低。买卖该股票所必需的资金量减少，易于增加该股票在投资者之间的交换，并且可以使更多的资金实力有限的潜在股东变成持股的股东。因此，股票分割可以促进股票的流通和交易。

（2）股票分割被视为利好消息。股票分割往往是成长中的公司行为，通常会给人一种公司正处于发展中的印象，有助于提高投资者对公司的信心。

（3）股票分割可以为公司发行新股做准备。公司股票价格太高，会使许多潜在的投资者力不从心而不敢轻易对公司的股票进行投资。在新股发行之前，利用股票分割降低股票价格，可以促进新股的发行。

（4）股票分割有助于公司并购政策的实施，增加对被并购方的吸引力。反之，股票分割带来的股票流通性的提高和股东数量的增加，会在一定程度上加大对公司股票恶意收购的难度。

3. 股票分割对股东的意义

股票分割在短期内不会给投资者带来太大的收益或亏损，即给投资者带来的不是现实的利益。但是，只要分割后每股现金股利下降的幅度小于股票分割幅度，股东也能获得更多现金股利。

【例8-7】 甲上市公司在2014年年末资产负债表上的股东权益账户情况如表8-4所示。

表8-4 甲公司2014年年末股东权益账户情况

单位：万元

账户名称	金额
普通股（面值10元，发行在外1000万股）	10 000
资本公积	10 000
盈余公积	5 000
未分配利润	8 000
股东权益合计	33 000

要求：

(1) 假设股票市价为20元，该公司宣布发放10%的股票股利，即现有股东持有10股即可获赠1股普通股。发放股票股利后，股东权益有何变化？每股资产是多少？

(2) 假设该公司按照1:2的比例进行股票分割。股票分割后，股东权益有何变化？每股净资产是多少？

根据上述资料，分析计算如下。

(1) 发放股票股利后股东权益账户情况如表8－5所示。

表8－5 发放股票股利后股东权益账户情况

单位：万元

账户名称	金额
普通股（面值10元，发行在外1 000万股）	11 000
资本公积	11 000
盈余公积	5 000
未分配利润	6 000
股东权益合计	33 000

每股净资产＝33 000÷（1 000＋100）＝30（元/股）

(2) 股票分割后股东权益情况如表8－6所示。

表8－6 股票分割后股东权益账户情况

单位：万元

账户名称	金额
普通股（面值5元，发行在外2 000万股）	10 000
资本公积	10 000
盈余公积	5 000
未分配利润	8 000
股东权益合计	33 000

每股净资产＝33 000÷（1 000×2）＝16.5（元/股）

(二) 股票回购

1. 股票回购的含义

股票回购是指上市公司利用现金等方式，从股票市场上购回本公司发行在外的一定数额的股票的行为。近几年，在国际资本市场上，股票回购已经成为企业向股东进行利润分配的主要形式。

公司在股票回购完成后可以将所回购的股票注销。但在绝大多数情况下，公司将回购的股票作为“库藏股”保留，不再属于发行在外的股票，且不参与每股收益的计算和分配。库藏股日后可移作他用，如发行可转换债券、雇员福利计划等，或在需要资金时将其出售。

2. 股票回购的动机

（1）提高财务杠杆比例，改善公司资本结构。当企业认为股权与债务权益之比例失衡时，可以利用现有资金和对外举债所得资金回购自身的股票，从而实现资本结构的合理化调整。

（2）满足公司兼并与收购的需要。股权交换是企业收购兼并的重要方式之一，企业拥有较多的股票，才可以用股票与对方进行置换。

（3）分配公司超额现金。当企业持有暂时多余的现金，而且又无相应投资机会时，基于股东利益考虑，可能以手持现金购回自身的股票。此方式的优点明显，既有效地将钱分配给股东，降低企业的资本成本，又不会对未来收益产生影响。

（4）在公司的股票价值被低估时，提高其市场价值。通过上述情况对比，一方面，股票回购可以减少企业在外流通股的数量，在目标利润一定的情况下，企业的股票价格与每股收益都有所提高；另一方面，当企业宣布回购股票市场被理解为：企业认为自己的股票价值被市场低估，通过回购将充斥在市场上的低价股一扫而空，市场常会做出积极反应，从而提高企业的价值。

（5）减少税金支出。对股东来说，股票回购可少支付股利应纳税金。因为股票回购时股东只需缴纳资本利得税，而发放现金股利则需缴纳个人所得税，个人所得税的税负要高于资本利得税。

（6）提高每股收益。股票回购可以减少流通在外股份数，从而提高每股收益。

【例 8-8】 某企业流通在外的普通股数量为 1 000 万股，面值 1 元，市场价格为 40 元/股。企业目前持有 500 万元的额外现金，决定将这笔现金发放给股东。方式一，发放现金股利，每股支付现金股利 0.5 元；方式二，以目标价格为 50 元/股，在市场上回购企业 10 万股流通股，回购后股票的市场价格为 50 元/股，企业年度净利润 1 000 万元，企业价值为 3 000 万元。具体情况如表 8-7 和表 8-8 所示。

表 8-7 发放现金股利表

项　　目	数　　量
流通在外普通股股数	1 000 万股
计划发放的股利	500 万元
计划每股发放的股利	0.5 元/股
发放股利后的年度净利润	1 000 万元
发放股票股利后的每股收益	1 元/股
发放股票股利后的企业价值	3 000 万元

表 8-8　股票回购表

项　　目	数　　量
流通股	990 万股
股票回购后的年度净利润	1000 万元
股票回购后的每股收益	1.01 元/股
股票回购后的企业价值	3 000 万元

3. 股票回购的方式

股票回购的方式主要有以下 3 种：

（1）公开市场回购。公开市场回购即按照股票目前市场价格回购企业股票。这种方法的透明度比较高，但很容易推高股价，增加回购成本。

（2）协议回购。协议回购即股票发行方通过协议价格向一个或几个大股东回购股票的一种方法。协商的内容包括价格和数量及回购的时间等，一般协议价格低于股票的市价。但是有时公司会以超常溢价向其认为有潜在威胁的非控股股东回购股票，显然，这种过高的回购价格将损害继续持有股票的股东的利益。公司有可能将涉及诉讼。

（3）要约回购。要约回购即以一个高于股票目前市场价格的价格，回购一定数量的股票。这种方式赋予所有股东向公司出售其所持股票的机会。与公开市场相比，会传递更为积极的信号。缺陷在于溢价的存在使得回购成本较高。

4. 股票回购的影响

（1）股票回购需要大量资金支付回购的成本，易造成资金紧缺，资产流动性变差，影响公司发展后劲。

（2）股票回购可能使公司的发起人股东更注重创业利润的兑现，而忽视公司长远的发展，损害公司的根本利益。

（3）股票回购容易导致内幕操纵股价。企业的管理者拥有本企业最准确、最及时的信息，如果允许企业回购股票，易导致其利用内幕消息进行炒作，操纵股价，使大批中小投资者蒙受损失。

（4）从法律观点来看，股票回购可能被税务机关视为逃避股利征税的行为，导致税务机关的惩罚。

（三）股票股利、股票分割与股票回购的共同点与区别。

（1）股票股利与股票分割都会使股票股数增加，但股票回购是减少股票股数。

（2）股票股利与股票分割会使市价降低，但股票回购会提高股票价格。

（3）股票股利与股票分割使每股收益降低，但股票回购使每股收益增多。

（4）股票股利与股票分割不会改变资本结构，股票回购会使资本与所有者权益减少。

（5）股票股利与股票分割不会改变公司的控制权，但会使控制权分散，而股票回购反而会巩固和转移公司的控制权。

【练习题】

1. 某公司本年实现的净利润为200万元，年初未分配利润为600万元，年末公司讨论决定股利分配的数额。上年实现净利润为180万元，分配的股利为108万元。

要求：

（1）预计明年需要增加投资资本300万元。公司的目标资本结构为权益资本占55%，债务资本占45%。公司采用剩余股利政策，权益资金优先使用留存收益，公司本年应当发放多少股利？

（2）公司采用固定股利政策，公司本年应发放多少股利？

（3）公司采用固定股利支付率政策，公司本年应发放多少股利？

（4）公司采用正常股利加额外股利政策，规定每股正常股利为0.1元，按净利润超过最低股利部分的30%发放额外股利，该公司普通股股数为500万股，本年应发放多少股利？

2. B公司年终进行利润分配前的股东权益情况为：股本（面值5元已发行100万股）500万元，资本公积300万元，未分配利润600万元。

要求：

（1）如果公司宣布发放10%的股票股利，若当时该股票市价为6元，股票股利的金额按照当时的市价计算，并按发放股票股利后的股数发放现金股利每股0.1元。则计算发放股利后的股东权益各项目的数额。

（2）如果按照1股换3股的比例进行股票分割，计算进行股票分割后股东权益各项目的数额。

第九章

财务报表分析

学习目标

了解财务报表分析的意义、主体；理解财务报表分析的局限性；掌握财务报表分析的基本方法；了解财务指标的经济含义；结合财务指标体系进行单项财务分析；关注杜邦财务分析法等综合财务分析方法。

案例导入

八年的达尔曼骗局

西安达尔曼实业股份有限公司（简称达尔曼）于1993年以定向募集方式设立，主要从事珠宝、玉器的加工、销售。1996年，公司在上海证券交易所（简称上交所）挂牌上市，并于1998年和2001年两次配股，在股市募集资金共7.17亿元。西安翠宝首饰集团公司（简称翠宝集团）一直是达尔曼第一大股东，翠宝集团名为集体企业，实际上完全由董事长许宗林一手控制。2003年公司首次出现亏损，主营业务收入由2002年的3.16亿元下降到2.14亿元，亏损达1.4亿元，每股收益为-0.49元。同时，公司的重大违规担保事项浮出水面，涉及人民币3.45亿元，美元133.5万元；还有重大质押事项，涉及人民币5.18亿元。2004年5月10日，达尔曼被上交所实行特别处理，变更为"ST达尔曼"，同时证监会对公司涉嫌虚假陈述行为立案调查。2004年9月，公司公告显示，截至2004年6月30日，公司总资产锐减为13亿元，净资产接近-3.46亿元，仅半年时间亏损高达14亿元，不仅抵消了上市以来大部分业绩，而且濒临退市破产。此后，达尔曼股价一路狂跌，2004年12月30日跌破一元面值，2005年3月25日，达尔曼被终止上市。达尔曼1996年上市，直到2004年，造假金额达30亿元之多，却始终没被发现，；在8年中虽然换了3次会计师事务所，却最终直至2011年董事长许宗林携款外逃，老婆、孩子、亲属全部移民加拿大，才发现这场长达8年精心设计的骗局。达尔曼公司的造假导致银行损失20多亿元，投资者损失7个多亿元。达尔曼造假手段包括了：利用员工的身份证成立30多家空壳公司；与上市公司进行虚假交易，不断地做项目，购买生产线、进口设备；对外投资、搞珠宝一条街等虚假项目……而公司的毛利率、销货比率、各种单据都造得天衣无缝，收入、现金流、各种比率都符合行业比率。

案例启示

作为投资者或债权人，对企业财务状况的了解主要通过财务报表数据分析获得。如何正确看待、认识报表中的数据及其意义，要求具备一定的专业能力。而在企业造假手段层出不穷的今天，使用财务报表数据更需擦亮眼睛。需要掌握一定的财务报表识别与分析的方法，从而对公司的财务状况做出相对客观的评价，以便及时发现企业非正常操作或潜在危机，来指导外部和内部决策。

第一节 财务报表分析概述

财务分析是以企业财务报告为主要依据，采用一系列的分析技术和方法，对企业财务状况和经营成果进行分析和评价，以反映企业在运营过程中的利弊得失、财务状况及发展趋势。财务分析是财务管理的重要方法之一，它既是财务预测的前提，也是企业对过去一定期间财务活动的总结，为企业进行下一步的财务决策提供依据，具有承上启下的作用。

一、财务分析的作用

由于不同的信息使用者所关注的财务分析结论是不同的，所以，财务分析对于他们的意义也就不同。

（一）从投资者角度

企业的投资者包括企业的所有者和潜在投资者。投资者对企业投资的目的在于获取投资收益，也就是要在资本保值的基础上进一步实现资本的不断增值。因此，投资者的利益与企业的财务状况和经营结果密切相关、休戚与共。为了提高投资收益、减少投资风险，投资者必须深入了解企业的盈利能力、偿债能力、营运能力及其发展趋势。通过分析企业的资产和盈利能力，来决定是否进行投资；通过分析企业的盈利状况、股价变动和发展前景，来决定是否转让股份；通过分析企业的盈利水平、破产风险和竞争能力，来考查经营者的业绩；通过分析企业的筹资状况，来决定股利分配政策。总之，通过财务分析，为投资者做出投资决策提供依据。

（二）从债权人角度

企业债权人包括企业借款的银行及一些金融机构，以及购买企业债券的单位与个人等。作为企业债权人，其要求权是对企业资产以及其变现能力、偿债能力的要求，他们最关心的是企业能否按期偿还债务本金及利息。因此，债权人进行财务分析，一是看其对企业的借款或其他债券能否及时、足额收回，也就是研究企业偿债能力的大小；二是看企业的收益状况与风险程度能否相适应，为此，还应将偿债能力分析与盈利能力分析相结合。总之，通过财务分析，全面、准确地掌握企业的支付能力和偿债能力，从而对提供信贷资金的风险进行评价，为债权人制定信用政策提供依据。

（三）从经营者角度

企业经营者主要是指企业的管理人员。他们有责任保证企业的内部资产合理使用并得到保值和增值。在生产经营活动中，他们既要保持企业良好的偿债能力和营运能力，又要为投资赚取较多的利润。因此，他们进行财务分析的目的是综合的和多方面的，涉及的内容最广泛，几乎包括外部使用者关心的所有问题。通过财务分析，要衡量企业的财务状况，评价企业一定时期的经营业绩，还要预测企业未来的发展趋势。总之，通过财务分析，为经营者进行经营与投资决策和改善管理提供依据。

（四）其他财务分析

其他财务分析的主体或服务对象主要指与企业经营有关的政府经济管理部门。通过财务分析，检查国家各项经济政策、法规、制度在企业的执行状况；通过财务分析，保证企业财务会计信息和财务报告的真实性、准确性，从而为投资者提供真实可靠的会计信息资料，维护市场秩序，防止欺诈和不正当竞争；通过财务分析，对国家整个经济形势或发展做出评价与预测，以便取得宏观调控所需的信息资料。总之，通过财务分析，为政府经济管理部门进行管理和宏观调控提供依据。

二、财务报表分析的内容

（一）偿债能力分析

偿债能力是指企业偿还债务的能力。通过对企业财务报告等会计资料进行分析，可以了解企业资产的流动性、负债水平及偿还债务能力，从而评价企业的财务状况和经营风险，为企业经营管理者、投资者和债权人提供财务信息。

（二）营运能力分析

营运能力是指企业资产利用的能力，它是衡量企业各项经济资源利用效率的重要指标。企业的生产经营过程就是利用资产取得收益的过程。资产是企业生产经营活动的经济资源，资产的管理水平直接影响到企业的收益，它体现了企业的整体素质。进行财务分析，可以了解到企业资产的保值和增值情况，分析企业资产的管理水平、资金周转状况、现金流量情况等，评价企业的营运能力水平。

（三）盈利能力分析

盈利能力是指企业获取经营利润的能力。获取利润是企业的主要经营目标之一，它也反映了企业的综合素质。企业要生存和发展，必须争取获得较高的利润，这样才能在竞争中立于不败之地。投资者和债权人都十分关心企业的获利能力，获利能力强可以提高企业偿还债务的能力，提高企业的信誉。对企业获利能力的分析不能仅看其获取利润的绝对数，还应分析其相对指标，这些都可以通过财务分析来实现。

（四）发展能力分析

发展能力分析就是通过观察企业资产变动、负债增减、资本筹集状况、经营规模和经营成果等状况，并对偿债能力、营运能力、盈利能力诸方面进行综合分析，从而评价与判断企业的经营效益及未来发展趋势与前景，为企业经营管理者和投资者进行经营决策与投资决策提供重要依据。

三、财务报告分析的局限性

财务报告分析作为一种经济管理，在评价企业财务状况优劣、经济效益高低等方面发挥了极其重要的作用。但是，同时必须清醒地意识到，财务报告分析的结果不是绝对的，甚至可能与实际情况相差甚远，即财务报告分析存在一定的局限性。

（一）财务报告本身的局限性

财务报告是会计的产物。会计有特定的假设前提并要执行统一的规范。我们只能在规定意义上使用财务报告数据，不能认为财务报告揭示了企业的全部实际情况。会计的假设前提对财务报告质量的影响体现在以下4个方面：

（1）历史成本报告资产，不代表其现行或变现价值。

（2）假设币值不变，不按通货膨胀率或物价水平调整。

（3）稳健原则要求预计损失而不预计收益，有可能夸大费用、少计收益和资产。

（4）按年度分期报告，只报告了短期信息，不能提供反映长期潜力的信息。

（二）报告的真实性问题

只有依据真实的财务报告才有可能得出正确的分析结论。财务报告分析通常假定财务报告是真实的。报告的真实性问题要通过审计来解决。财务分析不能解决报告的真实性问题，但是财务分析人员通常要注意以下与此有关的问题：

（1）要注意财务报告是否规范。不规范的报告，其真实性也应受到怀疑。

（2）要注意财务报告是否有遗漏，遗漏是违背充分披露原则的。遗漏可能是故意的，不想讲真话，也不能说假话，是故意遗漏的可能原因。

（3）要注意分析数据的反常现象。如果出现不合理的反常现象，则要考虑数据的真实性和一贯性是否有问题。

（4）要注意审计报告的意见及注册会计师的信誉。

（三）企业会计政策的不同选择影响可比性

对同一会计事项的账务处理，会计准则允许使用几种不同的规则和程序，企业可以自行选择，如存货计价方法、折旧方法、所得税费用确认方法、对外投资收益的确认方法等。虽然财务报表附注对会计政策的选择有一定表述，但报表使用者未必能完成可比性的调整工作。

（四）比较基础问题

在分析比较时，必须要选择比较的基础，作为评价本企业当期实际数据的参照标准包括本企业历史数据、同企业数据和计划预算数据。

横向比较时使用同业标准。同业的平均数只起一般性的指导作用，不一定有代表性，不是合理性的标志。通常，选一组有代表性的企业求其平均数作为同业标准，可能比整个行业的平均数更好。近年来，企业更重视以竞争对手的数据作为分析基础。有的企业实行多种经营，没有明确的行业归属，因此同行业对比起来就更加困难。

趋势分析是以本企业历史数据作比较基础。历史数据代表过去，并不代表合理性。经营的环境是变化的，今年比去年利润提高了，不一定说明已经达到应该达到的水平甚至不一定说明管理有了改进。

实际与计划差异分析，以计划预算做比较基础。实际和预算的差异，有时是预算不合理造成的，而不是执行中出现问题。

总之，对比较基础本身要准确理解，并且要在限定意义上使用分析结论，避免简单化和绝对化。

第二节 财务报表分析方法

出现在财务报告中的财务信息是财务报表分析的基础素材，财务报表分析方法就是立足不同利益主体的要求，对这些财务信息进行归纳、分析、整理，或进一步加工的过程。一般来说，主要包括比较分析法、比率分析法和因素分析法。

一、比较分析法

比较分析法也称对比分析法，它是通过两个或两个以上相关指标进行对比，确定数量差异的一种方法，在实际工作中，比较分析法的应用非常广泛，具体形式包括：

（1）实际指标与计划指标对比。用以说明企业经营计划的完成情况和程度，分析实际与计划的差异，为进一步的财务报表分析提供依据。

（2）同一指标纵向对比。这是同一指标在不同历史时期的对比，一般是用本期实际指标与历史指标进行对比。通过比较，可观察企业经营的发展趋势。

（3）同一指标横向对比。这是同一指标在不同条件下的对比，一般是用本企业与同类型、同行业企业相比，用以发现差距，吸收先进、促使企业经营管理的改进与提高。

需要注意的是：运用比较分析法时指标的可比性非常关键，指标可比性是指要求用于比较的指标间口径相同，包括指标内容、计算方法、评价标准、时间单位、产生指标的不同企业的经营规模和业务范围等方面的一致性。

二、比率分析法

比率分析法是把这些彼此存在关联的项目加以对比并计算出比率，据以确定经济活动变动程度的分析方法。

1. 结构比率

结构比率又称构成比率，它是某项经济指标的各个组成部分与总体的比率，反映部分与总体的关系。利用构成比率，可以考查总体中某个部分的形成和安排是否合理，以便协调各项财务活动。其计算公式为：

$$构成比率=\frac{某个组成部分数额}{总体数额}$$

2. 相关比率

它是以两个项目和与其有关但又不同的项目加以对比所得的比率，用来反映有关经济活动的相互关系。利用相关比率指标，可以考查有联系的相关业务安排得是否合理，是否能保证企业运营活动能够顺畅进行。如将流动资产与流动负债加以对比，计算出流动比率，据以判断企业的短期偿债能力。

3. 趋势比率

趋势分析是比较分析法的延伸，是将两期或连续数期财务报告中相同指标进行对比，确定其增减变动的方向、幅度，以说明企业财务状况和经营成果的变动趋势的一种方法。采用这种方法，可以分析引起变化的主要原因、变动的性质，并预测企业未来的发展前景。对不同时期财务指标的比较，可以有以下两种方法：

（1）定基动态比率。它是以某一时期的数额为固定的基数额而计算出来的动态比率，其计算公式为：

$$定基动态比率=\frac{分析期数额}{固定基期数额}$$

（2）环比动态比率。它是以每一分析期的前期数额为基期数额而计算出来的动态比率。其计算公式为：

$$环比动态比率=\frac{分析期数额}{前期数额}$$

【例9-1】　四维公司2010～2014年产品销售额资料如表9-1所示。

表9-1　四维公司2010～2014年产品销售额

年　份	2010年	2011年	2012年	2013年	2014年
销售额/万元	10 000	12 000	13 000	15 000	18 600

如果以2010年为基期，2014年比2010年增长率为：

18 600÷10 000×100%－1＝86%

如果分别以上年为基期，则其各年环比增长率分别为：

2011年比2010年增长率＝12 000÷10 000×100%－1＝20%

2012年比2011年增长率＝13 000÷12 000×100%－1＝8%

2013年比2012年增长率＝15 000÷13 000×100%－1＝15%

2014年比2013年增长率＝18 600÷15 000×100%－1＝24%

三、因素分析法

因素分析法是依据分析指标与其影响因素的关系，从数量上确定各因素对分析指标影响方向和影响程度的一种方法。采用这种方法的假设前提是，当有若干因素对分析对象产生影响作用时，假定其他各个因素都无变化，从而依次确定每一个因素单独变化所产生的影响。常用的因素分析法主要有连环代替法和差额分析法两种。

（一）连环替代法

连环代替法是将分析指标分解为各个可以计量的因素，并根据各个因素之间的依存关系，顺次用各因素的比较值（通常为实际值）替代基准值（通常为标准值或计划值），据以测定各因素对分析指标的影响。下面通过例题说明其步骤。

【例 9－2】　A 企业材料费用总额实际数比计划数增加 1 240 元，请使用连环替代法，根据表 9－2 中的资料，计算各因素变动对材料费用总额的影响程度。

表 9－2　企业材料费用有关资料表

项　目	单　位	计　划　值	实　际　值
产品产量	件	100	110
单位产品材料消耗量	kg/件	8	7
材料单价	元/kg	10	12
材料费用总额	元	8 000	9 240

第一步：确定分析对象，分析指标体系。例 9－2 中的分析对象为材料费用，可分解为：

材料费用＝产量×单位产品材料消耗量×材料单价

第二步：连环顺序代替，计算代替结果。所谓连环顺序代替就是以基期指标体系为计算基础，然后用实际指标体系中的每一因素的实际数顺次地替代其相应的基期数，每次替代一个因素，其替代后的因素被保留下来。

计划指标：100×8×10＝8 000（元）　(1)

第一次替代：110×8×10＝8 800（元）　(2)

第二次替代：110×7×10＝7 700（元）　(3)

第三次替代：110×7×12＝9 240（元）　(4)

第三步：比较各因素的替代结果，确定各因素对分析指标的影响程度。

产量增加的影响：(2) － (1) ＝8 800－8 000＝800（元）

材料节约的影响：(3) － (2) ＝7 700－8 800＝－1 100（元）

价格提高的影响：(4) － (3) ＝9 240－7 700＝1 540（元）

第四步：检验分析结果。各因素对分析指标的影响数额相加，应等于指标的实际值与基准值的差额。

全部因素的影响：800 - 1 100 + 1 540 = 9 240 - 8 000 = 1 240（元）

（二）差额分析法

差额分析法是连环替代法的一种简化形式即一次利用各个因素的实际值与基准值之间的差额，来计算各因素对分析指标的影响。

以表 9 - 2 中所列数据为例，可采用差额分析法计算确定各因素变动对材料费用的影响。

产量增加的影响：（110 - 100）× 8 × 10 = 800（元）

材料节约的影响：110 ×（7 - 8）× 10 = - 1 100（元）

价格提高的影响：110 × 7 ×（12 - 10）= 1 540（元）

全部因素的影响：800 - 1100 + 1540 = 1 240（元）

因素分析法既可以全面分析各因素对某一经济指标的影响，又可以单独分析某个因素对某一经济指标的影响，在财务分析中应用颇为广泛。但在实际运用中时应注意以下几点：

（1）因素分解的关联性。即构成经济指标的各个因素确实是形成该项指标差异的内在原因，它们之间存在着客观的因果关系。

（2）因素替代的顺序性。在实际工作中，往往是按照先数量后质量、先实物后价值量、先原始后派生、先主要后次要、先分子后分母的顺序替代，不可随意加以颠倒。

（3）顺序替代的连环性。在计算每一个因素变动的影响时，都是在前一次计算的基础上进行，并采用连环比较的方法确定因素变化影响的结果。

（4）计算结果的假定性。由于因素分析法计算的每一个因素变动的影响值会因替代顺序的不同而有差别，因而计算结果具有一定程序上的假定性和近似性。

第三节　财务报表分析基础

财务报表分析所使用的主要资料是对外发布的财务报表（financial statements），是根据统一规范编制的反映企业经营成果、财务状况及现金流量的财务报表，包括资产负债表、利润表、现金流量表、附表和报表附注等。由此可见，准确、科学的财务报表分析应该是以熟悉财务资料，尤其是财务报表为前提的。

一、资产负债表

资产负债表（balance sheet）也称财务状况表，表示企业在一定日期（通常为各会计期末）的财务状况的主要财务报表。资产负债表利用“资产 = 负债 + 所有者权益”这一会计平衡原则，将符合会计原则的资产、负债、所有者权益三大会计要素按会计科目分为“资产”和“负债及所有者权益”两大区域，以特定日期的静态企业情况为基准，浓缩成一张报表。为了便于之后的财务分析，以下列示四维公司2014年12月31日的资产负债表简表，如表9－3所示。

表9－3 四维公司资产负债表

2014年12月31日　　　　单位：万元

资　产	年初数	年末数	负债及所有者权益	年初数	年末数
流动资产：			流动负债：		
货币资金	1 600	1 800	短期借款	4 000	4 600
短期投资	2 000	1 000	应付账款	2 000	2 400
应收账款	2 400	2 600	预收账款	600	800
预付账款	80	140	其他应付款	200	200
存货	8 000	10 400	流动负债合计	6 800	8 000
长期待摊费用	120	160	非流动负债：		
流动资产合计	14 200	16 100	长期负债	4 000	5 000
非流动资产：			所有者权益：		
长期投资	800	800	实收资本	24 000	24 000
固定资产净值	24 000	28 000	盈余公积	3 200	3 200
无形资产	1 000	1 100	未分配利润	2 000	5 800
			所有者权益合计	29 200	33 000
资产合计	40 000	46 000	负债及所有者权益合计	40 000	46 000

资产负债表可以让报表阅读者在最短时间了解企业经营状况，获取企业的财务信息，便于以下决策：

1. 分析企业的资产项目及组成结构

在资产负债表的左侧，资产是由流动资产与非流动资产两大部分组成的。其中，流动资产包括货币资金、应收账款、存货等资产项目；非流动资产包括固定资产净值、无形资产等资产项目。每一类资产的功能都不尽相同，流动资产具体项目和占用资金的额度可以反映企业资产的流动性与变现质量；长期投资项目内容与金额反映了企业是否存在新的利润增长点或潜在风险；固定资产净值可以反映企业的生产规模与加工能力；无形资产可以反映出公司资产潜质。除此以外，通过企业流动资产与非流动资产的比例结构可以看出企业资源配置是否合理、有效。

2. 分析企业资金来源及比例结构

在资产负债表的右侧，“负债”与“所有者权益”构成了企业资产购置所需要的资金来源，根据“资产＝负债＋所有者权益”的平衡原理，如果公司负债比重高，相应的所有者权益就低，则说明企业主要的资金来源是债务，真正属于企业自有的财产（即所有者权益）不多，企业财务风险比较大；反之，当企业所有者权益比重较高时，说明企业的主要资金来源是自有资金，此时企业的财务风险虽然降低了，但从另一个侧面却反映出企业缺乏应用负债杠杆经营的策略，当良好的市场机会出现时，企业的收益是有限的。

3. 分析企业的资金来源与资金应用的关系

企业经营所需的所有资产是由筹集到的债务资金与所有者自有资金购置的，但同时，企业需要依靠各项资产周转获得的利益支持债权人与所有者所要求的债务利息和股利，因此不同性质的资金来源应该供给不同受益程度的资产需求。流动资产流动性强，收益性弱，所以购置其所需的资金应由还款周期短、利息负担较低的流动负债解决；长期资产置存期间较长，收益能力强，所以购置其所需资金应由还款周期长、成本负担较高的长期负债与所有者权益资金来解决。基于以上的理解，通过资产负债表可以分析企业资金来源与资金应用的关系是否合理。

4. 分析企业财务状况的发展趋势

通过对企业不同时点资产负债表的比较，可以对企业财务状况的发展趋势做出判断。可以肯定地说，企业某一特定日期（时点）的资产负债表对信息使用者的作用极其有限。只有把不同时点的资产负债表结合起来分析，才能把握企业财务状况的发展趋势。同样，将不同企业同一时点的资产负债表进行对比，还可对不同企业的相对财务状况做出评价。

二、利润表

利润是企业的经营成果，作为差量指标，主要来源于企业收入的增加与成本费用的降低，利润表（income statement）则是动态反映企业一定会计期间经营成果的基本财务报表，利润表也称为损益表或收益表。为了便于之后的财务分析，以下列示四维公司 2014 年度的利润表，如表 9 – 4 所示。

利润表的阅读分析可以使我们获得有价值的财务信息，具体表现在以下几个方面：

1. 分析企业一定期间生产经营的成果

利润表通过把企业在特定期间内的收入、成本和费用情况按会计核算原则加以配比，可以全面反映企业生产经营的收益情况，表明企业的投入产出比例关系，确定企业是取得盈利还是发生亏损。

2. 考核企业计划完成情况

企业的利润是各项生产经营活动的收益与耗费的集中表现，企业的各项生产经营活动无不发生收益和费用，无不通过收益与费用的比较表现出来，利润是反映企业生产经营情况的综合性指标。利润表通过反映企业生产经营成果的情况，能够为全面考核企业生产经营计划的完成情况提供依据。

表9-4 四维公司利润表

2014年12月　　单位：万元

项　目	上年实际	本年累计
一、营业收入	36 000	40 000
减：营业成本	21 400	24 400
营业务税金及附加	2 160	2 400
销售费用	3 240	3 800
管理费用	1 600	2 000
财务费用	400	600
资产减值损失		
加：投资收益（损失以“-”表示）	600	0
二、营业利润（亏损以“-”表示）	7 800	6800
加：营业外收入	1 600	1 800
减：营业外支出	600	200
三、利润总额（亏损以“-”表示）	8 800	8 400
减：所得税费用（税率为40%）	3 520	3 360
四、净利润	5 280	5 040
五、每股收益		
（一）基本每股收益		

3. 分析和预测企业盈利能力

利润表所提供的企业营业利润、投资收益和营业外收支等企业损益的详细情况，是进行财务分析的重要资料。有关方面通过分析前后期的营业利润的增减变化、投资净收益的增减变化和营业外收支的变动情况，可以分析和测定企业损益的发展变化趋势，预测企业未来的盈利能力。

4. 评价企业的经营风险

通过企业利润的构成分析可以评估其经营风险。企业利润主要来源于营业利润，其中主营业务利润应该是持续、稳定的构成因素。企业对外投资风险较大，收益的稳定性相对较差。营业外收入属于偶然利得，不能依靠其来增加利润。因此分析企业利润的构成时，如果整体利润主要来自于非营业利润则说明企业的经营风险较大。

三、现金流量表

现金流量表（cash flow statement）是反映企业在一定时期现金流入和现金流出动态状况的报表。通过现金流量表，可以概括反映经营活动、投资活动和筹资活动对企业现金流入流出的影响。为了便于之后的财务分析，以下列示四维公司2014年度的现金流量表，如表9-5所示。

表 9-5 四维公司现金流量表

2014 年度　　　　单位：万元

项　目	本期金额
一、经营活动产生的现金流量：	
销售商品、提供劳务收到现金	20 000
经营现金流入小计	20 000
购买商品、接受劳务支付的现金	12 000
支付给职工以及为职工支付的现金	5 000
支付的各项税费	1 500
支付其他与经营活动有关的现金支出	600
经营现金流出小计	19 100
经营活动产生的现金流量净额	900
二、投资活动产生的现金流量：	
收回投资收到的现金	800
投资现金流入小计	800
购建固定资产支付的现金	4 000
投资现金流出小计	4 000
投资活动产生的现金流量净额	-3 200
三、筹资活动产生的现金流量：	
取得借款收到的现金	9 600
筹资现金流入小计	9 600
偿还债务支付的现金	8 000
筹资现金流出小计	8 000
筹资活动产生的现金流量净额	1 600
四、汇率变动对现金及现金等价物的影响	0
五、现金及现金等价物净增加额	-700

现金流量表是基于“收付实现”的原则来反映企业一定期间的财务信息，是对以“权责发生制”为核算基础的“资产负债表”“利润表”所反映信息的补充和完善。通过现金流量表的分析可以获得以下诸多信息：

1. 明确企业一定期间内现金流入和流出的具体原因

现金流量表的格式是按企业“经营活动”“筹资活动”“投资活动”3 个引起现金流动的项目设计的，每个项目分别按现金的流入与流出归纳，所以现金流量表可以清晰地反映一定期间企业现金流动的原因。

2. 明确企业现金偿债能力和现金股利支付能力

通常情况下，获利多少在一定程度上表明企业具有一定的偿债与支付能力。但实际中，某些企业利润表上反映的经营业绩很可观，但却不能偿还到期债务；而某些企业虽然利润表上反映的经营成果并不理想，但却有足够的偿付能力。产生这种情况有诸多原因，其中会计核算采用的权责发生制、配比原则等所含的估计因素是其主要原因之一。

3. 结合其他财务信息，分析企业未来支付与获取现金的能力

现金流量表中，经营活动产生的现金流量，代表企业运用其经济资源创造现金流量的能力；投资活动产生的现金流量，代表企业运用资金产生现金流量的能力；筹资活动产生的现金流量，代表企业筹资获得现金的能力。利用现金流量表，结合资产负债表与利润表等其他财务信息，可以分析企业未来获取或支付现金的能力。例如，企业本期通过银行借款筹得资金，从本期现金流量表中反映为现金流入，但却意味着未来偿还借款时要流出现金。又如，本期应收未收的款项，在本期现金流量表中虽然没有反映为现金的流入，但意味着未来将会有现金流入。

4. 分析企业投资和理财活动对经营成果和财务状况的影响

资产负债表能够提供的是静态的财务信息，不能反映财务状况变动的原因，也不能表明这些资产、负债给企业带来多少现金，又用去多少现金；利润表虽然能提供动态的财务信息，但利润表只能反映利润的构成，也不能反映经营活动、投资和筹资活动给企业带来多少现金，又支付多少现金，而且利润表不能反映投资和筹资活动的全部事项。现金流量表则提供了一定时期现金流入和流出的动态财务信息，表明企业在报告期内分别由经营活动、投资和筹资活动获得多少数量的现金，企业获得的这些现金是如何运用的，对资产负债表和利润表起到补充说明作用，现金流量表是联系资产负债表和利润表的桥梁。

第四节　财务指标分析

财务指标是利用资产负债表、利润表、现金流量表等有关的财务资料，计算出来反映各报表项目间的关系，从而评价企业的财务状况和经营成果的数据。财务指标的特点是：能将那些不同性质、不能直接对比的财务报表项目有机地联系在一起，综合衡量、评价、揭示各个财务报表项目的内在联系。财务指标也是各种财务报表分析方法的应用基础。

全面分析财务报表，就需要构建有机、综合的财务指标体系。财务分析实践证明：偿债能力、营运能力、获利能力可以体现企业基本的财务状况与经营成果，故以此分类所构建的财务指标被认为是基本的财务指标体系。

一、偿债能力指标与分析

企业在融资活动中会从外部来源取得债务资金，由此就有了定期付息、到期还本的固定财务负担，并形成财务风险。企业偿还债务的能力不仅关系到自身是否能

持续经营，发展获利，而且也会影响投资者、债权人等利益相关者的潜在利益，所以企业非常重视偿债能力的分析。

由资产负债表的结构可以看出：负债的发生主要是满足企业所需资产的购置要求，而负债的偿还也是依赖于企业资产的数量与质量，所以，偿债能力分析主要是揭示企业资产与负债、现金流量与负债的关系。

（一）短期偿债能力指标与分析

短期偿债能力（short－term solvency）也叫作变现能力，主要是指企业流动资产对流动负债偿还的可能性，它取决于企业近期可变现的流动资产的多少。

反映企业短期偿债能力的比率主要有流动比率、速动比率、现金流量负债比率。

1. 流动比率（current ratio）

$$流动比率=\frac{流动资产}{流动负债}$$

其中，流动资产是指1年或超过1年的1个营业周期内耗用或变现的资产，一般包括库存现金、银行存款、交易性金融资产、应收款项、存货等。流动负债是指1年或超过1年的1个营业周期内需要偿还的债务，包括短期借款、应付及预收款项、各种应交款项等。

【例9－3】 以四维公司为例，计算公司流动比率。

从表9－3四维公司资产负债表财务资料获知：2014年年末的流动资产是16 100万元，流动负债是8 000万元，其流动比率为：

$$流动比率=\frac{16\ 100}{8\ 000}=2.01$$

流动比率表示每1元流动负债有多少元流动资产做偿还保障，它是测定流动负债支付能力的最基本比率。经验认为企业合理的流动比率应该是2，因为流动资产中变现能力最差的是存货，其金额约占流动资产总额的一半，那么剩余的流动性较大的流动资产至少要等于流动负债，企业的偿债能力才会有保证。一般而言，流动比率低，表明企业缺乏短期偿债能力；流动比率高，说明企业资产的流动性高，企业短期偿还债务能力较强。但如果流动比率太高，则说明企业流动资金中有限制或利用不足。

流量比率作为相对数，有利于企业间的比较。但同时也值得注意的是：

（1）利用流动比率反映的偿债能力，在不同行业之间有差异。由于各行业的经营性质和经营策略不同，流动比率的大小所反映偿债能力也不能一概而论，例如，零售企业流动比率往往低于以赊销为主的企业。所以不同行业的流动比率缺乏可比性。企业计算出来的流动比率，只有和同行业的先进水平、本企业历史先进水平相比，才能知道该比率是高是低、是否合理。

（2）流动比率反映的偿债能力是静态数值，应结合趋势分析。

A 公司 2013 ~ 2014 年流动资产与流动负债如表 9－6 所示。

表 9－6 A 公司流动资产与流动负债

单位：元

项目	2013 年	2014 年
流动资产：		
库存现金	152 155	101 733
应收账款	251 255	350 245
存货	150 033	152 648
预付费用	31 225	54 971
流动资产合计	584 668	659 597
流动负债：		
应付账款	181 587	290 538
短期借款	276 457	261 168
其他流动负债	17 378	21 961
流动负债合计	475 422	573 667

已知 A 公司 2012 年年末流动资产与流动负债分别是 492 000 元和 368 420 元，即通过计算分析可得流动资产与流动负债趋势百分比分析表如表 9－7 所示。

表 9－7 A 公司流动资产与流动负债趋势百分比分析表

	2012 年	2013 年	2014 年
流动资产/元	492 000	584 668	659 597
流动负债/元	368 420	475 422	573 667
流动比率	1.34	1.23	1.15
流动资产趋势百分比（%）	100	118.83	134.06
流动负债趋势百分比（%）	100	129.04	155.71

从表 9－7 中可以发现：A 公司在 2012 ~ 2014 年，其流动资产与流动负债都呈增长趋势，在流动资产与流动负债之中，流动负债的增长速度快于流动资产，2013 年流动负债的增长速度较流动资产的增长速度快 10.21%，而 2014 年流动负债的增长速度较流动资产的增长速度快 21.65%，流动资产与流动负债趋势百分比分析表中的数据显示公司的偿债能力在减弱，从发展趋势上分析，企业偿债能力下降的主要原因是流动负债的增长速度过快所造成的。

（3）流动比率反映偿债能力时未考虑流动资产和流动负债的具体构成。

通过相关资料计算分析可得流动资产结构分析计算表如表 9－8 所示。

表9-8 A公司流动资产结构分析计算表

项目	2013年		2014年	
	金额/元	百分比（%）	金额/元	百分比（%）
货币资金	152 155	26.02	101733	15.42
应收账款	251 255	42.97	350 245	53.10
存货	150 033	25.66	152 648	23.14
预付费用	31 225	5.35	54 971	8.33
流动资产合计	584 668	100.00	659 597	100.00

从以上的流动资产结构分析计算表可以发现：该公司的流动资产结构在2013～2014年发生了较大的变化，变化幅度较大的项目是货币资金与应收账款两个流动资产项目，货币资金在流动资产中所占的比重从2013年的26.02%下降到2014年的15.42%，下降了10.6%，而应收账款在流动资产中所占的比重从2013年的42.97%提高到2014年的53.10%，提高了10.13%。该公司的流动资产结构变化告诉分析者，该公司的流动资产在这两个年度内，从流动性较高的货币资金向流动性较差的应收账款发生了流动，而这种流动将影响企业实际的偿债能力。

2. 速动比率（quick ratio）

$$速动比率 = \frac{速动资产}{流动负债} = \frac{流动资产 - 存货}{流动负债}$$

【例9-4】 以四维公司为例，2014年年末流动资产是16 100万元，其中存货是10 400万元，流动负债是8 000万元，其速动比率为：

$$速动比率 = \frac{16\ 100 - 10\ 400}{8\ 000} = 0.71$$

速动比率又称酸性测试比率，是衡量流动资产中可以立即变现偿付流动负债的偿债指标。由于剔除了不易变现的存货，速动比率比流动比率更能准确说明企业的短期偿债能力。显然，速动比率越高，企业偿债能力应该越强。经验认为企业理想的速动比率是1，低于1的速比率被认为短期偿债能力偏低。与流动比率一样，不同行业的速动比率也是有差别的。

3. 现金流动负债比率

由于现金的流动性日益受到企业管理者和社会各界的重视。因此，有必要将现金和流动负债之间进行对比分析，这就是现金流动负债比。

$$现金流动负债比率 = \frac{经营活动现金净流量}{流动负债}$$

【例9-5】 以四维公司为例，2014年经营活动产生的现金流量净额是2 800万元，流动负债是8 000万元，其现金流动负债比率为：

$$现金流动负债比率 = \frac{2\ 800}{8\ 000} = 0.35$$

现金流动负债比率反映企业现金对流动负债的保障程度，是企业最真实的偿债能力，尤其是企业坏账比例大、呆滞存货多的情况下，分析现金比率显得尤为重要。该比率越高，企业的偿债能力就越强，但同时应考虑到企业也会因为置存大量现金，而增加了管理成本，还可能丧失高收益的投资机会。所以，企业应根据自身日常开支情况、生产销售情况、临时筹措资金能力，结合流动比率、速动比率确定合理的现金流动负债比。

（二）长期偿债能力指标与分析

长期偿债能力（long - term solvency）是企业偿付所有债务的能力，既包括偿还本金的能力，又包括偿还利息的能力。分析企业长期偿债能力时应以负债总额为基础，既然是对债务总额的偿还，那么就应以企业所有的资产作为保障，所以企业长期偿债能力实质主要体现为企业债务总额和资产总额、净资产、现金流量的关系。考查企业长期偿债能力的指标主要有：资产负债率、产权比率、有形净值债务率、已获利息倍数、现金负债总额比率等。

1. 资产负债率（debt - to - asset ratio）

$$资产负债率 = \frac{负债总额}{资产总额} \times 100\%$$

【例 9 - 6】 以四维公司为例，2014 年年末资产总额是 46 000 万元，负债总额是 13 000 万元，其资产负债率为：

$$资产负债率 = \frac{13\ 000}{46\ 000} \times 100\% = 29.26\%$$

资产负债率所表示的经济含义在于：企业购置每 1 元资产所需资金中有多少是借来的。资产负债率越大，企业负债越多，偿债困难越大，财务风险越大；反之，比率越小，说明偿债能力越好。但同时也要看到：过低的资产负债率，往往会使企业不能有效的利用财务杠杆效应来增加企业的绝对收益。所以，企业应该结合企业自身的资本结构、获利能力以及企业外部的市场环境对资产负债率指标做出合理的判断与评价。

资产负债率指标对不同的人有不同的意义：对债权人而言，他们希望该项比例越低越好，比例越低，说明债权人本息越有保障，风险越小；对投资人而言，当资本利润率高于债务利息率时，他们希望该比率越高越好，因为借款所带来的利润高于支付的利息，投资人能得到额外收益，反之，当全部资本利润率低于借款利息率时，该比例越低越好。

2. 产权比率（debt - to - equity ratio）

$$产权比率 = \frac{负债总额}{所有者权益总额} \times 100\%$$

【例9-7】 以四维公司为例，2014年年末所有者权益总额是33 000万元，负债总额是13 000万元，其产权比率为：

$$产权比率 = \frac{13\ 000}{33\ 000} \times 100\% = 39.39\%$$

产权比率又称债务股权比率。它反映债权人提供的资本与投资者提供资本之间的关系，可以说明企业基本财务结构的稳定程度，也可以说明企业自有资金对偿债风险的承受能力。该比率越低，说明企业的资金来源中债务规模越小，债权人利益越有保障，企业到期不能偿债的风险越小。从企业长期偿债能力而言，该项比率应小于1。

与资产负债率、产权比率高度相关的还有一个常用比率，即权益乘数（equity multiplier）。

$$\begin{aligned}权益乘数 &= \frac{资产总额}{所有者权益总额} \times 100\% \\ &= 1 + 产权比率 \\ &= \frac{1}{1 - 资产负债率}\end{aligned}$$

3. 有形净值债务率

所有者权益是企业投资者所拥有的净资产，其中包含无形资产投资形成的价值，而无形资产本身的价值具有很强的不确定性，所以为更准确分析负债和所有者权益的关系，可以用负债总额和扣除无形资产的所有者权益比较，计算有形净值债务率，其公式为：

$$有形净值债务率 = \frac{负债总额}{所有者权益 - 无形资产净值} \times 100\%$$

【例9-8】 以四维公司为例，2014年年末所有者权益总额是33 000万元，负债总额是13 000万元，无形资产是1 100万元，其有形净值债务率为：

$$有形净值债务率 = \frac{13\ 000}{33\ 000 - 1\ 100} \times 100\% = 40.75\%$$

有形净值债务率实质上是产权比率的延伸，能更准确、更保守的说明债权人利益受所有者权益的保障程度，表明债权人在企业破产时的被保护程度。

4. 已获利息倍数（interest coverage）

$$\begin{aligned}已获利息倍数 &= \frac{息税前利润}{利息费用} \\ &= \frac{净利润 + 所得税 + 利息费用}{利息费}\end{aligned}$$

其中，利息费用是指本期发生的全部应计利息，包括计入财务费用中的费用化利息和计入长期资产中的资本化利息。由于我国的利润表中未单列利息费用，所以外部报表使用者一般可以利用利润表中的“财务费用”估计。

【例9-9】　以四维公司为例，2014 年年末利润总额是 8 400 万元，财务费用为 600 万元，假设本年无资本化利息，则已获利息倍数为：

$$\text{已获利息倍数} = \frac{8\ 400 + 600}{600} = 15$$

目前，分析企业偿债能力时，定期付息能力的强弱日益受到重视，因为面临到期债务，如果有足够的付息能力，企业就可以举新债还旧债。已获利息倍数也称为利息保障倍数，它表明企业经营业务收益相当于利息费用的倍数，其倍数越大，说明企业的付息能力越强，即偿债能力越强。同时，该项指标也间接说明企业的获利能力，获利水平高，利润额就高，已获利息倍数的提高才会有坚实的基础。

5. 现金债务总额比率

$$\text{现金债务总额比率} = \frac{\text{经营活动现金净流量}}{\text{债务总额}}$$

【例9-10】　以四维公司为例，2014 年经营活动产生的现金流量净额是 2 800 万元，负债总额是 13 000 万元，则现金债务总额比率为：

$$\text{现金债务总额比率} = \frac{2\ 800}{13\ 000} = 0.22$$

现金债务总额比率又叫做现金利息率，它反映企业承担债务的能力，也是企业最大可以承受的平均利率水平，比率越高说明企业举债能力越强。四维公司的现金债务总额比率是 22%，则说明目前企业可以承担的平均现金利率是 22%，与金融市场的平均融资利率、同行业平均融资利率比较可以分析本企业的举债能力。

值得注意的是，通过现金债务总额比率的启发，企业可以根据金融市场平均融资利率计算企业可承担的最大债务总额，进而判断企业是否可以继续借债、可以借多少债。

$$\text{最大债务总额} = \frac{\text{经营现金净流入}}{\text{现金利息率}}$$

【例9-11】　假设目前市场平均的融资利率是 12%，则四维公司的最大债务总额为：

$$\text{最大债务总额} = \frac{2\ 800}{12\%} = 23\ 333.33(\text{万元})$$

由表 9-3 可知四维公司现有负债总额是 13 000 万元，则说明企业还有一定的负债能力，可以继续承担的债务额度是 10 333.33 万元（23 333.33 万元 - 13 000万元）

（三）分析企业偿债能力应注意的问题

1. 注意区分短期偿债能力和长期偿债能力

一般来讲，短期偿债能力的分析主要侧重于研究企业流动资产、资产变现能力与流动负债的关系；长期偿债能力分析则涉及企业的资本结构、获利能力和变现能力等。区别分析短期偿债能力和长期偿债能力，对一个企业来说是至关重要的。例如，一个企业虽然长期偿债能力很好，但如果短期偿债能力出现问题，就要被迫通过出售长期资产偿还债务，轻者直接影响企业正常的生产经营活动，严重时会导致企业破产。相反，如果一个企业虽然具有较充足的现金或近期变现的流动资产，但长期偿债能力不足，这将导致企业缺乏更多的资金进行长期投资，使企业的经营规模难以扩大，企业的盈利水平难以提高。

2. 注意非现金资产变现价值的不确定性

在进行偿债能力分析时，财务分析人员一般是将企业的资产与负债进行比较，或者计算其比率的大小，或者计算其差额的多少，并以此作为评价企业偿债能力强弱的依据。人们把资产看作企业对负债的一种保证，然而却忽视了非现金资产变现价值的不确定性，财务报表上披露的数据并不能代表企业资产变现偿债时的市场价值。例如，财务人员在计算资产负债率指标时，分母中的资产总额包括了企业所有的流动资产和长期资产，其中不仅涉及流动资产质量不高的问题，还可能存在固定资产、无形资产变现能力差，长期待摊费用不能变现的影响。因此，非现金资产质量的高低直接影响到财务比率的真实性和有效性。

3. 注意偿债能力与盈利能力、运营能力的联系

目前财务分析人员主要是从考查资产对负债的保障程度出发评价企业偿债能力的。这种分析方法虽然具有一定的科学性，但是如果不将其与盈利能力、运营能力的分析评价相结合，就不能全面揭示企业真实的偿债能力，也不能找到保持合理偿债能力的动因所在。例如，一般而言，盈利能力的提高，有助于增强企业偿债能力；而维持合理的偿债能力，又有利于稳定地提高企业盈利能力。但是，不适当地追求盈利能力，则会削弱企业的偿债能力；而偿债能力不足，不仅会影响企业盈利能力的提高，还会危及企业的生存及发展。再比如，应收账款周转率越高，说明企业速动资产的质量越好，偿债能力也越强；存货周转率越高，表明企业存货转换为现金或应收账款的速度也就越快，反映的短期偿债能力也越好。

4. 重视企业短期融资能力的重要影响

企业偿还到期的债务一般有两条途径可供选择：一是用当前持有的资产偿还，二是以借新债还旧债的方式偿还。不过，目前在分析企业偿债能力时，主要的偿债能力比率指标都是以评价资产对负债的保障程度为基础架构的，也就是说，我们往往更多地假定企业会以持有的资产来偿还债务。这样评价偿债能力忽略了企业可以通过借新债还旧债的途径解决到期债务的可能性。而在信用市场条件下，企业有可能依靠自身的各种优势获得金融机构的资金支持，从而化解债务危机。这种短期融

资能力是在企业不便于或不愿意用持有资产偿还到期债务时，对企业偿债能力的有效补偿。因此，在分析评价企业偿债能力时，不能忽视企业短期融资能力，要将其作为衡量企业偿债能力的重要依据和有益补充。

二、营运能力指标与分析

营运能力分析也称资金周转分析，是指通过比较企业资金周转速度，判断和评价企业经营管理水平和资源利用效率的高低。如果资金周转状况好，周转速度快，就说明企业营运能力比较强。企业的资金周转状况与企业的供产销各方面关系密切。企业经营管理水平的高低，直接左右资金的循环时间和周转速度。资金周转分析的重要意义就在于为进一步提高企业经营管理水平和增强企业营运能力指明方向。

（一）资产营运能力指标与分析

资产营运能力指标主要有存货周转率、应收账款周转率、流动资产周转率和总资产周转率等。

1. 存货周转率（inventory turnover ratio）

$$存货周转率 = \frac{营业成本}{平均存货}$$

其中，

$$平均存货 = \frac{期初存货 + 期末存货}{2}$$

这里需要说明的是：营业成本数据来自利润表，是典型的时期值，而存货数据是来自资产负债表，是时点值，如果要建立营业成本与存货的相对关系，就必须使二者口径一致，所以这里的存货选择平均存货数据，以下指标数据同理。

存货周转率又叫存货周转次数，表示一定时间里存货周转的次数。一般讲，一定时间里存货周转率越大，则说明企业存货转换成销售收入，即现金和应收账款的速度越快，那么企业一定时间的收益就越显著，当然企业的偿债能力也会因此相应增强；反之，如果存货周转率越低则说明存货周转速度慢，企业的存货管理水平差，相应会削弱企业的获利能力与偿债能力。

如果存货周转率用时间表示时，叫作存货周转天数，表示存货周转一次所用的时间，其公式为：

$$存货周转天数 = \frac{360}{存货周转率}$$

【例 9－12】 以四维公司为例，2014 年年初存货是 8 000 万元，2014 年年末存货是 10 400 万元，全年营业成本是 24 400 万元。存货周转率及周转天数分别为：

$$存货周转率 = \frac{24\ 400}{(8\ 000 + 10\ 400) \div 2} = 2.65(次)$$

$$存货周转天数 = \frac{360}{2.65} = 136(天)$$

从以上分析可以看出：四维公司的本年度存货周转速度缓慢，存货管理效率有待提高。

值得注意的是：①存货周转率与存货周转天数两个指标都能反映企业存货的周转速度，但存货周转率是正指标，数值越大对企业越有利，存货周转天数是反指标，数值越小对企业越有利；②财务分析者在分析存货周转率指标时，应尽可能结合存货的批量因素、季节性变化因素等情况对指标加以理解，同时对存货的结构以及影响存货周转率的重要指标进行分析，通过进一步计算原材料周转率、在产品周转率或某种存货的周转率，从不同角度、环节上找出存货管理中的问题，在满足企业生产经营需要的同时，尽可能减少经营占用资金，提高企业存货管理水平。

2. 应收账款周转率（accounts receivable turnover）

$$应收账款周转率 = \frac{营业收入}{平均应收账款}$$

$$应收账款周转天数 = \frac{360}{应收账款周转率}$$

其中，

$$平均应收账款 = \frac{期初应收账款 + 期末应收账款}{2}$$

营业收入是指扣除折扣和折让后的净额，即利润表中的营业收入。

【例9-13】 以四维公司为例，2014年年初应收账款是2 400万元，2014年年末应收账款是2 600万元，全年营业收入是40 000万元。应收账款周转率与周转天数分别为：

$$应收账款周转率 = \frac{40\ 000}{(2\ 400 + 2\ 600) \div 2} = 16(次)$$

$$应收账款周转天数 = \frac{360}{16} = 22.5(天)$$

应收账款周转率和应收账款周转天数都反映企业应收账款的管理效率。一般来讲，应收账款周转率高（或应收账款周转天数短），说明企业应收账款周转速度快，收账迅速，降低了坏账损失发生的可能性；反之，说明企业应收账款的周转速度慢，对应收账款的管理较差。同时，企业资产的偿债能力也会因应收账款周转速度快慢而增强或减弱。

利用应收账款周转速度反映企业应收账款管理水平时需要注意以下问题：①影响应收账款周转速度下降的原因主要是企业的信用政策、客户故意拖延和客户财务困难；②应收账款是时点指标，易于受季节性、偶然性和人为因素的影响；③过快的应收账款周转率可能是由紧缩的信用政策引起的，其结果可能会危及企业的销售增长，损害企业的市场占有率。

3. 流动资产周转率（current asset turnover）

$$流动资产周转率 = \frac{营业收入}{平均流动资产}$$

其中，

$$平均流动资产 = \frac{期初流动资产 + 期末流动资产}{2}$$

营业收入是指扣除折扣和折让后的净额，即利润表中的营业收入。

【例9-14】 以四维公司为例，2014年年初流动资产是14 200万元，2014年年末流动资产是16 100万元，全年营业收入是40 000万元。流动资产周转率为：

$$流动资产周转率 = \frac{40\ 000}{(14\ 200 + 16\ 100) \div 2} = 2.64(次)$$

流动资产周转率不仅反映流动资产营运效率，同时也影响着企业的盈利水平。企业流动资产周转率越快，周转次数越多，表明企业以相同的流动资产实现的营业收入越多，说明企业流动资产的营运效率越好，进而使企业的偿债能力和盈利能力均得以增强。反之，则表明企业利用流动资产进行经营活动的能力差，效率较低。

4. 总资产周转率（total asset turnover）

$$总资产周转率 = \frac{营业收入}{平均总资产}$$

其中，

$$平均总资产 = \frac{年初资产总额 + 年末资产总额}{2}$$

【例9-15】 以四维公司为例，2014年年初资产总额是40 000万元，2014年年末资产总额是46 000万元，全年营业收入是40 000万元。总资产周转率为：

$$总资产周转率 = \frac{40\ 000}{(40\ 000 + 46\ 000) \div 2} = 0.93(次)$$

总资产周转率反映的是企业全部资产的利用效率。总资产周转率越高，说明企业资产利用效率越高，其资产的盈利性也就越强。一般情况下，如果应收账款、存货、固定资产的周转速度加快，那么总资产周转率就会相应提高。

资产周转率指标中的资产数据是一个时点数，极易受偶然因素的干扰甚至是人为的粉饰。因此，要了解企业资产周转的真实状况，就应该注重资产周转率的比较分析，包括趋势比较与同业比较：可以通过比较本企业不同时期的资产周转率，以发现其规律和趋势；也可以通过同一时期本企业与同行业内部的平均水平与先进水平比较，以了解本企业在同行业中的地位。

（二）获取现金能力指标与分析

获取现金能力是指企业投入的经济资源获取经营活动现金净流量的能力，投入的经济资源可以是现金、普通股股数、资产总额、净资产等，主要指标有经营现金使用效率、全部资产现金回收率、净资产现金回收率等。

1. 经营现金使用效率

$$经营现金使用效率=\frac{经营活动现金流入}{经营活动现金流出}$$

【例 9-16】 以四维公司为例，2014 年度经营现金流入是 20 000 万元，经营现金流出是 19 100 万元，经营现金使用效率为：

$$经营现金使用效率=\frac{20\ 000}{19\ 100}=1.05$$

经营现金使用效率的经济含义在于：企业日常经营中，每 1 元的现金流出量能收回的现金数量。当经营现金使用效率 =1 时，说明企业现金收付平衡，该比值越大，说明企业现金使用效率越高，在企业不发生大规模投资的情况下，现今正常的流转没有问题；当经营现金使用效率 <1 时，说明短期内，企业用以维持正常生产经营的现金流量不足，如果企业存在到期债务，则财务风险加大。

2. 资产现金回收率

反映资产投入可获得现金能力的指标通常有两个，即全部资产现金回收率与净资产现金回收率。

$$全部资产现金回收率=\frac{经营活动现金净流量}{平均资产总额}$$

$$净资产现金回收率=\frac{经营活动现金净流量}{平均净资产}$$

【例 9-17】 以四维公司为例，2014 年年初资产总额是 40 000 万元，所有者权益是 29 200 万元；年末资产总额是 46 000 万元，所有者权益是 33 000 万元，全年经营活动现金净流量是 900 万元。全部资产现金收回率与净资产现金回收率分别为：

$$全部资产现金回收率=\frac{900}{(40\ 000+46\ 000)\div 2}=0.021$$

$$净资产现金回收率=\frac{900}{(29\ 200+33\ 000)\div 2}=0.029$$

该指标反映企业资产获得现金的能力，指标值越高，说明资产获现能力越强，越能引起潜在投资者的兴趣，尤其是净资产现金回收率，不仅可以用来衡量企业运用所有者投入资本创造现金的能力，也可以反映企业每元净资产分派现金利润的最大限度。

三、获利能力指标与分析

盈利是企业最重要的经营目标之一，是企业生存与发展的基础。它不仅体现了所有者的利益，也是偿还企业债务的重要来源，同时也能反映出企业管理者的经营业绩。因此，投资者、债权人以及企业管理者都十分重视盈利能力分析。

通常，盈利能力（profitability）只涉及正常的营业状况，非正常的营业状况虽然也会给企业带来收益或损失，但只是特殊情况或者偶然因素的结果，不能说明企业的正常盈利能力。因此，在分析盈利能力时，需要排除证券买卖等非正常项目、已经或将要停止的营业项目、重大事故或法律更改等特殊项目、会计准则和财务制度变更带来的累积影响等因素。

（一）收入获利能力指标与分析

1. 营业收入毛利率（gross profit margin）

$$营业收入毛利率 = \frac{毛利}{营业收入} \times 100\%$$

$$= \frac{营业收入 - 营业成本}{营业收入} \times 100\%$$

【例 9－18】 以四维公司为例，2014 年度营业收入是 40 000 万元，营业成本是 24 400 万元，则营业收入毛利率为：

$$营业收入毛利率 = \frac{40\ 000 - 24\ 400}{40\ 000} \times 100\% = 39\%$$

营业收入毛利率说明每 1 元营业收入获得的毛利的水平。该指标反映了营业收入的获利能力。对于投资者来说，营业收入毛利率越高，说明营业收入取得的利润越多，获利能力越强；反之则获利能力弱。企业经营者常常利用营业收入毛利率用来衡量对本企业产品的定价能力，了解产品还有多少降价空间。

2. 营业净利率（net profit margin）

$$营业净利率 = \frac{净利润}{营业收入} \times 100\%$$

【例 9－19】 以四维公司为例，2014 年的营业收入是 40 000 万元，净利润是 5 040万元。则营业净利率为：

$$营业净利率 = \frac{5\ 040}{40\ 000} \times 100\% = 12.6\%$$

营业净利率表示每 1 元营业收入带来的净利润是多少，反映企业一段时期经营的最终获利水平。比率越高，说明企业的盈利能力越强。营业收入毛利率是营业净利率的基础，两者呈同向变化，没有足够大的毛利率便不会形成高的净利率。

值得说明的是：目前，利润表中的营业利润内容不仅包括企业日常活动所产生的营业收入，也包括投资收益、公允价值变动收益等项目，如果这些项目在营业利润中所占的比重较大时，营业收入毛利率、营业净利率则不能反映企业日常业务、主营业务的获利能力。所以，作为补充，企业还可以计算主营业务毛利率和主营业务利润率。

$$主营业务毛利率 = \frac{主营业务毛利}{主营业务收入} \times 100\%$$

$$=\frac{\text{主营业务收入}-\text{主营业务成本}}{\text{主营业务收入}}\times 100\%$$

$$\text{主营业务净利率}=\frac{\text{主营业务利润}}{\text{主营业务收入}}\times 100\%$$

3. 现金收入比率

$$\text{现金收入比率}=\frac{\text{经营活动现金净流量}}{\text{营业收入}}\times 100\%$$

【例 9-20】 以四维公司为例，2014 年的营业收入是 40 000 万元，经营活动现金净流量是 900 万元。则现金收入比率为：

$$\text{现金收入比率}=\frac{900}{40\ 000}\times 100\%=2.25\%$$

现金收入比率表示每 1 元的营业收入中企业可获得的现金的比重，反映营业收入的质量，指标越大表明企业销售收入的现金回收率越高，对企业越有利。

（二）资产获利能力指标与分析

1. 资产报酬率（return on assets，ROA）

$$\text{资产报酬率}=\frac{\text{净利润}}{\text{平均资产总额}}\times 100\%$$

【例 9-21】 以四维公司为例，2014 年年初资产总额是 40 000 万元，年末资产总额是 46 000 万元，全年实现净利润是 5 040 万元。则资产报酬率为：

$$\text{资产报酬率}\ \frac{5\ 040}{(40\ 000+46\ 000)\div 2}\times 100\%=11.72\%$$

资产报酬率也叫资产净利率，可以反映企业资产利用效果的好坏及其获利能力的高低。指标越高，表明资产的利用效果越好，经营管理水平越高。资产报酬率除反映获利能力外，还可用于分析企业经营中存在的问题，这一点我们将在杜邦财务分析中详细介绍。

2. 净资产收益率（return on equity，ROE）

$$\text{净资产收益率}=\frac{\text{净利润}}{\text{平均所有者权益总额}}\times 100\%$$

其中，平均所有者权益是企业资产负债表中所有者权益的期初数和期末数的平均额。

【例 9-22】 以四维公司为例，2014 年年初所有者权益是 29 200 万元，年末所有者权益是 33 000 万元，全年实现净利润 5 040 万元。则净资产收益率为：

$$\text{净资产收益率}=\frac{5\ 040}{(29\ 200+33\ 000)\div 2}\times 100\%=16.21\%$$

净资产收益率也叫权益净利率，反映了投资人投入资本获得报酬的高低，投资者也可通过计算该指标了解自己投入资本的保险程度和获利水平。它是投资者最为关心的指标之一。

将净资产收益率的公式进行简单变换，可以得到进一步的分析：

$$净资产收益率=\frac{净利润}{平均所有者权益总额}$$

$$\frac{净利润}{平均资产总额}\times\frac{平均资产总额}{平均所有者权益总额}$$

$$=资产净利率\times权益乘数$$

可以看出，净资产收益率的高低，主要受资产净利率和权益乘数两个因素的影响。权益乘数是资产总额与所有者权益的比值。如果公司全部采用自有资本经营，那么，净资产收益率与资产净利率则相等；如果公司适当举债经营，那么净资产收益率，即投资者投入资本所获得的收益率，将可能远远超过全部运用自有资本所获得的收益率，从这方面看，如果企业经营稳步增长，举债经营对股东权益有正面作用。

（三）股票获利能力指标与分析

优质的股份有限公司达到上市标准并被批准上市后，相关利益者对其财务信息的透明度与公开性要求会更高。其中，股东对公司的获利能力会更关注，除了利用基本的获利指标分析公司的获利水平以外，通常还需要分析与股票有关的获利能力指标。

1. 每股收益（earnings per share，EPS）

每股收益是反映每股股票盈利情况的指标。

$$每股收益=\frac{净利润}{年末普通股总股数}$$

如果企业存在优先股，扣除优先股因素计算的每股收益也可称为每股盈余。

$$每股盈余=\frac{净利润-优先股股利}{年末普通股总股数}$$

如果年度中的普通股股份有增减变化，那么会影响年末股份总数：

$$年末普通股总股数=\frac{\sum 发行在外普通股股数\times发行在外月份数}{12}$$

【例9－23】　A公司2014年的有关利润分配及所有者权益如表9－9所示。

表9－9　A公司利润分配及所有者权益

2014年度　　单位：万元

项　　目	金　　额
净利润	2 050
加：年初未分配利润	1 494
可供分配利润	3 544

（续）

项　目	金　额
减：提取法定盈余公积金	307.5
可供股东分配的利润	3 236.5
减：已分配优先股股利	0
提取任意公积金	0
已分配普通股现金股利	1 402
未分配利润	1 834.5
股本	7 000
资本公积	6 363
盈余公积	313
股东权益合计	15 510.5

已知A公司年发行在外的普通股股数为7 000万股，每股面值为1元，市价为6元，净利润2 050万元。

根据上述资料计算可得：

$$每股收益=\frac{2\ 050}{7\ 000}=0.29(元/股)$$

每股收益是衡量上市公司盈利能力最重要的财务指标，反映普通股的获利水平，比值越大，说明每股的获利能力越强，对股东越有利。

值得注意的是：①对股东来讲，每股收益与每股股利并不成正比，股利的大小要取决于公司的股利分配政策；②因为取得每股收益的投入资本额不同，所以各公司之间每股收益的比较具有局限性；③每股收益仅仅代表的是某年每股的收益情况，基本不具备延续性，因此不能够将它单独作为判断公司成长性的指标。

每股收益是上市公司非常重要的财务指标，为了深入理解每股收益对公司的影响，实际工作中还会延伸对每股收益的分析，主要体现于以下指标的分析应用：

（1）市盈率（price to earnings ratio）。

$$市盈率=\frac{普通股每股市价}{普通股每股收益}$$

其中，普通股每股市价是指普通股在证券市场上的买卖价格。

【例9-24】　接例9-23，计算A公司的市盈率。

$$市盈率=\frac{6}{0.29}=20.69$$

由市盈率可以看出投资人对每元净利润所愿支付的价格，它是市场对公司的期望，市盈率越高，说明市场对公司未来越看好。通常市盈率也可用来估计股票的投资报酬和风险，市盈率越低，说明每股市价与每股收益差距不大，即投资风险越小；反之市盈率越高，说明为每股收益付出的市价越高，即投资风险越大。一般情况下，正常的市盈率在5～20倍。

利用市盈率进行财务分析时应注意：比较企业市盈率时应注重其长期趋势，因为不同行业的市盈率缺乏可比性。一般来说，新兴工业的市盈率高、成长快，而成熟工业的市盈率低，但并不能说明后者的股票没有投资价值。因此，观察同一企业连续几年市盈率的变化很重要。

（2）每股股利。

$$每股股利=\frac{股利总额}{年末普通股总股数}$$

其中，股利总额只限于分配普通股现金股利的总额。

【例9－25】　接例9－23，计算A公司每股股利。

$$每股股利=\frac{1\ 402}{7\ 000}=0.2(元/股)$$

（3）股票获利率（又称市价股利比率）。

$$股票获利率=\frac{普通股每股股利}{普通股每股市价}\times 100\%$$

【例9－26】　接例9－25，计算A公司股票获利率。

$$股票获利率=\frac{0.2}{6}\times 100\%=3\%$$

股东的收益来源有两个：一是股利；二是股票交易的买卖差价，即资本利得。该指标反映股利和股价间的关系。对于投资者来说股价稳定时，为保持收益则要求较高的股利；预计股价上浮时，才可以容忍较低的股利。因此该指标就成为衡量投资价值的主要依据。

（4）股利支付率。

$$股利支付率=\frac{普通股每股股利}{每股收益}\times 100\%$$

【例9－27】　接例9－26，计算A公司股利支付率。

$$股利支付率=\frac{0.20}{0.29}\times 100\%=68.97\%$$

该指标反映公司股利分配政策和股利支付能力。

（5）股利保障倍数。

$$股利保障倍数=\frac{每股收益}{普通股每股股利}=\frac{1}{股利支付率}$$

【例9-28】 接例9-27，计算A公司股利保障倍数。

$$股利保障倍数 = \frac{0.29}{0.20} = 1.45$$

该指标是一种安全指标，反映股利的支付能力。

2. 每股净资产

每股净资产也叫每股账面价值，是年末净资产（即股东权益）与年末普通股股数的比值，其计算公式为：

$$每股净资产 = \frac{年末股东权益}{年末普通股股数}$$

其中，年末股东权益是指已扣除优先股股利后的余额。

【例9-29】 接例9-23，计算A公司每股净资产。

$$每股净资产 = \frac{15\ 510.5}{7\ 000} = 2.22(元/股)$$

该指标反映发行在外的每股普通股所代表的净资产，即账面上的股东权益额。对投资人来讲，该指标有利于进行投资分析。因为每股净资产从理论上提供了股票的最低价值。当股票市价低于每股净资产时，一般认为这个企业没有发展前景，投资者不会购买该企业股票。相反，当股票市价高于每股净资产，投资者乐于投资。对企业讲，如果股票市价低于净资产成本，成本又接近变现价值，说明企业已无存在价值，最好的选择就是破产清算。

使用该指标应该注意的是：公式中的年末股东权益是按历史成本原则计价的，它不能反映净资产的目前市场价值是多少，也不能反映它所带来的收益，因此要有限的使用该指标，最好和其他有关指标结合起来判断企业的财务状况。通常会结合市净率进行分析。

$$市净率 = \frac{每股市价}{每股净资产}$$

市净率用来反映公司净资产的获利潜力：当每股市价 > 每股净资产，即市净率 > 1 时，说明公司资产质量好、有潜力；反之，当每股市价 < 每股净资产，即市净率 < 1 时，说明公司资产质量不好、无潜力。一般市净率为3时，可树立公司的良好形象。

（四）分析获利能力时应注意的问题

1. 重视利润结构对企业盈利能力的影响

企业的利润主要由主营业务利润、投资收益和非经常项目收入共同构成，一般来说，主营业务利润和投资收益占公司利润很大比重，尤其主营业务利润是形成企业利润的基础。非经常项目对企业的盈利能力也有一定的贡献，但在企业总体利润中不应该占太大比例。在对企业的盈利能力进行分析时，很多财务分析人员往往只注重对企业利润总量的分析，而忽视对企业利润构成的分析，忽视了利润结构对企业盈利能力的影响。实际上，有时企业的利润总额很多，如果从总量上看企业的盈利能力很好，但是如果企业的利润主要来源于一些非经常性项目，或者不是由企业主营业务活动创造的，那么这样的利润结构往往存在较大的风险，也不能反映出企业的真实盈利能力。

2. 关注资本结构对企业盈利能力的影响

资本结构是影响企业盈利能力的重要因素之一，企业负债经营程度的高低对企业的盈利能力有直接的影响。当企业的资产报酬率高于企业借款利息率时，企业负债经营可以提高企业的获利能力，否则企业负债经营会降低企业的获利能力。有些企业只注重增加资本投入、扩大企业投资规模，而忽视了资本结构是否合理，有可能会妨碍企业利润的增长。在对企业的盈利能力进行分析的过程中，许多财务人员也忽视了资本结构变动对企业盈利能力的影响，只注重对企业借入资本或只对企业的自有资本进行独立分析，而没有综合考虑二者之间的结构是否合理，因而不能正确分析企业的盈利能力。

3. 关注资产营运能力对企业盈利能力的影响

资产对于每个企业来说都是必不可少的，资产运转效率的高低不仅关系着企业营运能力的好坏，也影响到企业盈利能力的高低。通常情况下，资产的运转效率越高，企业的营运能力就越好，而企业的盈利能力也越强，所以说企业盈利能力与资产运转效率是相辅相成的。然而，很多财务人员在对企业的盈利能力进行分析时，往往只通过对企业资产与利润、销售与利润的关系进行比较，直接来评析企业的盈利能力，而忽视了企业资产运转效率对企业盈利能力的影响，忽视了从提高企业资产管理效率角度提升企业盈利能力的重要性。这将不利于企业通过加强内部管理，提高资产管理效率进而推动盈利能力。

4. 关注非物质性因素对企业盈利能力的影响

在分析企业盈利能力时不仅应注重分析企业的销售收入、成本、费用、资产规模、资本结构等直接影响企业盈利水平的物质性因素，同时也应关注企业的商业信誉、企业文化、管理能力、专有技术以及宏观环境等一些非物质性因素对企业盈利能力的影响。事实上，非物质性因素也是影响企业盈利能力的重要动因，例如企业有良好的商业信誉、较好的经营管理能力和企业文化，将会使企业在扩大销售市场、成本控制、获取超额利润等方面有所收获，这都有利于企业盈利能力的提高。财务人员在对企业的财务能力进行分析时，如果只注重通过财务报表分析企业的物质性的因素，而忽视非物质性因素对企业发展的作用，就不能够揭示企业盈利的深层次原因，也难以准确预测企业的未来盈利水平。

四、发展能力指标与分析

发展能力是企业在生存的基础上，扩大规模、壮大实力的潜在能力。发展能力分析的主要指标有销售增长率、资本积累率、总资产增长率等。

（一）销售增长率

销售增长率是企业本年销售收入增长额与上年销售收入总额的比率。它反映企业销售收入的增减变动情况，是评价企业成长状况和发展能力的重要指标。其计算公式为：

$$销售增长率=\frac{本年销售收入增长额}{上年销售收入}\times 100\%$$

销售收入增长率是衡量企业经营状况和市场占有能力、预测企业经营业务拓展趋势的重要指标。该指标若大于0，表明企业本年的销售收入较上年有所增长，指标值越高，企业销售越快，企业市场前景越好；该指标若小于0，则说明企业当年产品销售不畅，或产品不对路，质次价高，以致市场份额萎缩。

（二）资本积累率

资本积累率是企业本年所有者权益增长额与年初所有者权益的比率。它反映企业当年资本积累能力，是评价企业发展潜力的重要指标。其计算公式为：

$$资本积累率=\frac{本年所有者权益增长额}{年初所有者权益}\times 100\%$$

资本积累率是企业当年所有者权益总的增长幅度，反映企业所有者权益在当年的变动水平，体现了企业资本的积累情况，是企业发展强盛的标志，也是企业扩大再生产的源泉，展示了发展潜力。同时，资本积累率还反映了投资者投入企业资本的保全性和增长性。该指标小于0，表明企业的资本积累越多，应对风险、持续发展的能力越强；该指标若大于0，表明企业资本受到侵蚀，所有者利益受到损害。

（三）总资产增长率

资产增长率是企业本年总资产增长额与年初资产总额的比率，它反映企业本期资产规模增长的情况。其计算公式为：

$$总资产增长率=\frac{本年总资产增长额}{年初资产总额}\times 100\%$$

总资产增长率是从企业资产总量方面衡量企业的发展能力，表明企业规模增长水平对企业后劲的影响。该指标越高，表明企业一定时期内资产经营规模扩张的速度越快。但在实际分析时，不能简单地认为指标高，则企业应对风险的能力和发展能力强、前景好，应注意考虑资产规模扩张的质和量的关系，以及企业的后续发展能力，避免企业资产盲目扩张。

第五节　财务报表综合分析

在之前的内容中，我们熟悉了财务分析的方法，并分类介绍了财务报表分析时能反映企业偿债能力、营运能力、盈利能力的基本财务指标。但面临企业层面的财务管理决策时，我们往往需要的是全方位掌握企业财务状况与经营成果，而不是企业某一方面的情况，所以，将营运能力、偿债能力和盈利能力等诸多方面分析纳入一个有机的整体之中，应用不同的财务分析方法全面地对企业进行综合财务分析则更加有意义。

财务报表分析实践中，常用的综合分析方法主要包括两种：杜邦财务分析和沃尔比重评分法。

一、杜邦财务分析

杜邦财务分析（Du－Pont analysis）是由美国杜邦公司提出的一种财务分析方法。其基本原理是将财务指标作为一个系统，将财务分析与评价作为一个系统工程，全面评价企业的偿债能力、营运能力、盈利能力及其相互之间的关系，在全面财务分析的基础上进行全面财务评价，使评价者对公司的财务状况有深入的认识并有效进行财务决策。

杜邦财务分析的基本特点是通过几种主要财务比率之间的相互关系，以净资产报酬率为核心指标，将偿债能力、资产营运能力、盈利能力有机结合起来，层层分解，逐步深入，构成了一个完整的分析系统，全面、系统、直观地反映了企业的财务状况。

（一）杜邦财务分析的核心指标

杜邦财务分析的核心指标是净资产报酬率，又称为权益净利率或净资产收益率。

$$
\begin{aligned}
\text{净资产报酬率} &= \frac{\text{净利润}}{\text{平均净资产}} = \frac{\text{净利润}}{\text{平均总资产}} \times \frac{\text{平均总资产}}{\text{平均净资产}} \\
&= \frac{\text{净利润}}{\text{销售收入}} \times \frac{\text{销售收入}}{\text{平均总资产}} \times \frac{\text{平均总资产}}{\text{平均净资产}} \\
&= \text{销售净利率} \times \text{资产周转率} \times \text{权益指数}
\end{aligned}
$$

其中，$\text{权益乘数} = \dfrac{1}{1-\text{资产负债率}}$

由公式可以看出，决定净资产报酬率的因素有：销售净利率、资产周转率和权益乘数。

（二）杜邦财务分析图

杜邦财务分析是对企业的财务状况进行的综合分析。主要通过财务指标之间的关系，利用杜邦财务分析图直观、明了地反映出企业的财务状况，因此杜邦分析图可以说是杜邦分析体系的关键，如图 9－1 所示。

从杜邦财务分析图可以了解到下面的财务信息：

（1）净资产报酬率是一个综合性极强、极有代表性的财务比率，它是杜邦系统的核心。财务管理的一个重要目标就是使所有者财富最大化，净资产报酬率正是反映了所有者投入资金的获利能力，这一比率可以反映出企业筹资、投资等各种经营活动的效率。净资产报酬率主要取决于资产报酬率与权益乘数。资产报酬率反映了企业生产经营活动的效率，权益乘数反映了企业资金来源结构。

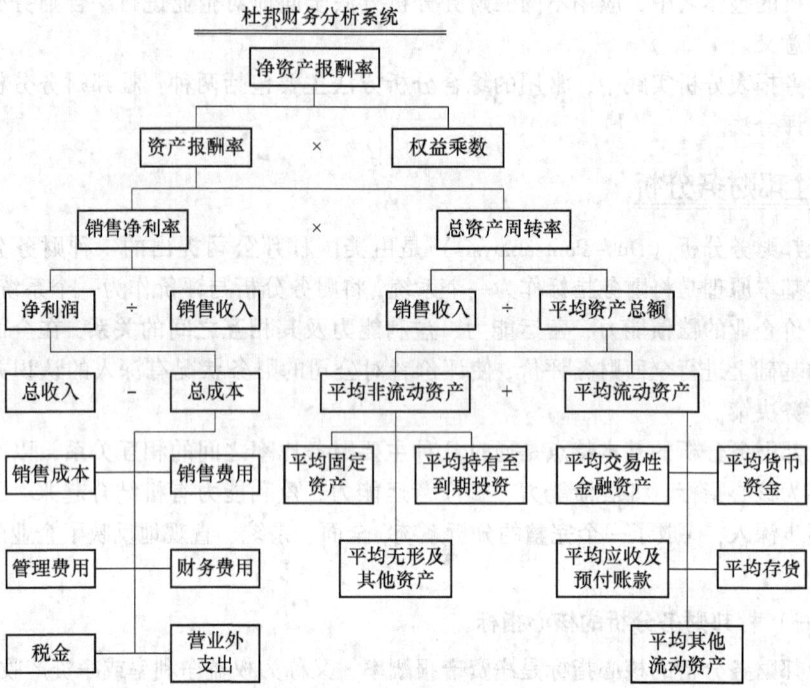

图 9－1 杜邦财务分析图

（2）资产报酬率是销售净利率与总资产周转率的乘积。因此，可以从销售与资产管理两方面来分析。销售净利率实际上反映了企业的净利润与销售收入的关系，销售收入增加会导致企业的净利润的增加，但是如果想提高销售净利率，必须一方面提高销售收入，另一方面降低各种成本费用。这里可以看到，提高销售收入具有特殊的意义，因为它不仅可以使企业净利润增长，也会提高总资产周转率，这样自然会使资产报酬率升高。

（3）从杜邦财务分析图中也可以分析企业成本费用的结构是否合理，这样有利于进行成本费用分析，加强成本控制。尤其应该分析企业净利润与利息费用的结构是否合理，如果企业所承担的利息费用太多，就应该考虑企业的权益乘数或负债比率是否合理，不合理的筹资结构当然会影响到企业所有者的收益。

（4）在资产方面，应该分析流动资产与非流动资产的结构是否合理。资产的流动性体现了企业的偿债能力，但也关系到企业的获利能力。如果流动资产中货币资金占的比重过大，就应分析企业是否有现金闲置现象，现金持有量是否合理，因为过量的现金影响企业的获利能力；如果流动资产中存货或应收款项过多，就应该分析企业的存货周转率与应收账款周转率如何。

总的来说，从杜邦财务分析图可以看出，企业的获利能力涉及企业经营活动的方方面面。净资产报酬率与企业的筹资结构、销售管理、成本控制、资产管理密切相关，这些因素构成一个系统。只有协调好系统内每个因素之间的关系，才能使净资产报酬率达到最大，从而实现企业价值的最大化。

（三）杜邦财务分析的应用

在具体运用杜邦财务分析体系分析企业的经营情况时，可以进行企业不同时期的比较。

【例9－30】 将A公司2014年度财务报表计算有关数据，与同期行业较优水平比较，如表9－10所示。

表9－10 A公司与同期行业相关指标比较

指标	A公司	行业较优值
净资产报酬率（净利润÷平均净资产）	3.07%	7.39%
权益乘数［1÷（1－资产负债率）］	1.21	3.12
资产报酬率（净利润÷平均资产总额）	2.54%	2.37%
总资产周转率（销售收入÷平均资产总额）	0.63次	1.03次
销售净利率（净利润÷销售收入）	4.03%	2.3%
固定资产周转率	3.97次	3.76次
流动资产周转率	0.75次	1.5次
制造成本率	61.75%	73.33%
管理费用率	27.03%	5.44%
销售费用率	5.84%	9.17%
财务费用率	0.01%	8.99%

因为

净资产报酬率＝资产报酬率×权益乘数

所以，

A公司净资产报酬率＝2.54%×1.21＝3.07%

行业较优值净资产报酬率＝2.37%×3.12＝7.39%

通过对比可以看，与行业同期比较，A公司净资产的获利能力相对较差（3.07%＜7.39%），分析可知并不是因为公司总资产报酬率的问题（2.54%＞2.37%），而是由于公司的权益乘数明显低于行业同期（1.21＜3.21），这说明A公司的债务融资能力较差。

进一步分析发现，A公司资产报酬率对公司获利起了一定的作用。而资产报酬率较高的原因，并不是因为资产使用效率高（0.63＜1.03），而是因为销售净利率较高的缘故（4.03%＞2.3%）。分析A公司资产使用效率偏低的原因：不是因为固定资产使用效率低（3.97＞3.76），而是因为流动资产使用效率过低（0.75＜1.5）；

分析销售净利率较高的原因：主要是公司成本费用控制得较好，由表 9 - 10 可知，制造成本率（61.75% <73.33%）、销售费用率（5.84% <9.17%）、财务费用率（0.01% <8.99%）均对销售净利率起了贡献作用。但同时必须看到，A 公司的管理费用控制（27.03% >5.44%）可能存在一定的问题。

综上所述，A 公司本期获利能力较低，是由于财务融资能力差、流动资产使用效率偏低、管理费用过高等原因造成。

最后应当指出，杜邦财务分析法是一种分解财务比率的方法，而不是另外建立新的财务指标，它可以用于各种财务比率的分解，通过分解找出问题的所在。杜邦财务分析法的关键在于对指标正确的理解和运用。

二、沃尔比重评分法

沃尔比重评分法也称综合评价法，是指运用多个指标评价项目的方法，也称为多变量综合评价方法，基本思想是将多个指标转化为一个能够反映综合情况的指标来进行评价。综合评价方法的基本步骤是：①确定综合评价指标体系，这是综合评价的基础和依据；②收集数据，并对不同计量单位的指标数据进行同度量处理；③确定指标体系中各指标的权数，以保证评价的科学性；④对经过处理后的指标再进行汇总，计算出综合评价指数或综合评价分值；⑤根据评价指数或分值得出评价结论。

（一）沃尔比重评分法的原理

在进行财务分析时，常遇到的一个主要困难是在计算出各项财务比率后，无法判定其是偏高还是偏低。将所测算的比率与本企业的历史水平或计划、定额标准相比，也只能看出企业自身的变化，很难评价其在市场竞争中的优劣地位。为了弥补这些缺点，财务状况综合评价的先驱者之一，亚历山大·沃尔在 20 世纪初出版的《信用晴雨表研究》和《财务报表比率分析》中提出了信用能力指数概念，它把选定的流动比率、产权比率、固定资产比率、存货周转率、应收账款周转率、固定资产周转率、主权资本（即所有者权益）周转率 7 项财务比率用线性关系结合起来，并分别给定各自的分数比重，总和为 100 分，然后通过与标准比率进行比较，确定各项指标的得分及总体指标的累计分数，从而对企业的财务状况做出综合评价，这就是所谓的沃尔比重评分法，也叫综合系数分析法。

表 9 - 11 是利用沃尔比重评分法对 B 公司 2013 年度的业绩进行的综合评价。

由评分结果来看，B 公司综合评分是 73.93 分，小于标准值 100 分，说明 B 公司 2014 年业绩低于同期行业标准。

沃尔比重评分法最主要的贡献就是它将互不关联的财务指标按照权重予以综合联动，使得综合评价成为可能。沃尔比重评分法从理论上讲有一个明显的问题，就是未能证明为什么要选择这 7 个指标，而不是更多或更少些，或者选择别的财务比率，以及未能证明每个指标所占比重的合理性。这个问题至今仍然没有从理论上得到解决。再者，沃尔比重评分法从技术上讲也有一个问题，就是某一个指标严重异常时，会对总评分产生不合逻辑的重大影响。这个毛病是由财务比率与其比重相"乘"引起的。财务比率提高一倍，评分增加 100%；而缩小一半，其评分只减少 50%。

表 9－11　B 公司沃尔比重评分法（2013 年度）

财务比率	权重 ①	行业标准 ②	实际比率 ③	相对比率 ④＝③÷②	评分 ①×④
流动比率	25	2	2.09	1.045	26.125
产权比率	25	1.5	0.2219	0.15	3.699
固定资产比率	15	2.5	1.67	0.67	10
存货周转率	10	8	2.675	0.33	3.3
应收账款周转率	10	6	15	2.5	25
固定资产周转率	10	4	1.5	0.375	3.75
所有权权益周转率	5	3	1.23	0.41	2.05
合计	100				73.93

（二）沃尔比重评分法的改进

现代社会与沃尔的时代已有很大变化。一般认为，企业财务评价的内容主要是盈利能力，其次是偿债能力，此外还有发展能力，它们之间大致可按 5∶3∶2 来分配比重。盈利能力的主要评价指标是资产净利率、销售净利率和净资产报酬率。虽然净资产报酬率最重要，但前两个指标已经分别使用了净资产和净利润，为了减少重复影响，3 个指标可按 2∶2∶1 安排。偿债能力有 4 个常用指标，发展能力有 3 个常用指标（都是本年增量与上年实际的比值）。采用改进后的沃尔比重评分法 2014 年度对 B 公司进行了沃尔比重评分，如表 9－12 所示。

表 9－12　B 公司沃尔比重评分法（2014 年度）

财务比率	权重 ①	行业标准 ②	实际比率 ③	相对比率 ④＝③÷②	评分 ①×④
一、盈利能力指标	50				
资产净利率	20	10%	11.72%	1.172	23.44
销售净利率	20	4%	12.6%	3.15	63
权益报酬率	10	16%	16.21%	1.01	10.1
二、偿债能力指标	32				

（续）

财务比率	权重 ①	行业标准 ②	实际比率 ③	相对比率 ④=③÷②	评分 ①×④
自有资本比率	8	40%	71.74%	1.79	14.35
流动比率	8	1.5	2.01	1.34	10.72
应收账款周转率	8	6	16	2.67	21.36
存货周转率	8	8	2.65	0.33	2.65
三、发展能力指标	18				
销售增长率	6	15%	11.11%	0.74	4.44
净利增长率	6	10%	5%	0.5	3
人均净利增长率	6	10%	10%	1	6
合计	100				159.06

由评分结果来看，B公司综合评分是159.06分，大于标准值100分，说明B公司2014年度业绩明显优于同期行业标准。

【练习题】

1. C公司年初存货为30 000元，年初应收账款为25 400元，年末流动比率为2，速动比率为1.5，存货周转次数为4次，流动资产合计为54 000元。

要求：计算C公司本年销货成本。若公司本年销售净收入为400 000元，除应收账款外，其他速动资产忽略不计，则应收账款周转次数是多少？

2. D公司年末资产负债表如表9－13所示，该公司的年末流动比率为2，产权比率0.7，以销售额和年末存货计算的存货周转率为14次，以销售成本和年末存货计算的存货周转率为10次，本年销售毛利额为40 000元。

要求：利用资产负债表中已有的数据和以上资料计算表9－13中空缺的项目金额。

表9－13 D公司资产负债表 单位：元

资　　产	金　额	负债及所有者权益	金　额
货币资金	5 000	应付账款	
应收账款净额		应交税费	7 500
存货		长期负债	
固定资产净额	50 000	实收资本	60 000
		未分配利润	
合计	85 000	合计	85 000

3. E企业2014年流动资产为120万元，年初存货为60万元，年初应收账款为38万元。2014年年末的有关资料为：货币资金为42万元，流动负债70万元，流动比率2.2，速动比

率 1. 2。全年应收账款周转率为 5 次，全年销售成本 156 万元，销售收入中赊销收入所占的比重为 40% 。假设该企业流动资产仅包括速动资产和存货。

要求：

（1）计算该企业年末流动资产、年末存货和年末应收账款。

（2）计算该企业存货周转率。

4. A 股份公司本年度净利润为 8 万元，股东权益总额为 30 万元，其中普通股股本 25 万元，每股面值 10 元，无优先股，年末每股市价为 32 元，本年度分配股利 5. 75 万元。

要求：

计算下列指标。

（1）每股收益。

（2）每股股利。

（3）市盈率。

（4）股利支付率。

（5）每股净资产。

第十章

企业重组

学习目标

财务管理领域中，除筹资、投资、分配等一般财务活动外，还包括一些非常性的、对企业影响重大的活动，包括企业重组、收购兼并、破产、重整与清算等。通过对这些内容的学习，可以了解基本财务管理活动之外的重要活动方式、内容及其影响，以扩充知识体系和知识面。

案例导入

联想收购IBM全球PC业务的考虑

2004年12月8日，联想集团以总价12.5亿美元收购了IBM的全球PC业务。在这场中国并购市场上前所未有的大宗并购案中，总共12.5亿美元的收购价格，联想集团采用了“6.5亿美元现金+6亿美元联想股票”的支付方式。

联想集团2005财年第一季度业绩显示：整体营业额为58.78亿港元，较去年同期上升10%，净利大幅度增加21.1%。而此前IBM向美国证交会提交的文件显示，其个人计算机业务已持续亏损达三年半之久，累计亏损额近10亿美元。“一个是年利润超过10亿港元，承担着巨额税负的新锐企业，一个是累计亏损额近10亿美元、亏损可能还在持续上涨但亏损递延及税收优惠仍有待继续的全球顶尖品牌，在这样一个时段，这样一种状况，两者走到一起，不单纯是一种业务上的整合，更大程度上带有税收筹划的色彩。”

另一方面，联想为何采用“6.5+6”的组合支付方式呢？其考虑是：如果全部现金收购，联想一时付出12.5亿美元的现金压力太大；如果全部换股，按照6亿美元的联想股票相当于18.5%左右的股份来计算，全部换股后，IBM将持有联想集团38.5%的股份，联想控股所拥有的股份将减少为25%，这样一来，将不是联想并购了IBM的PC，而是变成IBM吃掉了联想。

案例启示

在日益兴盛的企业并购活动中，并购企业如何选择并购目标及选择出资方式，需要进行全面考虑、整体筹划。其中对税收的考虑，即以税收筹划设计最优的成本结构，成为重要内容之一。除此之外，谋求财务、管理、经营等协同效应，进行战略整合等，也成为重要考虑的内容。并购正成为企业寻求发展的又一条重要途径。在实际并购中，如何通过具体的操作实现利益最优，正成为被广泛关注的问题。

企业除日常经营管理外，在财务管理领域中，除筹资、投资、分配等一般财务活动外，还包括有一些非经常性活动，如破产与清算。随着经济的发展，一些新的活动内容和形式不断出现，如收购兼并、资产剥离等。本章将就这些内容进行基本介绍，以帮助读者扩充知识体系和拓宽知识面。

第一节　企业重组

20 世纪 90 年代以来，重组和并购案例风起云涌，席卷全球，并成为资本扩张和优化的重要方式。重组与并购将企业甚至国家的创造力与生产力推向新的高度。

企业重组和并购通常是经常被相提并论的两个概念，许多人对他们之间的关系也存在着不同的理解。事实上，广义的资产重组包含并购，并且范围大得多。一般而言，公司重组是指公司为了实现其战略目标，对公司的资源进行重新组合和优化配置的活动。公司重组的根本目的是实现公司的战略目标，属于战略层面的问题，而不是具体的经营层面的问题。但并购因其特殊的魅力，成为重组方式中被人们更为熟知的部分。

一、企业重组的概念

对于重组，有以下几种不同理解：

（1）重组是指在公司资产规模、股权不变的情况下，公司内部控制权和所有权结构的变动。相当于经济学中的“改组”或“改制”。

（2）重组是指公司因财务困难而面临停业危险时，在法律框架下，向法院提出申请，通过调整其债权人、股东及其利益关系人的权利与义务，使公司得以维持并复兴的行为过程，也被称为“重整”。

（3）重组是指企业股份制改组过程中，通过调整产权结构、理顺资产关系，即为建立现代企业制度规范组织行为的活动。

（4）广义重组是指各种涉及企业产权变更的一切活动，包括企业规模扩张、收缩以及内部产权结构调整。

此概念下重组分为扩张型、收缩型、内变型 3 种。扩张型产权变更指通过产权交易使企业资本或资产规模得以增长的形式，按这一理解，并购应该只是重组的形式之一。收缩型产权变更包括资产剥离出售、分离等。内变型产权变更是指在资本或资产规模没有直接变动的情况下公司控制权和所有权在相关利益关系人间的调整，如债务重组等。

在我国证券市场上，上市公司资产重组通常分为以下 5 大类：①收购兼并；②股权转让；③资产剥离或股权出售，是指上市公司将企业资产或所拥有股权从企业中分离、出售的行为；④资产置换，包括上市公司资产（含股权、债权等）与公司外部资产或股权互换的活动；⑤其他。

以下分别就重组中的两个重要内容“剥离与分立”与“收购兼并”进行重点介绍。

二、剥离与分立

资产剥离作为资产重组的一项内容，在实践中经常遇到，同时，资产剥离通常和“分立”的概念一起出现，因此在下面将一起进行介绍。

1. 剥离与分立的概念

剥离（spin – offs）是指公司将现有的某项资产、某个子公司或某个部门出售给第三方，以获取现金或有价证券。剥离与并购的关系非常密切。例如，当公司受到收购威胁时，将剥离“皇冠珍珠”抵制收购；当收购后整合失败而产生负效应时，再将其剥离等。美国学者研究表明，20 世纪 70 年代 50% 以上的收购活动涉及资产剥离，达到了高峰；20 世纪 80 年代中期的比率降为约 40%。

分立（split – offs）是指将母公司在子公司中所拥有的股份按比例分配给母公司的股东，子公司便从母公司中分立出去，形成一个独立的新公司。分立后的新公司（原母公司的子公司）拥有独立的法人地位，原母公司的股东直接持有其股票。与剥离不同，分立一般不发生各利益主体间的现金或证券支付。

2. 剥离与分立的原因

（1）适应经营环境的变化。公司所处的经营环境不断变化，如技术在不断进步、产业结构不断发生变化、国家的有关法规和税收条例不断变化等。公司的经营方向和战略目标必须根据这些环境变化进行相应的调整和改变。而剥离和分立便是实现这些改变的手段。

（2）提高管理效率。由于管理者的有限理性，即使管理者再优秀，所控制的资产规模和差异性达到一定程度时收益即达到递减临界点。超过这一临界点时，可以采用剥离与分立的方式，去掉与战略目标不相适应的部分，使母子公司集中于各自的优势业务，提高整体管理效率。此外，剥离与分立创造出了简洁、有效率、分权化的公司组织，使公司能更快适应环境，也提高了效率。

（3）谋求管理激励。通过剥离与分立，子公司独立出来，市场对管理行为的反应就会直接反映在其独立的股票价格上，报酬计划与公司经营管理业绩更紧密地联系起来，可以形成对管理者的有效激励。

（4）筹集资金的需要。公司需要大量现金来满足主营业务或减少债务负担需要时，通过借贷和发行股票筹集资金会面临一系列障碍。这促使公司将部分非核心或非相关的业务剥离或分立出去，以筹集这部分资金。

（5）纠正以往投资决策失误。由于并购前考虑不周全，并购后发现进入自己不够熟悉的领域后，经营效率难以保持在较高水平；或者发现并购后难以实现真正的整合等，此时可通过资产的剥离与分立纠正错误。

（6）实现并购获得的收益。由于市场并不总是能够正确认识和评价一个公司的市场价值，有些公司的市场价值被低估了。收购方对这些价值低估的公司以及管理层业绩不佳的公司进行收购，通过改善其管理，树立其良好的公司形象，提高其价值，然后通过资产剥离可以实现得到的收益。

（7）获取税收方面收益或摆脱管制。每个国家为了调节经济，制定了不同的税收政策。如在美国，自然资源特权信托和不动产投资信托公司如果将投资收益的90%分配给股东，则公司无须缴纳所得税。因此一个综合性公司将其经营房地产的部门分立出去，可以享受税收的减免。

导致剥离与分立的原因通常是相互关联的多种因素，管理人员在剥离与分立决策时应该综合考虑。导致剥离与分立的因素太多，也使得很难评价从事这些活动的公司是成功还是失败。

第二节　企业并购

并购的概念起源于19世纪末，随着西方资本主义经济的快速发展，公司并购活动日益活跃。以美国为例，从19世纪末至今，美国先后发生了五次较大规模的公司并购浪潮。20世纪90年代以后，全球公司并购规模更加庞大，仅2000年全球公司并购金额已达到34 600亿美元。在市场经济条件下，公司并购已成为公司扩张的重要方式，由于其扩张速度远远超过通过内部成长扩张的速度，并购已成为公司一种重要的财务活动。

一、并购的概念

人们对并购概念的认识难以统一。一般来说，并购概念有广义和狭义之分。狭义的并购是指我国《公司法》所规定的公司合并，包括吸收合并（merger）（兼并）和新设合并（consolidation）。狭义的并购是使并购活动的双方或一方消失，实现资本的集中，并形成一个新的经济实体。广义的并购除了包括狭义的并购外，还包括收购（acquisition）或接管（takeover），是为了对目标公司进行控制或者施加重大影响而进行收购部分股权或资产的活动，不以取得目标公司的全部股权或资产为目的，主要是通过收购实现对目标公司的控制或重大影响。收购或接管虽然也是公司扩张的重要形式，但被收购或接管的公司仍然存续，并没有消失，也不需要成立新的经济实体。

1. 吸收合并

吸收合并也称兼并，是指由一家公司吸收另一家或多家公司加入本公司，吸收方存续，被吸收方解散并取消原法人资格的合并方式。存续公司应承接被吸收合并公司的所有资产和负债。合并以后，存续公司应到工商行政管理部门办理变更登记手续，继续享有法人资格，被吸收合并的公司应当宣告停止，并到工商行政管理部门办理注销登记手续。被兼并企业的债务应当由兼并方承担。

2. 新设合并

新设合并是指两家或多家公司合并成一家新的公司，原合并各方解散，取消原法人资格的合并方式。合并后新设立的公司应当承接合并各方的全部资产和负债。新设合并之后，原合并各方都应当到工商行政管理部门办理注销登记手续，新设立的公司应到工商行政管理部门办理设立登记手续。被兼并企业的债务由新设合并后的企业法人承担。

3. 收购

收购是指一家公司为了对另一家公司进行控制或实施重大影响，用现金、非现金资产或股权购买另一家公司的股权或资产的并购活动。实施收购之后，被收购公司的法人地位不消失，依然存续和经营。收购可以在证券市场上公开进行要约收购，也可以通过私下协议收购。在证券市场上公开要约收购的成本比较高。通常收购方称为并购公司、收购公司或标购公司，被收购方称为被收购公司、目标公司或标的公司。被控股企业的债务，仍由其自行承担。但因控股企业抽逃资金、逃避债务，致被控股企业无力偿还债务的，被控股企业的债务则由控股企业承担。

4. 接管

接管是一个比较宽泛的概念，通常指一家公司的控制权的变更。这种变更可能是由于股权的改变如收购，也可能是托管或委托投票权的原因而发生接管。因此，接管概念的外延比收购概念的大。

二、并购的分类

1. 按并购双方产品与产业的联系划分

按并购双方产品与产业的联系划分为横向并购、纵向并购和混合并购。

(1) 横向并购。当并购双方处于同一行业、生产或经营同一类产品，并购使资本在同一市场领域或部门集中时，称为横向并购。横向并购的主要目的是确立或巩固企业在行业内的优势地位，消除重复设施，实现规模经济。例如，不同电信运营商之间的并购。

(2) 纵向并购。纵向并购是对生产工艺或经营方式上有前后关联的企业进行的并购，是生产、销售的连续性过程中互为购买者和销售者（即生产经营上互为上下游关系）的企业之间的并购。纵向并购的主要目的是节约交易成本，组织专业化生产和实现产销一体化。例如，汽车制造商与其零部件供应商或汽车销售商之间的并购。

(3) 混合并购。混合并购是对处于不同产业领域、产品属于不同市场，且与其产业部门之间不存在特别的生产技术联系的企业进行并购。混合并购的主要目的是通过分散投资、多样化经营来降低企业风险，达到资源互补、优化组合、扩大市场活动范围的目的。

2. 按并购的实现方式划分

按并购的实现方式划分为承担债务式并购、现金购买式并购和股权交易式并购。

（1）承担债务式并购。在目标公司资不抵债或资产等于负债的情况下，并购方以承担目标方全部或部分债务为条件，取得目标资产经营权和所有权。承担债务式并购可以减少并购企业的现金支出，但有可能影响并购企业的资本结构。

（2）现金购买式并购。现金购买式并购一般包括以下两种情况：

① 并购方筹集足额的现金购买目标公司的全部资产，使目标方除现金外没有持续经营的物质基础，成为有资本结构而无生产资源的空壳，不得不从法律意义上消失。

② 并购方以现金通过市场、柜台或协商购买目标公司的股票或股权，一旦拥有其大部分或全部股本，目标公司就被并购了。现金购买式并购将加大并购企业的现金支出负担，但一般不会影响其资本结构。

（3）股权交易式并购

股权交易式并购一般包括以下两种情况：

① 以股权换股权。并购方向目标公司的股东发行并购公司的股票，取得目标公司的大部分或全部股票，达到控制目标公司的目的。通过并购，目标公司或者成为并购公司的分公司或子公司，或者解散并入并购公司。

② 以股权换资产。并购方通过向目标公司发行并购公司的股票，换取目标公司的资产，并在有选择的情况下承担目标公司的全部或部分债务。目标公司也要把拥有的并购公司的股票分配给自己的股东。股份交易式并购虽然可以减少并购企业的现金支出，但同时也稀释了其股权结构。

3. 按并购双方的意愿划分

按并购双方的意愿划分为善意并购和敌意并购。

（1）善意并购。善意并购是指并购方事先与目标公司协商并征得其同意，再通过谈判达成收购条件的一致意见而完成收购活动的并购方式。善意并购有利于降低并购行动的风险与成本，使并购双方能够充分交流、沟通信息，目标公司一般都主动向并购方提供必要的资料。同时，善意行为还可避免因目标公司抗拒而带来的额外支出。但是，善意并购往往使并购方以牺牲自身的部分利益为代价，换取目标公司的合作，而且漫长的协商及谈判过程也可能使并购行动丧失部分价值。

（2）敌意并购。敌意并购是指并购方在试图收购目标公司的股权时，遭到目标公司的抗拒，但仍然强行收购，或者并购方事先并不与目标公司进行协商，而是直接向目标公司的股东开出收购价格或收购要约的并购行为。敌意并购的优点在于：并购方完全处于主动地位，不用被动权衡各方利益，而且并购行动节奏快、时间短，可以有效控制并购成本。但是，敌意并购通常无法从目标公司获取其内部实际运营情况及财务状况等重要资料，给公司估价带来困难。同时，目标公司的抵抗还会使并购方不得不面对各种人为设置的障碍。因此，敌意并购的风险较大，要求并购方制定严密的收购计划，并严格保密、快速实施。另外，由于敌意并购容易导致股票市场的不良波动，甚至影响企业发展的正常秩序，各国政府都对敌意并购予以限制。

4. 按并购是否通过证券交易所划分

按并购是否通过证券交易所划分为要约并购和协议并购。

(1) 要约并购。要约并购是指并购方向目标企业的股东公开发出购买该公司股份的书面意见（要约收购报告），并按照依法公告的收购条件、收购价格、收购期限以及其他规定事项收购目标公司股份的收购方式。要约收购是成熟证券市场中收购上市公司股权的基本形式。我国《证券法》规定，当收购方持有一个上市公司总股份的 30% 时，如果想继续收购，则必须采用要约收购方式，向该公司所有股东发出公开收购要约。

(2) 协议并购。协议并购是指并购公司不通过证券交易所，直接与目标公司取得联系，股份的受让双方通过面对面的谈判、协商达成共同协议，以实现目标公司股权转移的收购方式。这种交易在证券交易所外进行，也称为场外交易。协议收购易取得目标公司的理解与合作，有利于降低收购行动的风险与成本，但谈判过程中的契约成本较高。协议收购一般都属于善意并购。

三、并购的目的

在市场经济环境下，企业作为独立的经济主体，其一切经济行为都受到利益动机驱使，并购行为的目的也是为实现其财务目标——股东财富最大化。同时，企业并购的另一个动力来源于市场竞争的巨大压力。这两大原始动力在现实经济生活中以不同的具体形态表现出来，即在多数情况下企业并非仅仅出于某一个目的进行并购，而是将多种因素综合平衡。

1. 谋求管理协同效应

按照管理协同效应理论的观点，如果一个企业具有一支高效率的管理队伍，其管理能力已超出管理该企业的需要，但这批人才只能集体实现其效率，企业不能通过解聘释放其能量，那么，该企业就可以并购那些由于缺乏管理人才而效率低下的企业，利用这支管理队伍，通过提高并购后企业的整体效率水平而达到提高获利能力的目的。在这种情况下，并购方一般会瞄准同行业中管理水平低下的企业进行横向并购。

2. 谋求经营协同效应

经营协同效应是指由于经济上的互补性，使得两个或两个以上的企业合并之后能产生收益增加或成本降低的效果，即实现规模效益。经营协同效应理论假定在行业中存在着规模经济，而且在合并之前，企业的经营活动水平达不到实现规模经济的潜在要求。

规模效益主要体现在以下几个方面：①购销上的规模效益。企业通过并购迅速提升经营规模，获得稳定的原材料来源和更优惠的价格、节约营销费用并扩大市场份额。②生产上的规模效益。通过并购将多个工厂置于同一企业领导之下，可减少重复的设备投资，加快产品更新，集中研发费用，提高生产效率。③管理上的规模效益。并购经常伴随着公司组织结构的调整和人力资源的整合，导致管理费用和人力成本的降低。

3. 谋求财务协同效应

财务协同效应理论认为，企业并购可以完全出于财务方面的动机。财务杠杆、税法、会计处理惯例以及证券交易等规定的作用，可以在财务方面给企业并购带来种种好处，具体包括：①提高财务杠杆能力。一般来说，合并后的企业拥有更大的举债能力，可以借入更多的资金。②降低资金成本。由于投资者、债权人和社会公众可以广泛获得大型公司的信息，因而，并购后企业的权益成本和借款成本都有可能降低。③合理避税。税法一般包含亏损递延条款，允许亏损企业免交当年所得税，且其亏损可向后递延以抵消以后年度盈余。同时一些国家税法对不同的资产适用不同的税率，股息收入、利息收入、营业收益、资本收益的税率也各不相同。企业可以利用相关规定，通过并购行为及相应的财务安排合理避税。④预期效应。预期效应是指因并购使股票市场对企业股票评价发生改变而对股票价格的影响。由于预期效应的作用，企业并购往往伴随着强烈的股价波动，形成股票投机机会，有可能增加股东的资本利得。

4. 谋求并购的战略价值

并购除了谋求协同效应以外，还可以出于战略上的原因追求并购价值的增加，具体原因可以分为战略防御和战略扩张两大类。战略防御性并购动机包括：通过经营相关程度较低的不同行业，分散风险，避免遭受强相关产业周期性风险和单一产业的经营风险，保护市场或者原材料供应网络等。战略扩张性并购动机包括：加速企业在产业、地域方面的扩张，获取某项特殊资产。例如，一些有实力、有前途的企业往往会由于狭小的空间难以扩展，而另一些经营不善、市场不景气的企业却占有较多的土地和优越的地理位置，优势企业就可能并购劣势企业以获取其优越的土地资源。当企业面临变化了的环境而调整战略时，并购可以使企业低成本地迅速进入被并购企业所在的增长相对较快的行业，并在很大程度上保持被并购企业的市场份额以及现有的各种资源，从而保证企业持续不断的盈利能力。

5. 降低代理成本

在企业的所有权与经营权相分离的情况下，企业的管理层是决策或控制的代理人，而所有者作为委托人是风险的承担者。由此造成的代理成本包括：由委托人监督和控制代理人行为而带来的成本、代理人的决策与使委托人财富最大化决策之间的差异而使委托人承受的损失等。通过公开收购或代理权争夺而造成的接管，将会改选现任管理层和董事会成员，最终达到降低代理成本的目的。

四、反并购策略

在被并购企业拒绝并购，特别是故意并购时，往往需要主动做出应对。经常使用的反并购策略通常有以下几种：

1. 实行“毒丸”计划

“毒丸”是指当不受欢迎的收购者开始收购目标公司的股票时，目标公司立即发行一大堆的债权或优先股。这些证券会增大公司的债务水平，降低税后利润，从而阻止收购者的行动。若吞下这些“毒丸”，收购者将深受其害。例如，实行债券“毒丸”计划时，在目标公司被收购威胁下，大量发行债券并约定在公司股权发生转移时，债券持有人要求立刻兑付，从而使收购公司在收购后立即面临巨额现金支出。

2.“拒鲨”条款

对公司章程进行的反收购修正，称为“拒鲨”条款，是目前使用日益频繁的防御措施之一。例如，条款规定只有在征得拥有公司2/3（有时甚至高达90%）以上股东的同意下，方可实施共同控股权转让。如果公司管理层和员工持有相当数量的股票，则收购方即使收购剩余所有股票，收购也难以完成。再例如，董事会轮选制，这种制度规定公司每年只改选很小比例的董事。这样即使收购方已经取得多数控股权，也难以在短时间内改组董事会或委任管理层，实现对公司董事会的控制，从而达到阻止目标公司的行为。

3. 公司重组

常见的策略就是将“皇冠上的珍珠”出售——从资产价值、盈利能力和发展前景诸方面衡量经营最好的公司和部门予以出售；或者大量举债，将财务指标变坏；或者将公司分拆上市或出售；或者由公司管理层收购公司股权。此举对反对敌意收购非常有效，但需要权衡利弊。

4.“金降落伞”法

指目标公司董事会通过决议，由公司董事及高层管理者与目标公司签订合同，规定当目标公司被并购接管、其董事及高层管理者被解职的时候，可一次性领到巨额的补偿金。该项“金降落伞”收益视获得者的地位、资历和以往业绩的差异而有高低，就像一把降落伞让高层管理者从高高的职位上安全下来，故名“降落伞”计划；又因其收益丰厚如金，故名“金降落伞”。还有一种“锡降落伞”法，是指公司职工如果并购后两年内被解雇，收购公司需支付一笔遣散费。这两种方法都是通过增加收购费用，使收购企业受损。

5. 股票回购

在收购公司发出收购要约收购目标公司股票时，目标公司用高于预售价格的价格回购自己的股票，一方面使得收购方无法收购到达到控制权比例的股票数量，另一方面还要提高收购价格，从而阻止收购。不过此方法在很多国家被禁止或受限。

6. 寻找"白衣骑士"

当公司遇袭时，可以寻求与自己关系良好的公司，以比收购价更高的价格来进行收购，这使得收购公司要么增加收购成本，要么停止收购。友好公司通常被称为"白衣骑士"。

7. 小精灵防卫术

当得知其他公司意欲收购其股票时，反守为攻先行收购对方公司股票，像小精灵一样。

8. 应用《反托拉斯法》

西方国家并购往往受到《反托拉斯法》的限制。被收购方可以依据具体情况，向法院提起诉讼，控诉收购方的违法行为，当然这需要一定的条件。

第三节 破产、重整与清算

一、破产

（一）破产的概念

"破产"一词源于拉丁语"falletux"，意思为"失败"。破产型财务危机是企业最严重的财务危机。企业破产的基本含义就是破产还债，即以破产方式了结不能清偿的债权债务关系。

从经济学和法学的角度来看，破产的含义有所不同。经济学意义上的破产是由于管理无能、不明智的扩张、激烈的竞争、过高的负债等原因造成公司经营状况恶化、效益低下，因而在市场竞争中被淘汰。破产意味着企业经济实体的解题，它是经济资源重新分配的开始，在财务管理上是原有理财主题的消亡或再建恢复。从法学角度来看，破产是指在债务人不能清偿到期债务时，由法院强制执行其全部财产，公平清偿全体债权人，或者在法院监督下，由债务人与债权人会议达成和解协议，整顿复苏企业，清偿债务，避免倒闭清算的法律制度。破产意味着企业法律"人格"的丧失、法律主体的消亡。由此可见，经济学上的破产，侧重于被淘汰；而法学上的破产，侧重于破产还债。

（二）我国现行《企业破产法》规定的企业破产原因

我国现行《企业破产法》中，破产申请的原因规定在第七条中包括以下 3 种情形：

根据第七条第一款，债务人在具有第二条规定的破产原因时，可以直接提出 3 种破产申请，即破产清算、重整或者和解申请。债务人申请破产清算与申请和解的原因相同，必须具备第二条规定的以下原因之一：①企业法人不能清偿到期债务，并且资产不足以清偿全部债务；②企业法人不能清偿到期债务，并且明显缺乏清偿能力。

根据《企业破产法》第七条第二款，债权人可以直接向法院提出对债务人重整或破产清算的申请。由于客观上债权人不可能掌握债务人的详细财务信息，为了公平起见，法律在债权人申请债务人破产时的原因明显宽松，仅为债务人不能清偿到期债务。根据最高人民法院《关于审理企业破产案件若干问题的规定》，债权人申请债务人破产，应当向人民法院提交下列材料：①债权发生的事实与证据；②债权性质、数额、有无担保，并附证据；③债务人不能清偿到期债务的证据。

根据《企业破产法》第七条，对于已解散且尚未清算完毕的企业法人，仅资不抵债即表明债务人丧失偿债能力。

（三）破产界限

破产界限是指债务人丧失债务清偿的能力，法院据以启动破产程序，宣告债务人破产的法律标准，在国际上又称为破产原因。对于破产界限的界定，各国在破产立法上主要采取两种方式：一是列举方式，即在法律中规定若干种表明债务人丧失清偿能力的具体行为，凡实施行为之一者便认定达到破产界限。二是概括方式，即对破产界限仅做抽象性的规定，着眼于破产发生的一般性原因，而不是具体行为。通常有3种概括：①不能清偿或无力支付；②债务超过，即资不抵偿；③停止支付。我国在破产界限的界定上采用的是概括方式。《企业破产法》规定，“企业因经营管理不善造成严重亏损，不能清偿到期债务的，依照本法规定宣告破产”。我国对破产界限界定的实质标准是不能清偿到期债务，其在法律上的着眼点是债务关系能否正常维系。

不能清偿的法律要件为：

（1）债务人丧失清偿能力，即不能以财产、信用或者能力等任何方式清偿债务。

（2）债务人不能清偿的是已到偿还期限，债权人提出清偿要求的、无争议或有确定名义的债务。

（3）债务不限于用现金支付的标的，但必须是能用货币计量的债务，否则因其债务形式在破产程序中无法得到偿还，宣告破产无实际意义。

（4）债务人对全部或部分主要债务在相当时期内或可预见的一定时期内持续不能清偿，而不是因一时的资金周转等问题暂时停止支付。

（5）由法院裁定的债务人财产的客观状况。

（四）破产程序

根据《企业破产法》的规定，全民所有制企业只有因经营管理不善，造成严重亏损，不能清偿到期债务时，才予以宣告破产；因其他原因导致不能清偿债务的，则不能采用破产方式解决。根据我国《企业破产法》，公司破产清算的程序分为破产申请、和解整顿和破产清算（下文单独详细介绍）3 个阶段。

1. 破产申请

破产申请主要程序如下：

（1）提出申请。破产申请人可以是债权人、债务人。债务人不能偿还到期债务时，债权人可以向债务人所在地人民法院申请宣告债务人破产；债务人经过上级主管部门同意，可以向当地人民法院自动申请破产。

（2）受理申请。人民法院接到破产申请后便要进行受理与否的审查、监督。受理债权人破产申请案件 10 日内应通知债权人，并发布破产案件受理公告。

（3）申请债权。债权人应当在收到通知后 1 个月内，未收到通知的债权人应当自公告起 3 个月内，向人民法院申请债权，说明债权的数额、性质（有无担保）及证明材料。

2. 和解整顿

和解整顿就是通过"和平方式"（债务人与债权人达成和解协议）解决债务人与债权人之间债务纠纷的一种债务结清办法。主要程序如下：

（1）提出整顿申请。法院受理破产案件后 3 个月内，可以向法院申请对该公司进行整顿，整顿期以 2 年为限。

（2）提出和解协议草案。公司就向债权人会议提出和解协议草案，申明清偿债务的期限及要求减免债务的数额等。

（3）讨论和解协议草案。债权人会议收到公司提交的和解协议草案后，应召集全体债权人进行讨论、表决，一旦通过草案并经过人民法院认可后，法院宣布对该公司进行整顿的公告，中止破产程序。

（4）拟定整顿方案。公司拟定整顿、复苏方案，经法院批准后，执行整顿方案。

（5）裁决公司整顿结果。公司经过整顿，如果能够根据和解协议的规定按期或提前如数清偿债务，法院则公告终结破产程序，恢复公司正常经营；如果整顿期满仍不能按期如数清偿债务，法院则宣告该公司破产，进行破产清算。

二、企业重整

（一）企业重整的含义

企业重整（reorganization）也称为公司整理（rearrangement）或公司再生（regeneration），是指对陷入财务危机，但仍有转机和重建价值的企业，根据一定程序进行重新整顿，使企业得以维持和复兴的做法，它是对已经陷入财务危机的企业实施的一种抢救措施。通过这种抢救措施，使濒临破产企业中的一部分，甚至大部分能够重新振作起来，摆脱破产厄运，走上继续发展之路。

重整程序是一种积极挽救困境企业的法律程序，其目的在于采取各种措施使企业走出困境。因此，与破产程序不同，重整企业能否开始重整程序，还必须经法院审查重整企业是否有挽救的希望。首先，由董事会或符合法律规定的债权人、股东向企业所在地法院提出企业重整申请，申请的内容应说明重整的意见及建议措施；其次，由法院裁定是否进入破产程序；最后，根据企业重整结果决定是否进入破产清算程序。重整程序示意图如图 10－1 所示。

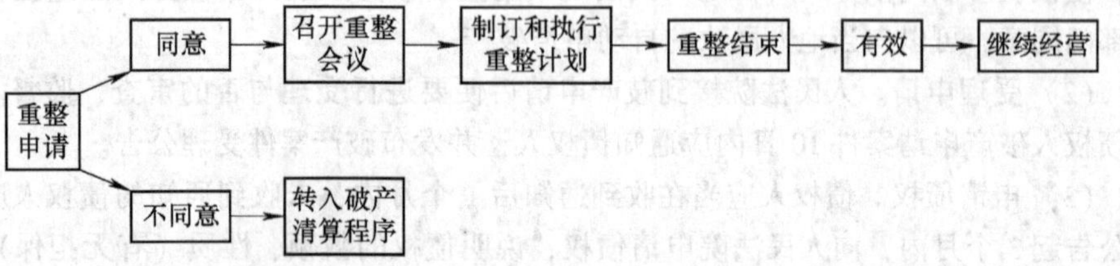

图 10－1　重整程序示意图

（二）企业重整的基本目的

一个陷入财务危机的企业能否继续存在，主要取决于企业的持续经营价值是否大于其清算价值。如果企业在可预见的未来具有较好的发展前景，且其持续经营价值大于清算价值，则债权人就认为该企业值得重整，使其通过重整而继续生存下去；否则，企业将被迫转入破产清算。

重整制度产生的根本动因在于破产清算制度与和解制度的内在缺陷使其无法满足现代社会发展的需求。随着社会化大生产的日益发达与社会分工的日益精细，公司之间、公司与社会之间以及公司与员工之间的利益依存关系也日益复杂与深刻，社会经济生活呈现出很强的整体性与联动性的特征。破产清算案件的处理结果，除了对债权人、债务人及其投资人产生消极影响之外，往往还会对企业的职工、与债务人有交易往来或利害关系的其他企业、国家的财政税收和社会保障状况产生消极的影响。因此，企业破产的预防就显得尤为必要。

在现代社会中，大规模的公司对一个国家的国计民生起着极为重要的作用，特别是上市公司已经成为了各国国民经济的中流砥柱。一家大公司陷入困境乃至倒闭往往会引起产业链条上其他公司的连锁反应，对于证券市场的上市公司，由于牵扯到众多公众投资者的利益，其公司重整和破产问题更是影响重大。

重整的目的在于债务清理和企业拯救，而后者是主要内容。也就是说，重整的基本目的是对陷入经济困境的企业进行从产权、资本结构到内部管理、经营战略等多方面的调整和变更，使之恢复生机。既然公司重整是以拯救企业为宗旨的，那么自然要设法维持企业的经营，只有通过经营才能保留企业的营运价值，才能维系各种投资者们的利益，从而实现社会政策所追求的效率和公平价值。因此，经营保护是公司重整的首要任务。

三、破产清算

（一）清算的概念

公司清算（company liquidation）是指在公司终止过程中，为终结公司各种现存的经济关系，依法对公司财产进行清理、估价、变卖，清理债权、债务，分配剩余财产，以终结其经营活动的行为。任何公司的终止，都必须进行清算工作。清算工作是公司终止阶段的一项法律程序。只有经过清算，才能对公司现存的各种财务关系予以了结。公司清算按其原因，可以分为解散清算和破产清算（bankruptcy liquidation）。导致解散清算的主要原因有以下几点：①章程规定的营业期满或公司章程规定的其他解散事由出现；②公司股东大会决定解散；③公司合并或分立需要解散；④公司违反法律或从事危害社会公众利益活动而被依法撤销；⑤发生严重亏损，或投资一方不履行合同、章程规定的义务，或因外部经营环境变化而无法继续经营。破产清算是因经营管理不善造成严重亏损，不能偿还到期债务而进行的清算。不能偿还到期债务包括以下两种情况：①公司负债总额大于资产总额；②虽然公司资产总额大于负债总额，但因缺少偿还到期债务的现金资产，未能偿还到期债务，被迫依法宣告破产。

公司清算按清算是否自行组织，分为普通清算和特别清算。普通清算是公司自行组织的清算。这种清算按法律规定的一般程序进行，法院和债权人不直接干预。特别清算是指不能由公司自行组织，而由法院出面直接干预并自始至终进行监督的清算。如果公司不能清偿到期的债务，公司有资产不能清偿到期债务的嫌疑，公司无力自行组织清算工作，公司董事对清算事务达不成一致意见，或由债权人、股东、董事会中的任何一方申请等情况发生，就应采取特别清算程序。在普通清算中，清算人一旦发现公司清算资产不足清偿全部债务，清算人有责任立即向人民法院申请宣告破产，清算工作由普通清算程序进入特别清算程序。

（二）清算财务管理

从清算过程和内容看，公司清算财务管理主要包括以下几个方面内容：

1. 清算财产（liquidation property）的清理

（1）清算财产界定。清算财产是指按照清算程序进行清算时，可用于清偿债权人和向公司所有者分配的全部财产的总和。清算财产主要包括：①宣告清算时公司经营管理的全部财产，主要包括各种实物资产、固定资产、对外投资、无形资产等。下列财产区分情况决定是否列作清算财产：担保财产的价值中，相当于担保债权的部分不是清算财产，超过担保债权的部分才是清算财产；公益福利性设施原则上不计入清算财产，但无须续办并能整体出售的，可计入清算财产；暂存本公司的他人财产可以通过清算组取回，费用性资产（如长期待摊费用）不能变现，均无法用于清偿债务或对所有权分配，因而不能列作清算财产。②清算阶段取得的财产和收益。

公司行使撤销权收回的财产、清算期间分回的投资收益和继续的营业活动产生的收益、清算过程中发现的未入账的财产、清算财产转让价值超过账面价值的部分等。③清算结束后一年内追回的财产。

（2）清算财产的变现。为了便于清偿债务和分配剩余财产，清算人需要将清算财产变现。由于整体出售通常比拆零出售取得更多的收入，所以尽量整体出售。清算财产不一定全部需要变现。如果债权人愿意分取实物，对财产进行估价后可直接分配。

2. 债务清偿

（1）清算债务界定。清算债务是在清算过程中应该偿还的债务。主要包括破产或解散宣告前已经成立的无财产担保债务、放弃优先受偿权的有财产担保债务和超过担保物价值的未受偿部分、保证人代偿债务额、清算组合同赔偿金等。

下列债务不属于清算债务：

① 行政、司法机关对清算企业的罚款、罚金以及其他有关费用。

② 人民法院受理清算案件后企业未支付应付款项的滞纳金，包括企业未执行生效法律文书应当加倍支付的迟延利息和劳动保险金的滞纳金。

③ 清算宣告后的债务利息。

④ 债权人参加清算程序所支出的费用。

⑤ 清算企业的股权、股票持有人在股权、股票上的权利。

⑥ 清算财产分配开始后向清算组申报的债务。

⑦ 超过诉讼时效的债务。

⑧ 企业开办单位对企业未收取的管理费、承包费。

（2）清算债务的偿还。公司清算财产支付清算费用后，按照如下顺序清偿：支付应付未付的职工工资和劳动保险费、缴纳应交未交的税金、其他债务。

3. 确定清算损益

清算损益（liquidation income or loss）是公司清算过程中清算收益（liquidation income）与清算费用（liquidation costs）、清算损失（liquidation loss）的差额。

（1）清算收益。清算收益是公司在清算过程中取得的收益。主要包括清算过程中发生的财产盘盈、财产变现收益、不需变现财产估价收益、因债权人原因确实已无法归还的债务、经营收益。

（2）清算费用。清算费用是清算过程中发生的各项支出。主要包括清算期间职工生活费，清算财产管理、变卖和分配所需费用，诉讼费用，审计费、公证费、清算人酬劳、办公费等。清算费用在清算财产中优先支付，一般随时发生随时支出。如果清算财产不足支付清算费用，则清算程序相应终结，未清偿的债务不再清偿。

（3）清算损失。清算损失是清算过程中发生的损失。包括清算过程中发生的财产盘亏损失、财产变现损失、不需变现财产估价损失、经营损失、坏账损失、核销损失等。

（4）清算所得（liquidation earnings）。清算所得是清算收益大于清算费用、清算损失的差额。清算所得应依法纳税。

4. 剩余财产分配

公司清算后的剩余财产归所有者。除公司章程另有规定外，有限责任公司的剩余财产应按照投资各方的出资比例分配。股份有限公司剩余财产不足优先股面值总额的，按优先股股东持股比例分配；超过优先股面值总额的，先按面值分配给优先股股东，再按普通股股东持股比例分配。如果是国有企业，则其剩余财产应全部上缴财政。剩余财产的分配应体现公平、对等原则，均衡各方利益。清算后各项剩余财产的净值，不论实物或现金，均应按投资各方的出资比例或者合同、章程的规定分配。清算财产分配方案经债权人会议通过后，由清算组负责执行。财产分配可以一次分配，也可以多次分配。

第四节 企业价值评估

无论企业是兼并或收购或是剥离与分立，以及重整与清算，在做任何决策之前，企业管理层必须对企业的价值做一个整体的了解。这就需要对企业价值进行评估。

一、企业价值评估的概念

企业价值评估（business evaluation）的概念是我国这几年才刚刚提出来的。在我国 2005 年发布的《企业价值评估指导意见》中是这样定义的：企业价值评估是指注册资产评估师对评估基准日特定目的下的企业整体价值、股东全部权益价值或部分权益价值进行分析、估算并发表专业意见的行为和过程。它不同于企业资产评估，因为企业资产评估可以是评估某个或某些单项资产的价值，也可以是评估企业的价值。国外的企业价值评估，主要包括以下 3 个方面的评估内容：①评估一个整体企业的价值（也称公司估价）；②评估企业股权（所有者权益）的价值，可能是全部股权，也可能是部分股权，但在实践中大部分情况是评估部分股权的价值；③评估企业无形资产的价值。这 3 个方面都是和整个企业紧密相连的，和企业拥有的资产及债务有关，更和企业的经营有关。

企业价值评估的对象不是单纯的某个实物资产，而是这些形形色色的资产的组合资本。所以评估师要对整个企业的财务报表、历史数据、市场前景、行业发展以及宏观经济环境等进行全面的分析和判断，还要对企业中最难以琢磨，但又是重要的资产——无形资产进行详细的分析与评价，这是与单项资产的全面考查和分析的方法与思路不同的。而且，由于企业在资本市场上的特殊地位将比单项资产在商品市场或其他资产交易市场上的情况要复杂得多，所以评估时不得不考虑与企业财务状况及经营情况有关的许多问题，如企业的债权债务控股权益、流通性能、股票期权、职工持股、少数股权以及优先股票等。涉及企业的金融、财务以及法律等诸多方面，是比其他各类单项资产的评估都更复杂和需要深入探讨的一个课题。

二、企业价值评估的应用

企业价值评估有以下两个方面的应用：①咨询性业务或非法定评估业务的应用；②法定评估业务的应用。本章主要介绍第一个方面的应用。它主要是对公司估价（corporate evaluation），或对公司的证券价值评估，多是应用于金融领域、证券市场以及公司自身的财务管理。具体来说包括以下几个方面：

1. 在证券投资市场的应用

证券分析师们通常采用企业价值评估方法对市场上的一些上市公司进行价值评估，然后分析这些由公司财务指标反映出来的“真实价值”是否与该股票的市场价值一致，从而认定这个公司的股票是否被市场低估或高估了。

2. 在企业并购中的应用

无论是收购公司还是目标公司都要对被并购的目标公司进行价值评估，从而得出公司的合理价位，这对并购决策起到十分重要的影响作用。

3. 在公司财务管理中发挥直接影响

正如一句广告词所说的：“帮你发现价值，帮你认识价值，帮你创造价值。”既然公司的目标就是价值最大化，那么公司的财务决策和公司战略都与公司的价值有着千丝万缕的联系。

由于企业价值评估的应用领域广，所以在金融、证券和财务的一些书籍里面通常都有应用企业价值评估的内容。例如，在国外金融分析师的教材《财务管理分析》中专门有一部分是企业价值评估的内容。

企业价值评估在另外一个领域的应用就是法定评估业务领域，也是资产评估师主要提供服务的领域。根据目前大多数国家的情况，资产评估师提供服务的方式要有以下 3 种：价值评估、评估审核和评估咨询。

三、企业价值评价的标准

确定目标企业价值的价值评价的标准的关键是选择合适的资产评估价值标准。目前国际上通行的资产评估价值标准主要有以下几种：

1. 账面价值

账面价值（book value）是指会计核算中账面记载的资产价值。例如，对于股票来说，资产负债表所揭示的企业某时点所拥有的资产总额减去负债总额即为公司股票的账面价值（账面净资产），再减去优先股价值，即为普通股价值。这种估价不考虑资产市场价格的波动，也不考虑资产的收益状况，因而是一种静态的估价标准。

2. 重置成本

重置成本（reproduction cost）是以评估基准日为前提，以资产处于在用状态所耗费的成本作为资产估价的依据，其适用条件是资产处于在用状态。决定重置成本的两个基本因素是重置完全成本及其损耗（或称贬值、折旧）。

3. 现行市价

现行市价（current market value）是以评估基准日市场上公开买卖的价格作为价值评价的依据，其适用条件是完全公开的市场和正常的交易行为。决定现行市价的3个基本因素是：资产的生产成本、市场供求关系和资产质量因素。市场价值与账面价值不同，它是把该资产视为一种商品在市场上公开竞争，在供求关系平衡状态下确定的价值。当公司在各种证券市场上进行交易时，它们的交易价格就是这种证券的市场价值，它可以高于或低于账面价值。

4. 收益现值

收益现值（present value）又称公允价值（fair value），是指将目标企业在未来持续经营情况下所产生的预期收益，按照设定的折现率（市场资金利率或平均收益率）折算成现值，并以此确定其价值。它把市场环境和企业未来的经营状况与目标企业价值联系起来，是目前评价目标企业的价值的最通用的方法。其适用条件是资产存在预期收益并可从量上进行衡量。决定收益现值的3个基本因素是：年预期收益额、收益期及折现率（即资本成本率或投资者要求的股权资本收益率）。

5. 清算价值

清算价值（liquidation value）是指企业出现财务危机破产或歇业清算时，把企业中的实物资产逐个分离而单独出售的资产价值，是在企业作为一个整体已经丧失增值能力情况下的资产估价方法，是以假定资产在非正常市场上限期拍卖的价格作为资产估价的依据。对于股东来说，公司的清算价值是清算资产偿还债务以后的剩余价值。其适用条件是资产受某种压力被强制在非正常市场上限期拍卖。决定清算价格的因素较复杂，一般包括资产的数量和功能、拍卖期限、市场供求关系、有关法律规定、国家机关干涉程度等。

四、企业价值评估模型

企业价值评估是一项综合性的资产评估，是对企业整体经济价值进行判断、估计的过程。目前，企业价值评估中主要用到两种模型：现金流量折现模型和期权定价模型。

（一）现金流量折现模型

1. 现金流量折现的原理

现金流量折现法的基本思想是增量现金流量原则和货币时间价值原则，即任何资产的价值是其产生的未来现金流量的现值。

企业也是资产，具有资产的一般特征。从某种意义上看企业也是一个大项目，是一个由若干个投资项目组成的复合项目，或者说是一个项目组合。因此，企业价值评估与前面讲的项目投资评价就有许多类似之处：①无论是企业还是项目，都可以给投资主体带来现金流量，现金流越大则经济价值越大；②它们的现金流量都具有不确定性，其价值计量都要使用风险概念；③它们的现金流量都是陆续产生的，其价值计量都要使用现值概念。因此，我们可以使用前面介绍过的折现现金流量法对企业价值进行评估。

企业价值评估与项目投资价值评估也有许多明显区别：①项目投资的寿命是有限的，而企业的寿命是无限的，因此要处理无限期现金流量的折现问题；②典型的项目投资有稳定的或逐期下降的现金流量，而企业通常将收益再投资并产生增长的现金流量，它们的现金流分布有不同特征；③项目投资产生的现金流量属于所有者，而企业产生的现金流仅在管理层决定分配它们时才流向所有者，如果管理层决定向较差的项目投资而不愿意支付股利，则少数股东除了将股票出售外别无选择。这些差别，也正是企业价值评估比项目投资评价更困难的地方，或者说是现金流量折现模型用于企业价值评估需要解决的问题。

2. 现金流量折现模型

根据以上分析，现金流量折现为：

$$V = \sum \frac{CF_t}{(1+K_w)^t}$$

式中 V——企业价值；

CF——企业未来期剩余现金流量；

K_w——由于企业剩余现金流量本身具有风险而对其进行调整所用的折现率，在财务中即为企业加权平均资本成本率；

t——企业创造现金流的预测所涵盖的生命周期（通常以年度计）。

从基本模型可以看出，要评价公司整体价值就必须对公司未来期的所有现金流量进行预测。在现实中，要做到这一点是非常困难的。

(1) 对基本模型进行修正，即对现金流量预测期进行分段处理，将未来现金流量预测期拆分为可预见期内、可预见期外这两个时间段，从而所得的企业价值估计也分为可预见期内价值和可预见期外价值（在财务上称之为终值或连续价值），以分别进行估计，其中终值仍往往采用年金方式来处理。因此，现金流量折现基本模型公式可改写为：

企业价值 = 可预见期内现金流量的折现值 + 可预见期外终值的折现值

$$V = \sum \frac{CF_t}{(1+K_w)^t} + \frac{TV_t}{(1+K_w)^t}$$

式中 t——可预见期；

TV——可预见期末时点的终值。

【例 10 - 1】 预测某公司未来 5 年的剩余现金流量如表 10 - 1 所示，假设公司 5 年后的剩余现金流量将与第 5 年的一样，即保持零增长。已知公司资本成本为 10%，估算公司价值。

表 10－1　剩余现金流量表

单位：百万元

年　份	2010 年	2011 年	2012 年	2013 年	2014 年
剩余现金流量	50	40	50	40	50

由例题可知：公司价值取决于未来 5 年可预见期内现金流量的折现值与可预见期（5 年）外终值的折现值。因为公司 5 年以后的剩余现金流量将与第 5 年的一样，保持零增长，所以可将其看作永续年金。

$$V = \sum \frac{CF_t}{(1+K_w)^t} + \frac{TV_t}{(1+K_w)^t}$$

$$= 50 \times PVIF_{(10\%,1)} + 40 \times PVIF_{(10\%,2)} + 50 \times PVIF_{(10\%,3)} + 40 \times PVIF_{(10\%,4)} + 30 \times PVIF_{(10\%,5)} + 50 \div 10\%$$

$$= 50 \times 0.909 + 40 \times 0.826 + 50 \times 0.751 + 40 \times 0.683 + 50 \times 0.621 + 500$$

$$= 674.41(\text{百万元})$$

（2）股利固定增长下的现金流量折现方法。如果公司的股票股利在一定时期内按照固定比例增长，则有：

$$V = \frac{D_0(1+g)}{K_w - g}$$

式中　g——增长率；

D_0——当前股票股利。

该模型主要适用于业绩稳定增长的企业。该类企业一般都处于成熟期，市场占有率高、利润稳定、现金流量充足，可以使股利保持一个稳定的增长率。但实际上，企业不可能永远按照固定的股利增长率增长，同时，该模型对股利增长过快时特别敏感，因此适用范围较窄。

（二）期权定价模型

1. 期权定价模型

期权是一种证券化契约，该契约赋予其持有者或买方具有在期权到期日或到期日之前任一时间向其卖方按预先约定的价格（执行价格）购买或出售契约所规定的一定数量标的资产的权利。期权只包含权利而不包含义务，其持有者可自由行使权利，故又称为选择权。为取得该权利，期权购买者需在购买期权时向其卖方支付一定金额的保险金，称其为期权价格。在期权定价模型中，最著名的是 Black－Scholes 模型。Black－Scholes 模型中买入期权的价值形式如下：

$$C = S \cdot N(d_1) - Le^{-rt}N(d_2)$$

其中，

$$d_1 = \frac{\ln\frac{S}{L} + (r + 0.5 \times \sigma^2)T}{\sigma \times \sqrt{T}}$$

$$d_2 = \frac{\ln\frac{S}{L} + (r - 0.5 \times \sigma^2)T}{\sigma \times \sqrt{T}} = d_1 - \sigma\sqrt{T}$$

式中 $N(d_1)$、$N(d_2)$ ——d_1、d_2 的累积正态分布函数值；

C——买入期权的价值；

S——指定资产的当前价；

L——期权的执行价格或履行价格；

r——与期权寿命相当的无风险利率；

σ——指定资产的标准差；

t——期权到期的时间。

公式中，右边第一项为期望的资产价值，第二项为资产的期望成本，即企业价值为期望价值与期望成本之差。

期权定价理论可以很好地应用于企业价值评估之中。它重点考虑了选择权或不同的投资机会所创造的价值。在传统的不太适用或很难使用时，它可以独辟蹊径达到理想的结果。即使是在折现现金流量法适用的情况下，期权定价法也为我们提供了一个很有价值的独特视角。在当今新经济的市场环境下，以信息技术和产业为龙头的高新技术的飞速发展显著地提高了整个经济的劳动生产率，人们对新经济的讨论更多地表明人们对未来经济增长模式难以预测，在这样的环境下技术的发展及其应用前景都很不确定，对于企业来说能否把握不确定环境下的各种投资机会在很大程度上决定着企业的价值。可见期权在定价中应用前景广阔，凡具有“或有索偿权”“选择权”特征的问题，都可以考虑纳入期权理论的框架来定价。

2. 期权定价模型的应用

【例10-2】 假定某公司因为刚刚运营，目前没有效益，但在试验中有一种产品很有希望成为治疗糖尿病的药物。公司已经申请了专利，并拥有20年的专利权。该专利产品的资产当前市场价值为1亿元，资产价值的方差$\delta^2=0.2$，开发此产品的投资成本现值为8 000万元，如果年无风险利率为7%，试评估该企业的价值。

可以认为公司的价值是由公司现有资产价值和这项专利技术的价值两部分所组成。但是公司因为刚刚运营，现有资产及业务的价值相对于后者很小。所以我们评估公司的价值，主要重点就是评估专利技术的价值。此时，公司的产品专利拥有权被看作是一个买方期权，相关参数如下：

专利产品本身为标的资产，而标的资产的现时价值就是现在生产该产品的预期现金流的现值，即1亿元=10 000万元；生产该专利产品的初始投资成本的现值即为这个买方期权的执行价格，即$L=8\ 000$万元；期权的期限就是公司拥有该专利产品的有效期，即$t=20$年。无风险利率$r=7\%$。至此，全部输入变量都已经得到。代入Black-Scholes期权定价公式则有：

$$d_1 = \frac{\ln\frac{10\ 000}{8\ 000} + \left(7\% + \frac{0.2}{2}\right) \times 20}{\sqrt{0.2} \times \sqrt{20}} = 1.812$$

$$d_2 = 1.812 - \sqrt{0.2} \times \sqrt{20} = -0.188$$

查表得：$N(d_1) = 0.965$，　　$N(d_2) = 0.425$，则

$$C = 10\ 000 \times 0.965 - 8\ 000 \times e^{-0.07 \times 20} \times 0.425$$
$$= 8\ 812\ (万元)$$

因此公司拥有专利权的价值即为买方期权价值8 812万元。如果这个公司现有账面资产及现有业务的价值为300万元，那么该公司的评估总价值为9 112（8 812 + 300）万元。

综上所述，企业价值评估是以一定的科学方法和经验水平为依据的，但本质上仍是一种主观性很强的判断，在实践中，应该针对不同对象选用不同方法进行估价，必要的时候可以交叉采取多种方法同时估价。一般来说，评估企业价值需要两种技巧：①分析能力，即需要明白应用数学模式去评估公司价值；②拥有良好的判断能力，很多时候数学模式均带有假设成分，再者，企业很多资料往往是不能量化，或没有足够数据去衡量，因此运用数学模式所得到的企业价值只能作为参考。

【练习题】

1. A公司以发行股票的方式并购B公司，并购时双方的有关资料如表10－2所示。

表10－2　并购时双方的有关资料

项　　目	A公司	B公司
净利润	240万元	40万元
普通股股数	80万股	20万股
每股收益	2.4元	1.5元
每股市价	36元	18元
市盈率	15倍	12倍

要求：

（1）假设并购后两公司的收益能力不变，若B公司股票作价20元，计算并购后A公司的每股收益和原B公司股东的每股收益。

（2）假设并购后产生较好的协同效应使净收益增加30万元，若B公司每股作价20元，计算并购后的每股收益。

2. 某企业2014年支付的每股股利为1.3元，预期股利将永久性每年增长5%。股票的β系数为0.9，年期国债利率为3.25%，市场风险补偿率为5%。试估算企业价值。

附　　录

附录 A　复利终值系数表

期数	1%	2%	3%	4%	5%	6%	7%	8%	9%	10%
1	1.010 0	1.020 0	1.030 0	1.040 0	1.050 0	1.060 0	1.070 0	1.080 0	1.090 0	1.100 0
2	1.020 1	1.040 4	1.060 9	1.081 6	1.102 5	1.123 6	1.144 9	1.166 4	1.188 1	1.210 0
3	1.030 3	1.061 2	1.092 7	1.124 9	1.157 6	1.191 0	1.225 0	1.259 7	1.295 0	1.331 0
4	1.040 6	1.082 4	1.125 5	1.169 9	1.215 5	1.262 5	1.310 8	1.360 5	1.411 6	1.464 1
5	1.051 0	1.104 1	1.159 3	1.216 7	1.276 3	1.338 2	1.402 6	1.469 3	1.538 6	1.610 5
6	1.061 5	1.126 2	1.194 1	1.265 3	1.340 1	1.418 5	1.500 7	1.580 9	1.677 1	1.771 6
7	1.072 1	1.148 7	1.229 9	1.315 9	1.407 1	1.503 6	1.605 8	1.773 8	1.828 0	1.948 7
8	1.082 9	1.171 7	1.266 8	1.368 6	1.477 5	1.593 8	1.718 2	1.850 9	1.992 6	2.143 6
9	1.093 7	1.195 1	1.304 8	1.423 3	1.551 3	1.689 5	1.838 5	1.999 0	2.171 9	2.357 9
10	1.104 6	1.219 0	1.343 9	1.480 2	1.628 9	1.790 8	1.967 2	2.158 9	2.367 4	2.593 7
11	1.115 7	1.243 4	1.382 4	1.539 5	1.710 3	1.898 3	2.104 9	2.331 6	2.580 4	2.853 1
12	1.126 8	1.268 2	1.425 8	1.601 0	1.795 9	2.012 2	2.252 2	2.518 2	2.812 7	3.138 4
13	1.138 1	1.293 6	1.468 5	1.665 1	1.885 6	2.132 9	2.409 8	2.719 6	3.065 8	3.452 3
14	1.145 9	1.319 5	1.512 6	1.731 7	1.979 9	2.260 9	2.578 5	2.937 2	3.341 7	3.797 5
15	1.161 0	1.345 9	1.558 0	1.800 9	2.078 9	2.396 6	2.759 0	3.172 2	3.642 5	4.177 2
16	1.172 6	1.372 8	1.604 7	1.873 0	2.182 9	2.540 4	2.952 2	3.425 9	3.970 3	4.595 0
17	1.184 3	1.400 2	1.652 8	1.947 9	2.292 0	2.692 8	3.158 8	3.700 0	4.327 6	5.054 5
18	1.196 1	1.428 2	1.702 4	2.025 8	2.406 6	2.854 3	3.379 9	3.996 0	4.717 1	5.559 9
19	1.208 1	1.456 8	1.753 5	2.106 8	2.527 0	3.025 6	3.616 5	4.315 7	5.141 7	6.115 9
20	1.220 2	1.485 9	1.806 1	2.191 1	2.653 3	3.207 1	3.869 7	4.661 0	5.604 4	6.727 5
21	1.232 4	1.515 7	1.860 3	2.278 8	2.786 0	3.399 6	4.140 6	5.033 8	6.108 8	7.400 2
22	1.244 7	1.546 0	1.916 1	2.369 9	2.925 3	3.603 5	4.430 4	5.436 5	6.658 6	8.140 3
23	1.257 2	1.576 9	1.973 6	2.464 7	3.071 5	3.819 7	4.740 5	5.871 5	7.257 9	8.254 3
24	1.269 7	1.608 4	2.032 8	2.563 3	3.225 1	4.048 9	5.072 4	6.341 2	7.911 1	9.849 7
25	1.282 4	1.640 6	2.093 8	2.665 8	3.386 4	4.291 9	5.427 4	6.848 5	8.623 1	10.835
26	1.295 3	1.673 4	2.156 6	2.772 5	3.555 7	4.549 4	5.807 6	7.396 4	9.399 2	11.918
27	1.308 2	1.706 9	2.221 3	2.883 4	3.733 5	4.882 3	6.213 9	7.988 1	10.245	13.110
28	1.321 3	1.741 0	2.287 9	2.998 7	3.920 1	5.111 7	6.648 8	8.627 1	11.167	14.421
29	1.334 5	1.775 8	2.356 6	3.118 7	4.116 1	5.418 4	7.114 3	9.317 3	12.172	15.863
30	1.347 8	1.811 4	2.427 3	3.243 4	4.321 9	5.743 5	7.612 3	10.063	13.268	17.449
40	1.488 9	2.208 0	3.262 0	4.801 0	7.040 0	10.286	14.794	21.725	31.408	45.259
50	1.644 6	2.691 6	4.383 9	7.106 7	11.467	18.420	29.457	46.902	74.358	117.39
60	1.816 7	3.281 0	5.891 6	10.520	18.679	32.988	57.946	101.26	176.03	304.48

（续）

期数	12%	14%	15%	16%	18%	20%	24%	28%	32%	36%
1	1.120 0	1.140 0	1.150 0	1.160 0	1.180 0	1.200 0	1.240 0	1.280 0	1.320 0	1.360 0
2	1.254 4	1.299 6	1.322 5	1.345 6	1.392 4	1.440 0	1.537 6	1.638 4	1.742 4	1.849 6
3	1.404 9	1.481 5	1.520 9	1.560 9	1.643 0	1.728 0	1.906 6	2.087 2	2.300 0	2.515 5
4	1.573 5	1.689 0	1.749 0	1.810 6	1.938 8	2.073 6	2.364 2	2.684 4	3.036 0	3.421 0
5	1.762 3	1.925 4	2.011 4	2.100 3	2.287 8	2.488 3	2.931 6	3.436 0	4.007 5	4.652 6
6	1.973 8	2.195 0	2.313 1	2.436 4	2.699 6	2.986 0	3.635 2	4.398 0	5.289 9	6.327 5
7	2.210 7	2.502 3	2.660 0	2.826 2	3.185 5	3.583 2	4.507 7	5.629 5	6.982 6	8.605 4
8	2.476 0	2.852 6	3.059 0	3.278 4	3.758 9	4.299 8	5.589 5	7.250 8	9.217 0	11.703
9	2.773 1	3.251 9	3.517 9	3.803 0	4.435 5	5.159 8	6.931 0	9.223 4	12.166	15.917
10	3.105 8	3.707 2	4.045 6	4.411 4	5.233 8	6.191 7	8.594 4	11.806	16.060	21.647
11	3.478 5	4.226 2	4.652 4	5.117 3	6.175 9	7.430 1	10.657	15.112	21.119	29.439
12	3.896 0	4.817 9	5.350 3	5.936 0	7.287 6	8.916 1	13.215	19.343	27.983	40.037
13	4.363 5	5.492 4	6.152 8	6.885 8	8.599 4	10.699	16.386	24.759	36.937	54.451
14	4.887 1	6.261 3	7.075 7	7.987 5	10.147	12.839	20.319	31.691	48.757	74.053
15	5.473 6	7.137 9	8.137 1	9.265 5	11.974	15.407	25.196	40.565	64.395	100.71
16	6.130 4	8.137 2	9.357 6	10.748	14.129	18.448	31.243	51.923	84.954	136.97
17	6.866 0	9.276 5	10.761	12.468	16.672	22.186	38.741	66.461	112.14	186.28
18	7.690 0	10.575	12.375	14.463	19.673	26.623	48.039	86.071	148.02	253.34
19	8.612 8	12.056	14.232	16.777	23.214	31.948	59.568	108.89	195.39	344.54
20	9.646 3	13.743	16.367	19.461	27.393	38.338	73.864	139.38	257.92	468.57
21	10.804	15.668	18.822	22.574	32.324	46.005	91.592	178.41	340.45	637.26
22	12.100	17.861	21.645	26.186	38.142	55.206	113.57	228.36	449.39	866.67
23	13.552	20.362	24.891	30.376	45.008	66.247	140.83	292.30	593.20	1 178.7
24	15.179	23.212	28.625	35.236	53.109	79.497	174.63	374.14	783.02	1 603.0
25	17.000	26.462	32.919	40.874	62.669	95.396	216.54	478.90	1 033.6	2 180.1
26	19.040	30.167	37.857	47.414	73.949	114.48	268.51	613.00	1 364.3	2 964.9
27	21.325	34.390	43.535	55.000	87.260	137.37	332.95	784.64	1 800.9	4 032.3
28	23.884	39.204	50.006	63.800	102.97	164.84	412.86	1 004.3	2 377.2	5 483.9
29	26.750	44.693	57.575	74.009	121.50	197.81	511.95	1 285.6	3 137.9	7 458.1
30	29.960	50.950	66.212	85.850	143.37	237.38	634.82	1 645.5	4 142.1	10 143
40	93.051	188.83	267.86	378.72	750.38	1 469.8	5 455.9	19 427	66 521	*
50	289.00	700.23	1 083.7	1 670.7	3 927.4	9 100.4	46 890	*	*	*
60	897.60	2 595.9	4 384.0	7 370.2	20 555	56 348	*	*	*	*

* >99 999

附录 B　复利现值系数表

期数	1%	2%	3%	4%	5%	6%	7%	8%	9%	10%
1	.990 1	.980 4	.970 9	.961 5	.952 4	.943 4	.934 6	.925 9	.917 4	.909 1
2	.980 3	.971 2	.942 6	.924 6	.907 0	.890 0	.873 4	.857 3	.841 7	.826 4
3	.970 6	.942 3	.915 1	.889 0	.863 8	.839 6	.816 3	.793 8	.772 2	.751 3
4	.961 0	.923 8	.888 5	.854 8	.822 7	.792 1	.762 9	.735 0	.708 4	.683 0
5	.951 5	.905 7	.862 6	.821 9	.783 5	.747 3	.713 0	.680 6	.649 9	.620 9
6	.942 0	.888 0	.837 5	.790 3	.746 2	.705 0	.666 3	.630 2	.596 3	.564 5
7	.932 7	.860 6	.813 1	.759 9	.710 7	.665 1	.622 7	.583 5	.547 0	.513 2
8	.923 5	.853 5	.787 4	.730 7	.676 8	.627 4	.582 0	.540 3	.501 9	.466 5
9	.914 3	.836 8	.766 4	.702 6	.644 6	.591 9	.543 9	.500 2	.460 4	.424 1
10	.905 3	.820 3	.744 1	.675 6	.613 9	.558 4	.508 3	.463 2	.422 4	.385 5
11	.896 3	.804 3	.722 4	.649 6	.584 7	.526 8	.475 1	.428 9	.387 5	.350 5
12	.887 4	.788 5	.701 4	.624 6	.556 8	.497 0	.444 0	.397 1	.355 5	.318 6
13	.878 7	.773 0	.681 0	.600 6	.530 3	.468 8	.415 0	.367 7	.326 2	.289 7
14	.870 0	.757 9	.661 1	.577 5	.505 1	.442 3	.387 8	.340 5	.299 2	.263 3
15	.861 3	.743 0	.641 9	.555 3	.481 0	.417 3	.362 4	.315 2	.274 5	.239 4
16	.852 8	.728 4	.623 2	.533 9	.458 1	.393 6	.338 7	.291 9	.251 9	.217 6
17	.844 4	.714 2	.605 0	.513 4	.436 3	.371 4	.316 6	.270 3	.231 1	.197 8
18	.836 0	.700 2	.587 4	.493 6	.415 5	.350 3	.295 9	.250 2	.212 0	.179 9
19	.827 7	.686 4	.570 3	.474 6	.395 7	.330 5	.276 5	.231 7	.194 5	.163 5
20	.819 5	.673 0	.553 7	.456 4	.376 9	.311 8	.258 4	.214 5	.178 4	.148 6
21	.811 4	.659 8	.537 5	.438 8	.358 9	.294 2	.241 5	.198 7	.163 7	.135 1
22	.803 4	.646 8	.521 9	.422 0	.341 8	.277 5	.225 7	.183 9	.150 2	.122 8
23	.795 4	.634 2	.506 7	.405 7	.325 6	.261 8	.210 9	.170 3	.137 8	.111 7
24	.787 6	.621 7	.491 9	.390 1	.310 1	.247 0	.197 1	.157 7	.126 4	.101 5
25	.779 8	.609 5	.477 6	.375 1	.295 3	.233 0	.184 2	.146 0	.116 0	.092 3
26	.772 0	.597 6	.463 7	.360 4	.281 2	.219 8	.172 2	.135 2	.106 4	.083 9
27	.764 4	.585 9	.450 2	.346 8	.267 8	.207 4	.160 9	.125 2	.097 6	.076 3
28	.756 8	.574 4	.437 1	.333 5	.255 1	.195 6	.150 4	.115 9	.089 5	.069 3
29	.749 3	.563 1	.424 3	.320 7	.242 9	.184 6	.140 6	.107 3	.082 2	.063 0
30	.741 9	.552 1	.412 0	.308 3	.231 4	.174 1	.131 4	.099 4	.075 4	.05 73
35	.705 9	.500 0	.355 4	.253 4	.181 3	.130 1	.093 7	.067 6	.049 0	.035 6
40	.671 7	.452 9	.306 6	.208 3	.142 0	.097 2	.066 8	.046 0	.031 8	.022 1
45	.639 1	.410 2	.264 4	.171 2	.111 3	.072 7	.047 6	.031 3	.020 7	.013 7
50	.608 0	.371 5	.228 1	.140 7	.087 2	.054 3	.033 9	.021 3	.013 4	.008 5
55	.578 5	.336 5	.196 8	.115 7	.068 3	.040 6	.024 2	.014 5	.008 7	.005 3

（续）

期数	12%	14%	15%	16%	18%	20%	24%	28%	32%	36%
1	.892 9	.877 2	.869 6	.862 1	.847 5	.833 3	.806 5	.781 3	.757 6	.735 3
2	.797 2	.769 5	.756 1	.743 2	.718 2	.694 4	.650 4	.610 4	.573 9	.540 7
3	.711 8	.675 0	.657 5	.640 7	.608 6	.578 7	.524 5	.476 8	.434 8	.397 5
4	.635 5	.592 1	.571 8	.552 3	.515 8	.482 3	.423 0	.372 5	.329 4	.292 3
5	.567 4	.519 4	.497 2	.476 2	.437 1	.401 9	.341 1	.291 0	.249 5	.214 9
6	.506 6	.455 6	.432 3	.410 4	.370 4	.334 9	.275 1	.227 4	.189 0	.158 0
7	.452 3	.399 6	.375 9	.353 8	.313 9	.279 1	.221 8	.177 6	.143 2	.116 2
8	.403 9	.350 6	.326 9	.305 0	.266 0	.232 6	.178 9	.138 8	.108 5	.085 4
9	.360 6	.307 5	.284 3	.263 0	.225 5	.193 8	.144 3	.108 4	.082 2	.062 8
10	.322 0	.269 7	.247 2	.226 7	.191 1	.161 5	.116 4	.084 7	.062 3	.046 2
11	.287 5	.236 6	.214 9	.195 4	.161 9	.134 6	.093 8	.066 2	.047 2	.034 0
12	.256 7	.207 6	.186 9	.168 5	.137 3	.112 2	.075 7	.051 7	.035 7	.025 0
13	.229 2	.182 1	.162 5	.145 2	.116 3	.093 5	.061 0	.040 4	.027 1	.018 4
14	.204 6	.159 7	.141 3	.125 2	.098 5	.077 9	.049 2	.031 6	.020 5	.013 5
15	.182 7	.140 1	.122 9	.107 9	.083 5	.064 9	.039 7	.024 7	.015 5	.009 9
16	.163 1	.122 9	.106 9	.098 0	.070 9	.054 1	.032 0	.019 3	.011 8	.007 3
17	.145 6	.107 8	.092 9	.080 2	.060 0	.045 1	.025 9	.015 0	.008 9	.005 4
18	.130 0	.094 6	.080 8	.069 1	.050 8	.037 6	.020 8	.011 8	.006 8	.003 9
19	.116 1	.082 9	.070 3	.059 6	.043 1	.031 3	.016 8	.009 2	.005 1	.002 9
20	.103 7	.072 8	.061 1	.051 4	.036 5	.026 1	.013 5	.007 2	.003 9	.002 1
21	.092 6	.063 8	.053 1	.044 3	.030 9	.021 7	.010 9	.005 6	.002 9	.001 6
22	.082 6	.056 0	.046 2	.038 2	.026 2	.018 1	.008 8	.004 4	.002 2	.001 2
23	.073 8	.049 1	.040 2	.032 9	.022 2	.015 1	.007 1	.003 4	.001 7	.000 8
24	.065 9	.043 1	.034 9	.028 4	.018 8	.012 6	.005 7	.002 7	.001 3	.000 6
25	.058 8	.037 8	.030 4	.024 5	.016 0	.010 5	.004 6	.002 1	.001 0	.000 5
26	.052 5	.033 1	.026 4	.021 1	.013 5	.008 7	.003 7	.001 6	.000 7	.000 3
27	.046 9	.029 1	.023 0	.018 2	.011 5	.007 3	.003 0	.001 3	.000 6	.000 2
28	.041 9	.025 5	.020 0	.015 7	.009 7	.006 1	.002 4	.001 0	.000 4	.000 2
29	.037 4	.022 4	.017 4	.013 5	.008 2	.005 1	.002 0	.000 8	.000 3	.000 1
30	.033 4	.019 6	.015 1	.011 6	.007 0	.004 2	.001 6	.000 6	.000 2	.000 1
35	.018 9	.010 2	.007 5	.005 5	.003 0	.001 7	.000 5	.000 2	.000 1	*
40	.010 7	.005 3	.003 7	.002 6	.001 3	.000 7	.000 2	.000 1	*	*
45	.006 1	.002 7	.001 9	.001 3	.000 6	.000 3	.000 1	*	*	*
50	.003 5	.001 4	.000 9	.000 6	.000 3	.000 1	*	*	*	*
55	.002 0	.000 7	.000 5	.000 3	.000 1	*	*	*	*	*

* <000 1

附录C 年金终值系数表

期数	1%	2%	3%	4%	5%	6%	7%	8%	9%	10%
1	1.000 0	1.000 0	1.000 0	1.000 0	1.000 0	1.000 0	1.000 0	1.000 0	1.000 0	1.000 0
2	2.010 0	2.020 0	2.030 0	2.040 0	2.050 0	2.060 0	2.070 0	2.080 0	2.090 0	2.100 0
3	3.030 1	3.060 4	3.090 9	3.121 6	3.152 5	3.183 6	3.214 9	3.246 4	3.278 1	3.310 0
4	4.060 4	4.121 6	4.183 6	4.246 5	4.310 1	4.374 6	4.439 9	4.506 1	4.573 1	4.641 0
5	5.101 0	5.204 0	5.309 1	5.416 3	5.525 6	5.637 1	5.750 7	5.866 6	5.984 7	6.105 1
6	6.152 0	6.308 1	6.468 4	6.633 0	6.801 9	6.975 3	7.153 3	7.335 9	7.523 3	7.715 6
7	7.213 5	7.434 3	7.662 5	7.898 3	8.142 0	8.393 8	8.654 0	8.922 8	9.200 4	9.487 2
8	8.285 7	8.583 0	8.892 3	9.214 2	9.549 1	9.897 5	10.260	10.637	11.028	11.436
9	9.368 5	9.754 6	10.159	10.583	11.027	11.491	11.978	12.488	13.021	13.579
10	10.462	10.950	11.464	12.006	12.578	13.181	13.816	14.487	15.193	15.937
11	11.567	12.169	12.808	13.486	14.207	14.972	15.784	16.645	17.560	18.531
12	12.683	13.412	14.192	15.026	15.917	16.870	17.888	18.977	20.141	21.384
13	13.809	14.680	15.618	16.627	17.713	18.882	20.141	21.495	22.953	24.523
14	14.947	15.974	17.086	18.292	19.599	21.015	22.550	24.214	26.019	27.975
15	16.097	17.293	18.599	20.024	21.579	23.276	25.129	27.152	29.361	31.772
16	17.258	18.639	20.157	21.825	23.657	25.673	27.888	30.324	33.003	35.950
17	18.430	20.012	21.762	23.698	25.840	28.213	30.840	33.750	36.974	40.545
18	19.615	21.412	23.414	25.645	28.132	30.906	33.999	37.450	41.301	45.599
19	20.811	22.841	25.117	27.671	30.539	33.760	37.379	41.446	46.018	51.159
20	20.019	24.297	26.870	29.778	33.066	36.786	40.955	45.752	51.160	57.275
21	23.239	25.783	28.676	31.969	35.719	39.993	44.865	50.423	56.765	64.002
22	24.472	27.299	30.537	34.249	38.505	43.392	49.006	55.457	62.873	71.403
23	25.716	28.845	32.453	36.618	41.430	46.996	53.436	60.883	69.532	79.543
24	26.973	30.422	34.426	39.083	44.502	50.816	58.177	66.765	76.790	88.497
25	28.243	32.030	36.459	41.646	47.727	54.863	63.294	73.106	84.701	98.3447
26	29.526	33.671	38.553	44.312	51.113	59.156	68.676	79.954	93.324	109.18
27	30.821	35.344	40.710	47.084	54.669	63.706	74.484	87.351	102.72	121.10
28	32.129	37.051	42.931	49.968	58.403	68.528	80.698	95.339	112.97	134.21
29	33.450	38.792	45.219	52.966	62.323	73.640	87.347	103.97	124.14	148.63
30	34.785	40.568	47.575	56.085	66.439	79.058	94.461	113.28	136.31	164.49
40	48.886	60.402	75.401	95.026	120.80	154.76	199.64	259.06	337.88	442.59
50	64.463	84.579	112.80	152.67	209.35	290.34	406.53	573.77	815.08	1 163.9
60	81.670	114.05	163.05	237.99	353.58	533.13	813.52	1 253.2	1 944.8	3 034.8

（续）

期数	12%	14%	15%	16%	18%	20%	24%	28%	32%	36%
1	1.000 0	1.000 0	1.000 0	1.000 0	1.000 0	1.000 0	1.000 0	1.000 0	1.000 0	1.000 0
2	2.120 0	2.140 0	2.150 0	2.160 0	2.180 0	2.200 0	2.240 0	2.280 0	2.320 0	2.360 0
3	3.374 4	3.439 6	3.472 5	3.505 6	3.572 4	3.640 0	3.777 6	3.918 4	3.062 4	3.209 6
4	4.779 3	4.921 1	4.993 4	5.066 5	5.215 4	5.368 0	5.684 2	6.015 6	6.362 4	6.725 1
5	6.352 8	6.610 1	6.742 4	6.877 1	7.154 2	7.441 6	8.048 4	8.699 9	9.398 3	10.146
6	8.115 2	8.535 5	8.753 7	8.977 5	9.442 0	9.929 9	10.980	12.136	13.406	14.799
7	10.089	10.730	11.067	11.414	12.142	12.916	14.615	16.534	18.696	21.126
8	12.300	13.233	13.727	14.240	15.327	16.499	19.123	22.163	25.678	29.732
9	14.776	16.085	16.786	17.519	19.086	20.799	24.712	29.369	34.895	41.435
10	17.549	19.337	20.304	21.321	23.521	25.959	31.643	38.593	47.062	57.352
11	20.655	23.045	24.349	25.733	28.755	32.150	40.238	50.398	63.122	78.988
12	24.133	27.271	29.002	30.850	34.931	39.581	50.895	65.510	84.320	108.44
13	28.029	32.089	34.352	36.786	42.219	48.497	64.110	84.853	112.30	148.47
14	32.393	37.581	40.505	43.672	50.818	59.196	80.496	109.61	149.24	202.93
15	37.280	43.842	47.580	51.660	60.965	72.035	100.82	141.30	198.00	276.98
16	42.753	50.980	55.717	60.925	72.939	87.442	126.01	181.87	262.36	377.69
17	48.884	59.118	65.075	71.673	87.068	105.93	157.25	233.79	347.31	514.66
18	55.750	68.394	75.836	84.141	103.74	128.12	195.99	300.25	459.45	770.94
19	63.440	78.969	88.212	98.603	123.41	154.74	244.03	385.32	607.47	954.28
20	72.052	91.025	102.44	115.38	146.63	186.69	303.60	494.21	802.86	1 298.8
21	81.699	104.77	118.81	134.84	147.02	225.03	377.46	633.59	1 060.8	1 767.4
22	92.503	120.44	137.63	157.41	206.34	271.03	496.06	812.00	1 401.2	2 404.7
23	104.60	138.30	159.28	183.60	244.49	326.24	582.63	1 040.4	1 850.6	3271.3
24	118.16	185.66	184.17	213.98	289.49	392.48	723.46	1 332.7	2 443.8	4 450.0
25	133.33	181.87	212.79	249.21	342.60	471.98	898.09	1 706.8	3 226.8	6 053.0
26	150.33	208.33	245.71	290.09	405.27	567.38	1 114.6	2 185.7	4 260.4	8 233.1
27	169.37	238.50	283.57	337.50	479.22	681.85	1383.1	2 798.7	5 624.8	11 198.0
28	190.70	272.89	327.10	392.50	566.48	819.22	1 716.1	3 583.3	7 425.7	15 230.3
29	214.58	312.09	377.17	456.30	669.45	984.07	2 129.0	4 587.7	9 802.9	20 714.2
30	241.33	356.79	434.75	530.31	790.95	1 181.9	2 640.9	5 873.2	12 941	28 172.3
40	767.09	1 342.0	1 779.1	2 360.8	4 163.2	7 343.2	27 290	69 377	*	*
50	2 400.0	4 994.5	7 217.7	10 436	21 813	45 497	*	*	*	*
60	7 471.6	18 535	29 220	46 058	*	*	*	*	*	*

* >99 999

附录 D 年金现值系数表

期数	1%	2%	3%	4%	5%	6%	7%	8%	9%
1	0.990 1	0.980 4	0.970 9	0.961 5	0.952 4	0.943 4	0.934 6	0.925 9	0.917 4
2	1.970 4	1.941 6	1.913 5	1.886 1	1.859 4	1.833 4	1.808 0	1.783 3	1.759 1
3	2.941 0	2.883 9	2.828 6	2.775 1	2.723 2	2.673 0	2.624 3	2.577 1	2.531 3
4	3.902 0	3.807 7	3.717 1	3.629 9	3.546 0	3.465 1	3.387 2	3.312 1	3.239 7
5	4.853 4	4.713 5	4.579 7	4.451 8	4.329 5	4.212 4	4.100 2	3.992 7	3.889 7
6	5.795 5	5.601 4	5.417 2	5.242 1	5.075 7	4.917 3	4.766 5	4.622 9	4.485 9
7	6.728 2	6.472 0	6.230 3	6.002 1	5.786 4	5.582 4	5.389 3	5.206 4	5.033 0
8	7.651 7	7.325 5	7.019 7	6.732 7	6.463 2	6.209 8	5.971 3	5.746 6	5.534 8
9	8.566 0	8.162 2	7.786 1	7.435 3	7.107 8	6.801 7	6.515 2	6.246 9	5.995 2
10	9.471 3	8.982 6	8.530 2	8.110 9	7.721 7	7.360 1	7.023 6	6.710 1	6.417
11	10.367 6	9.786 8	9.252 6	8.760 5	8.306 4	7.886 9	7.498 7	7.139 0	6.805 2
12	11.255 1	10.575 3	9.954 0	9.385 1	8.863 3	8.383 8	7.942 7	7.536 1	7.160 7
13	12.133 7	11.348 4	10.635 0	9.985 6	9.393 6	8.852 7	8.357 7	7.903 8	7.486 9
14	13.003 7	12.106 2	11.296 1	10.563 1	9.898 6	9.295 0	8.745 5	8.244 2	7.786 2
15	13.865 1	12.849 3	11.937 9	11.118 4	10.379 7	9.712 2	9.107 9	8.559 5	8.060 7
16	14.717 9	13.2577 7	12.561 1	11.652 3	10.837 8	10.105 9	9.446 6	8.851 4	8.312 6
17	15.562 3	14.291 9	13.166 1	12.165 7	11.274 1	10.477 3	9.763 2	9.121 6	8.543 6
18	16.398 3	14.992 0	13.753 5	12.689 6	11.689 6	10.827 6	10.059 1	9.371 9	8.755 6
19	17.226 0	15.678 5	14.323 8	13.133 9	12.085 3	11.158 1	10.335 6	9.603 6	8.960 1
20	18.045 6	16.351 4	14.877 5	13.590 3	12.462 2	11.469 9	10.594 0	9.818 1	9.128 5
21	18.857 0	17.011 2	15.415 0	14.029 2	12.821 2	11.764 1	10.835 5	10.061 8	9.292 2
22	19.660 4	17.658 0	15.936 9	14.451 1	13.488 6	12.303 4	11.061 2	10.200 7	9.442 6
23	20.455 8	18.292 2	16.443 6	14.856 8	13.488 6	12.303 4	11.272 2	10.371 1	9.580 2
24	21.243 4	18.913 9	16.935 5	15.247 0	13.798 6	12.550 4	11.469 3	10.528 8	9.706 6
25	22.023 2	19.523 5	17.413 1	15.622 1	14.093 9	12.783 4	11.653 6	10.674 8	9.822 6
26	22.795 2	20.121 0	17.876 8	15.982 8	14.375 2	13.003 2	11.825 8	10.810 0	9.929 0
27	23.559 6	20.705 9	18.3270	16.329 6	14.643 0	13.210 5	11.986 7	10.935 2	10.026 6
28	24.316 4	21.281 3	18.764 1	16.663 1	14.898 1	13.406 2	12.137 1	11.051 1	10.116 1
29	25.065 8	21.844 4	19.188 5	16.983 7	15.141 1	13.590 7	12.277 7	11.158 4	10.198 3
30	25.807 7	22.396 5	19.600 4	17.292 0	15.372 5	13.764 8	12.409 0	11.257 8	10.273 7
35	29.408 6	24.998 6	21.487 2	18.664 6	16.374 2	14.498 2	12.947 7	11.654 6	10.566 8
40	32.834 7	27.355 5	23.114 8	19.792 8	17.159 1	15.046 3	13.331 7	11.924 6	10.757 4
45	36.094 5	29.490 2	24.518 7	20.720 0	17.774 1	15.455 8	13.605 5	12.108 4	10.881 2
50	39.196 1	31.423 6	25.729 8	21.482 2	18.255 9	15.761 9	13.800 7	12.233 5	10.961 7
55	42.147 2	33.174 8	26.774 4	22.108 6	18.633 5	15.990 5	13.939 9	12.318 6	11.014 0

（续）

期数	10%	12%	14%	15%	16%	18%	20%	24%	28%	32%
1	0.909 1	0.892 9	0.877 2	0.869 6	0.862 1	0.847 5	0.833 3	0.806 5	0.781 3	0.757 6
2	1.735 5	1.690 1	1.646 7	1.625 7	1.605 2	1.565 6	1.527 8	1.456 8	1.391 6	1.331 5
3	2.486 9	2.401 8	2.321 6	2.283 2	2.245 9	2.174 3	2.106 5	1.981 3	1.868 4	1.766 3
4	3.169 9	3.037 3	2.913 7	2.855 0	2.798 2	2.690 1	2.588 7	2.404 3	2.241 0	2.095 7
5	3.790 8	3.604 8	3.433 1	3.352 2	3.274 3	3.127 2	2.990 6	2.745 4	2.532 0	2.345 2
6	4.355 3	4.111 4	3.888 7	3.784 5	3.684 7	3.497 6	3.325 5	3.020 5	2.759 4	2.534 2
7	4.868 4	4.563 8	4.288 2	4.160 4	4.038 6	3.811 5	3.604 6	3.242 3	2.937 0	2.677 5
8	5.334 9	4.967 6	4.638 9	4.487 3	4.343 6	4.077 6	3.837 2	3.421 2	3.075 8	2.786 0
9	5.759 0	5.328 2	4.946 4	4.771 6	4.606 5	4.303 0	4.031 0	3.565 5	3.184 2	2.868 1
10	6.144 6	5.650 2	5.216 1	5.018 8	4.833 2	4.494 1	4.192 5	3.681 9	3.268 9	2.930 4
11	6.495 1	5.937 7	5.452 7	5.233 7	5.028 4	4.656 0	4.327 1	3.775 7	3.335 1	2.977 6
12	6.813 7	6.194 4	5.660 3	5.420 6	5.197 1	4.793 2	4.439 2	3.851 4	3.386 8	3.013 3
13	7.103 4	6.423 5	5.842 4	5.583 1	5.342 3	4.909 5	4.532 7	3.912 4	3.427 2	3.040 4
14	7.366 7	6.628 2	6.002 1	5.724 5	5.467 5	5.008 1	4.610 6	3.961 6	3.458 7	3.060 9
15	7.606 1	6.810 9	6.142 2	5.847 4	5.575 5	5.091 6	4.675 5	4.001 3	3.483 4	3.076 4
16	7.823 7	6.974 0	6.265 1	5.954 2	5.668 5	5.162 4	4.729 6	4.033 3	3.502 6	3.088 2
17	8.021 6	7.119 6	6.372 9	6.047 2	5.748 7	5.222 3	4.774 6	4.059 1	3.517 7	3.097 1
18	8.201 4	7.249 7	6.467 4	6.128 0	5.817 8	5.273 2	4.812 2	4.079 9	3.529 4	3.103 9
19	8.364 9	7.365 8	6.550 4	6.198 2	5.877 5	5.316 2	4.843 5	4.096 7	3.538 6	3.109 0
20	8.513 6	7.469 4	6.623 1	6.259 3	5.928 8	5.352 7	4.869 6	4.110 3	3.545 8	3.112 9
21	8.648 7	7.562 0	6.687 0	6.312 5	5.973 1	5.383 7	4.891 3	4.121 2	3.551 4	3.115 8
22	8.771 5	7.644 6	6.742 9	6.358 7	6.011 3	5.409 9	4.909 4	4.130 0	3.555 8	3.118 0
23	8.883 2	7.718 4	6.792 1	6.398 8	6.044 2	5.432 1	4.924 5	4.137 1	3.559 2	3.119 7
24	8.984 7	7.784 3	6.835 1	6.433 8	6.072 6	5.450 9	4.937 1	4.142 8	3.561 9	3.121 0
25	9.077 0	7.843 1	6.872 9	6.464 1	6.097 1	52.466 9	4.947 6	4.147 4	3.564 0	3.122 0
26	9.160 9	7.895 7	6.906 1	6.490 6	6.118 2	5.480 4	4.956 3	4.151 1	3.565 6	3.122 7
27	9.237 2	7.942 6	6.935 2	6.513 5	6.136 4	5.491 9	4.963 6	4.154 2	3.566 9	3.123 3
28	9.306 6	7.984 4	6.960 7	6.533 5	6.152 0	5.501 6	4.969 7	4.156 6	3.567 9	3.123 7
29	9.369 6	8.021 8	6.983 0	6.550 9	6.165 6	5.509 8	4.974 7	4.158 5	3.568 7	3.124 0
30	9.426 9	8.055 2	7.002 7	6.566 0	6.177 2	5.516 8	4.978 9	4.160 1	3.569 3	3.124 2
35	9.644 2	8.175 5	7.070 0	6.616 6	6.215 3	5.538 6	4.991 5	1.164 4	3.570 8	3.124 8
40	9.779 1	8.243 8	7.105 0	6.641 8	6.233 5	5.548 2	4.165 9	4.165 9	3.571 2	3.125 0
45	9.862 8	8.282 5	7.123 2	6.654 3	6.242 1	5.552 3	4.998 6	4.166 4	3.571 4	3.125 0
50	9.914 8	8.304 5	7.132 7	6.660 5	6.246 3	5.554 1	4.999 5	4.166 6	3.571 4	3.125 0
55	9.947 1	8.317 0	7.137 6	6.663 6	6.248 2	5.554 9	4.999 8	4.166 6	3.571 4	3.125 0

参考文献

[1] 徐光华，柳世平. 财务管理——理论、实务、案例［M］. 北京：高等教育出版社，2011.

[2] 王克军. 财务管理学［M］. 2版. 成都：西南财经大学出版社，2011.

[3] 谭利. MBA财务管理［M］. 重庆：重庆大学出版社，2013.

[4] 中国注册会计师协会. 财务管理［M］. 北京：中国财政经济出版社，2014.

[5] 周守华. 财务管理理论前沿专题［M］. 北京：中国人民大学出版社，2014.

[6] 马忠. 公司财务管理理论与案例［M］. 北京：机械工业出版社，2008.

[7] 杨雄胜. 高级财务管理理论与案例［M］. 大连：东北财经大学出版社，2012.

[8] 布里格姆，戴夫斯. 中级财务管理［M］. 王化成，黄磊，等译. 北京：中国人民大学出版社，2009.

[9] 荆新，王化成. 财务管理学［M］. 北京：中国人民大学出版社，2012.

[10] 斯蒂芬 A 罗斯. 公司理财（原书第9版）［M］. 吴世农，等译. 北京：机械工业出版社，2012.